实践应用型学前教育专业规划教材

幼儿园教育活动设计与指导（第二版）

主 编 赵红梅 李 莉
副主编 刘 娟

中国人民大学出版社
·北京·

第二版前言

时光荏苒，转眼间，由中国人民大学出版社出版的实践应用型学前教育专业规划教材《幼儿园教育活动设计与指导》已经发行了四年。本教材自发行以来荣获了诸多奖项，被全国数十所大学和高职高师院校选做教材或教学参考，受到诸多好评。与此同时，使用本教材的同行亦多次呼吁本书再版。任何一本专业教材都必须与时俱进，紧跟该领域的研究进展，才能真正起到促进专业教育水平提升的作用。中国人民大学出版社顺应形势，邀约编者修订本教材。

本次修订主要体现在以下方面：

第一，对原版教材进行了逐字逐句的修订。修改了一些错误和不够准确严谨的地方，使新版教材更加简洁通俗、承接顺畅、逻辑清晰、科学严谨，体现了时代性和适应性，更加符合学生的认知规律。

第二，完善章后“经典习题”。在原来习题的基础上增加了 2017—2019 年教师资格考试“幼儿园保教知识与能力”科目相关真题，保证了习题的时新性和前沿性，更有利于学生备考教师资格考试。

第三，与时俱进，补充和更新了教学案例和部分教改成果。上海是全国幼教改革的先行者、领跑者。本教材在修订中补充了上海游戏化教学改革的经典案例，把游戏的理念、精神渗透到具体教育活动中。

第四，丰富了教学形式。21 世纪是网络化、信息化时代。本教材在修订时积极融合现阶段“互联网 +”思想，拓展教学资源。增加了“学习资料包”，并通过二维码的形式呈现，内容包括每章配套 PPT、微课视频和“经典习题”参考答案。其中，第一章学习资料包中还包括《幼儿园工作规程（2016 版）》《幼儿园教育指导纲要（试行）》《3～6 岁儿童学习与发展指南》等学前教育领域重要文件，以及《保教知识与能力考试大纲》等教师资格考试相关资料。将传统教学手段与科技创新完美结合，展现严谨治学、与时偕行、生动活泼的风貌，创建集文字、图片、视频为一体的立体化内容是本次教材修订的最大创新点。

第五，融入课程思政元素。全面贯彻二十大党的教育方针，落实立德树人根本任务，培养德智体美劳全面发展的社会主义建设者和接班人。本教材秉承“传授知识、培养技能、塑造人格”三位一体的课程理念，以弘扬中华优秀传统文化和社会主义核心价值观为脉络，深入挖掘课程思政元素，在每章前增加了“思政园地”，指明了每章课程思政的具体目标。在知识传授中进行价值引领，在价值传播中培养学生健全人格，将思想政治教育“无痕”地融入课程教学。

本教材编写过程中借鉴和引用了大量学前教育专家和同行的研究成果，在此表示衷心的感谢。对于部分源自互联网的资料，由于很难确认作者，无法标注致谢，深存歉意。

由于编者学识水平有限，书中难免有不足和疏漏之处，恳请广大师生批评指正。

编　者

2021 年 2 月

前 言

在《幼儿园教师专业标准》中，“教育活动的计划与实施”是幼儿园教师必须具备的核心专业能力之一，也是衡量幼儿园教师专业化发展水平的重要指标。因此，“幼儿园教育活动设计与指导”是学前教育专业师范生的一门重要的必修课程，在学前教育专业课程体系中居于核心地位。它为实现学前教育专业师范生的培养目标、促进学生成为合格的幼儿园教师打下坚实的基础。

根据现行国家政策，学前教育专业师范生要想成为一名幼儿园教师，必须参加并通过全国统一的幼儿园教师资格考试。“幼儿园教育活动设计与指导”在考试科目之一“幼儿园保教知识与能力”中占据重要地位。本教材的编写，一是为了帮助学生加强考试知识点的学习，提高考试成绩，顺利通过考试，获得成为一名幼儿园教师的准入证；二是为了帮助学生较快地胜任将来的教育教学工作。

本教材以《幼儿园教育指导纲要（试行）》《3~6 岁儿童学习与发展指南》《幼儿园工作规程》为依据，以“幼儿园保教知识与能力”考试大纲为指导，以幼儿园教育活动的设计与指导为主线，注重体现现代教育理念，针对学前教育专业师范生的实际情况，结合幼儿园教育实践和考纲要求，全面系统地介绍幼儿园教育活动的相关知识。

本教材淡化了理论性，强化了实践性、应试性，共十章内容：第一章重点介绍了幼儿园教育活动设计与指导的一些基本理论；第二章至第七章详细介绍了幼儿园五大领域教育活动、主题教育活动的设计与指导，提供了大量的案例，理论与实践相结合，注重对学生实践能力的培养；第八章至第十章主要介绍了幼儿园一日生活、环境创设和教育评价的实施和指导方法。为了使学生能顺利通过幼儿园教师资格考试，本教材在每章特别设置了“考纲要求”“经典习题”，注重与考试相结合，帮助学生有效备考。习题的答案等辅助资源可在中国人民大学出版社网站（http://www.crup.com.cn）搜索获取。

本教材是集体合作的成果，编写人员全部为具有丰富教学经验的一线教师。其中第一章、第五章、第六章、第七章由赵红梅老师编写；第四章、第八章、第九章、第十章由李莉老师编写；第二章、第三章由刘娟老师编写。全书统稿由王腾香老师完成。由于时间和水平所限，难免疏漏和不当之处，恳请广大师生批评指正，以便今后进一步修订完善。

本教材在编写过程中，参考、引用和借鉴了一些同行专家、学者的文献、研究资料和成果，在此一并表示衷心的感谢！

编　者

2017 年 7 月

目 录

第一章 幼儿园教育活动设计与指导概述

【考纲要求】

- 考查方式：近年的教师资格考试以单项选择题为主。
- 考查内容：能根据教育目标和幼儿的兴趣需要及年龄特点选择教育内容，确定活动目标，设计教育活动方案；能根据活动中幼儿的需要选择相应的互动方式，调动幼儿参与活动的积极性；在活动中能根据幼儿的个体差异进行指导。

【思政园地】

思政目标：

（1）铭记“幼儿为本、师德为先”的基本理念。

（2）拥有正确的教师观：教师既是知识的传播者、能力的培养者，也是价值观的引领者。

（3）深入理解社会主义核心价值观，树立“奋斗、仁爱、担当、认真、感恩”的人生观。

【知识结构】

第一节　幼儿园教育活动概述

一、幼儿园教育活动的含义

“幼儿园教育活动”是我国学前教育界专用术语，它是随着我国幼儿教育事业的发展演变而来的。在我国幼儿教育发展历史中，1989 年《幼儿园工作规程（试行）》里首次出现了“教育活动”这一概念。从此，各个幼儿园在教学中逐渐取消了“语言课”“自然课”“音乐课”等说法，取而代之的是“语言教育活动”“科学教育活动”“音乐教育活动”等，以凸显幼儿园教育的特点。正确理解幼儿园教育活动的概念是非常重要的。认为幼儿园里的教育活动就是过去的“上课”，只是换一种说法——这种观点是不正确的。把“上课”改为“教育活动”，说明教育观念发生了巨大转变。传统教育过分强调“教材中心”“知识中心”“教师中心”，而较大程度地忽视了“活动中心”“体验中心”“幼儿中心”。把“上课”改为“教育活动”，可以更大程度地彰显幼儿教育的开放性、实践性、主体性等特点。因此，教育活动与传统意义上的“上课”有着本质的区别。

《幼儿园教育指导纲要（试行）》（以下简称《纲要》）明确指出：“幼儿园的教育活动，是教师以多种形式有目的、有计划地引导幼儿生动、活泼、主动活动的教育过程。”可以看出，幼儿园教育活动是由教师和幼儿共同参与、相互配合、双向互动的活动。

关于《纲要》对幼儿园教育活动所下的定义，可以从以下几个方面来理解。

（一）活动的目的性、计划性

幼儿园教育活动不是幼儿自发的活动，而是教师根据保育与教育的目标和幼儿发展的实际水平，有目的、有计划地设计与实施教育活动，促进每个幼儿在原有基础上全面和谐地发展。由此可见，幼儿园教育活动是有明确的目标、周密的计划和具体的内容要求的活动。

（二）教师的主导性、幼儿的主体性

幼儿园教育活动是师幼双方的互动活动。《纲要》明确指出：“教师应成为幼儿学习活动的支持者、合作者、引导者。”在活动中，教师应有目的、有计划地确定活动目标，选择活动内容，设计活动过程，创设和利用幼儿园的环境和材料，激发幼儿积极主动地参与活动，充分体现教师的主导地位。同时，幼儿是教育活动的主体，在活动中，在与人、与物交往中，主动地操作与探索，大胆地合作与交流，从而促进幼儿个性的发展。

（三）形式的多样性、丰富性

幼儿园教育活动实际上是指幼儿园一日生活中的各项活动，而活动是多种多样、丰富多彩的。有以物为对象的活动，也有以人为对象的活动；有集体活动、小组活动、个别活动；有室外活动、室内活动；有游戏活动、生活活动、教学活动；等等。

二、幼儿园教育活动的特点

（一）生活性与启蒙性

教育源于生活。在学前教育阶段，生活对于幼儿具有更深远的存在意义。《纲要》指出，幼儿园的教育内容是全面的、启蒙性的，教育活动内容既要贴近幼儿的生活，选择幼儿感兴趣的事物和问题，又要有助于拓展幼儿的经验和视野，寓教育于生活之中。幼儿的年龄特点和身心发展需要，决定了幼儿园教育活动必须立足幼儿的实际生活，与幼儿的日常生活相联系，与幼儿的现有经验相联系。也就是说，幼儿只能在生活中学习生活，在交往中学习交往。因此，幼儿园的教育活动具有浓厚的生活性特征：活动目标指向幼儿生活，为幼儿健康生活服务；活动内容来源于幼儿的生活，获取的经验来自生活，并应用于生活；活动组织实施要贯穿于幼儿的一日生活之中。

幼儿的认知水平和年龄特点决定了幼儿园教育活动具有启蒙性。以基础性知识经验为主要内容，培养幼儿终身受益的学习兴趣和态度，塑造健全的人格，而不是强调知识内容的逻辑性和系统性。如幼儿科学教育的内容十分广泛，我们可以把选择范围确定在幼儿广泛的日常生活方面，如“好玩的水”“各种各样的线团”“有趣的滚动”等，启发幼儿探索、获取有关周围事物的粗浅认知，激发求知欲和科学探究欲望。

（二）游戏性与趣味性

游戏是幼儿最喜欢的活动，也是最适合幼儿发展、最易于满足幼儿需要、最能够促进幼儿成长的活动。《3～6岁儿童学习与发展指南》（以下简称《指南》）明确提出：幼儿的学习是以直接经验为基础，在游戏和日常生活中进行的。虞永平教授强调：“对幼儿园的儿童来说，游戏是他们的存在方式，是他们的生活内容，自由、自主和创造的游戏伴随着他们的生命成长，无游戏是‘小学化’‘成人化’的主要表现，要形成一种鼓励游戏、欣赏游戏、服务游戏、观察游戏和合理指导游戏的课程文化。”幼儿园教育活动要符合幼儿的身心发展特点，突出游戏性和趣味性。教师在组织教育活动时需要借助一定的游戏或情境，唤起和调动幼儿的兴趣，吸引他们在游戏的情境中积极交往与想象，主动探索与交流。如一些经典游戏“老鹰捉小鸡”“老狼老狼几点了”等，都是通过有趣的游戏形式提高幼儿的协调和反应能力。

（三）随机性与潜在性

幼儿园教育活动的实施是随机渗透在幼儿园一日生活之中的，幼儿园一日生活的各个环节都是实施教育活动的重要途径，各项活动具有潜在的教育价值。《纲要》强调，教师要“善于发现幼儿感兴趣的事物、游戏和偶发事件中所隐含的教育价值，把握时机，积极引导”。因此，教师要善于在一日生活中观察周围的事物，及时发现教育契机，积极挖掘潜在的教育资源，不断生成新的教育内容。例如，环保活动进行到电池污染这一环节，幼儿在打扫幼儿园时发现了被随手扔掉的废旧电池。某个午后的起床时间，教师听到了这样的一段对话：“乱扔电池的人太坏了！”“也许他们不知道电池危害有多大呢！”“那我们去告诉他们吧。”“我们怎么去告诉他们呀？”教师顺势调整教育思路，下午继续与幼儿讨论废旧电池一事，按照幼儿的思路生成了设计“电池娃娃”的家、回收废旧电池等一系列与电池相关的活动。教师对幼儿生活中的所思所想做及时反馈，使教育活动进一步丰富、细致。

（四）整合性与渗透性

在幼儿园教育活动中，幼儿获得的不仅是知识，而是认知、技能、情感、态度等多方面的整合体。《纲要》指出，教育活动内容的选择要考虑各领域内容的有机联系，相互渗透，注重综合性、趣味性和活动性，从不同角度促进幼儿情感、态度、能力、知识、技能等方面的发展。幼儿园各类（或各个）教育活动相互联系、相互渗透，综合构成一个整体，各类（或各个）教育活动都是整体的一部分，它们综合发挥作用，共同促进幼儿的全面发展。

三、幼儿园教育活动的分类

从不同的维度可将幼儿园教育活动分成不同的类型。

（一）按活动组织形式分类

幼儿园教育活动的组织形式是指教师组织幼儿参与活动的形式。按此形式分类，可以将幼儿园教育活动分成集体教育活动、小组教育活动、个别教育活动。

1. 集体教育活动

集体教育活动是全班幼儿在同一时间内以同样的方式、速度，学习同样的内容的活动。教师确定活动目标，选择活动的内容、手段和方法，布置相应的教育环境，面向全班幼儿实施教育。其意义在于使幼儿在互相交流和学习中，在教师的提问与引导下，激活思维、分享经验、体验成功。

2. 小组教育活动

小组教育活动就是将全班幼儿分成几组进行的活动。这些活动既有教师安排的：基本等同于集体教育活动，同一内容、要求、方法和步骤；也有幼儿自发组织的：以幼儿主动学习为主，自己操作材料，用自己的速度和方式做事，自由与教师或其他幼儿交流、分享、合作。其意义在于能让幼儿在共同建构、合作学习中学会交往、学会理解。

3. 个别教育活动

个别教育活动是幼儿个体自由、自发的活动。幼儿以自己的兴趣和需要自主决定学习内容，选择活动材料和活动形式。其意义在于能够照顾个别差异，满足不同个体的学习需要，为幼儿提供更为自由宽松的活动空间。

（二）按活动内容分类

1. 五大领域活动

《纲要》在“教育内容与要求”中明确规定幼儿园的教育内容可以相对划分为健康、语言、社会、科学、艺术等五个领域。在 2001 年《纲要》颁布以后，幼儿园广泛采用这种按五大领域划分的教育活动模式。《指南》也是按照五大领域划分，对不同年龄阶段幼儿的学习与发展提出了合理期望与教育建议。

2. 主题教育活动

主题教育活动是20世纪90年代后期以来被广泛采用的一种活动形式。主题教育活动是指围绕贴近幼儿生活的某一中心内容，即“主题”，来组织教学的教育活动。它打破学科或领域的界限，把教育内容整合成一种新的体系，建立了各领域之间自然的、有机的联系。内容既可以是以主题为线索、渗透多领域的活动体系，也可以是以幼儿兴趣为出发点、有教育价值的系列活动。

【案例1-1】 中班主题活动：“有趣的影子”

活动一：影子有颜色吗？
活动二：影子是怎样的？
活动三：会变的影子

（三）按活动特征分类

按幼儿园一日生活的特征分类，可以把幼儿园教育活动分为生活活动、教学活动、区域活动、户外活动四大类。

第二节　幼儿园教育活动设计概述

一、幼儿园教育活动设计的含义

幼儿园教育活动设计是依据一定的教育目标，选择合适的教育内容和方式，在一定的时空内，形成对幼儿实施教育影响的方案的过程。它注重的是按照教与学的基本原理和规律进行规划和组织，是幼儿园教师对教育活动的目标、内容和步骤的初步预期，其设计的过程独立于实施的过程，是实施的前提条件，是幼儿园教师为促进幼儿发展而有目的、有计划地开展的一项创造性工作。

幼儿园教育活动设计，应该有先进的教育理念支撑，能够正确地把握和体现教育活动目标，满足幼儿的成长需求，具有科学、完整的框架结构和较强的可行性与操作性。在幼儿园的教育实践中，教育活动设计对于教育活动能否很好地开展有着重要的影响，也是衡量幼儿园教师教育水平的一个重要指标。

二、幼儿园教育活动设计的原则

幼儿园教育活动设计的原则，即教师设计教育活动方案必须遵循的基本要求和指导思想。在进行幼儿园教育活动设计时，一般应遵循以下原则。

（一）科学性原则

科学性原则是指教师向幼儿传授的知识、技能等应该是正确的、符合客观规律的，能够帮助幼儿正确认识事物、形成正确的概念。教师在设计教育活动时，不但活动目标要科学合理，符合幼儿的发展水平和认知规律，而且要保证教育活动的结构和过程符合科学性原则。

（二）主体性原则

主体性原则是指在教师的组织、引导、启发下，幼儿通过自身的实践、探索活动等来学习，主动建构自己的知识体系，在发现问题、解决问题的过程中发展自己的能力。在教育活动设计中，教师必须坚持以幼儿为活动的主体，在活动内容的选择和活动方式的安排上，注重激发幼儿的自主性、能动性和创造性，通过为幼儿创设具有兴趣性、操作性、探索性的环境与材料，引发幼儿积极主动地参与活动，获得相应的经验。正如幼儿常说的“我听到，但很快就忘了；我看到，也就记得了；我做了，也就理解了”“请帮助我，让我自己做”等。教师在重视幼儿主体性的同时，要摆正自己的位置——幼儿活动的支持者、合作者、引导者，而不是指挥者、鉴定者、控制者。

（三）发展性原则

发展性原则是指设计幼儿园教育活动时，应充分考虑幼儿的现有发展水平及最近发展区，并以此为依据着眼于促进幼儿身体、认知、情感和社会性等的全面发展。

贯彻发展性原则，第一要充分考虑幼儿的可接受性。教育活动设计要符合幼儿的认知规律，由浅入深，由易到难，循序渐进。第二要充分考虑幼儿发展的全面性。幼儿的发展包括身体、认知、情感、个性及社会性等多方面，教育活动设计应着眼于追求幼儿全面素质的提高，不偏重于某一方面。第三要充分考虑幼儿的个别差异，因人施教。《纲要》特别强调要关注个别差异，促进每个幼儿富有个性的发展。在教育活动设计中，一方面既要面向全体幼儿提出统一的要求，又要照顾个别差异，对不同水平的幼儿提出不同的要求；另一方面，教师要用发展的眼光看待每个幼儿，对幼儿的发展做出科学的分析，使每个幼儿都能在现有基础上获得最大限度的发展，由现有发展区向最近发展区过渡。

（四）活动性原则

活动性原则是指幼儿园教育活动设计应以活动为基本形式，在活动中体验、在活动中学习、在活动中成长。幼儿园教育活动目标的实现、内容的组织和所有教育方式方法的运用，无不建立在幼儿主动参与和亲身体验的交往、操作、探索的基础上。

心理学家皮亚杰的缘于儿童与环境互动的认知发生发展原理、维果斯基的活动主导着幼儿身心发展的主张、教育家杜威的“做中学”的教学思想、陈鹤琴的“做中教、做中学、做中求进步”的系统阐述、张雪门的“行动课程”探索，无不揭示出幼儿园教育的活动性实质。活动就是幼儿发展的基础和源泉；活动构架起了幼儿与自然、物质、文化、社会连接的桥梁；活动让幼儿获得了探索外部世界和充实自我世界的通道。灌输不是适宜幼儿的学习方式，只有做起来、动起来，在操作中学习、在实践中学习、在交往中学习、在游戏中学习，才是幼儿园教育的真谛。

三、幼儿园教育活动设计的程序

（一）确定活动名称

活动名称应包括年龄班、活动内容和名称，如中班社会活动“爸爸我爱你”。活动的名称应该符合幼儿的语言习惯，通俗易懂，充满童趣，如“一二三，自己爬起来”“我会吹泡泡”“和小雨一起玩”“地球妈妈你别哭”“谁滚动得快”等。

（二）幼儿情况分析与设计意图

幼儿情况分析是教育活动设计的第一步。只有对本班幼儿的现有状况做到心中有数，教师才能确定活动的目标、内容和组织形式。幼儿情况分析多以隐性的形式存在，主要分析幼儿已具备哪些与该活动有关的兴趣、需要、认知、技能、能力等，存在哪些问题以及幼儿的个别差异等。只有在对本班幼儿充分了解的基础上，才能让教育活动设计有的放矢，满足幼儿发展的需要。

设计意图主要是阐述该活动产生的原因及与幼儿发展的关系，包括：幼儿的兴趣爱好、幼儿已有的经验、幼儿发展的需要、幼儿可获得的新经验、教师开展活动的有利条件、该活动可达到的目标等。

（三）制定活动目标

活动目标是指通过该活动预期让幼儿受到哪些方面的教育、获得哪些方面的发展。它指明了教育活动要达到的标准和要求，是开展教育活动的依据。它不仅对活动内容、活动方法、活动手段和活动形式产生影响，也影响着教育的结果，即幼儿的发展。

（四）进行相应的活动准备

准备工作是实现目标、实施活动的物质基础。它直接影响幼儿参与活动的积极性、活动的进程和效果。活动准备包括物质准备和经验准备。物质准备主要指进行活动需要的实物、图片、课件等学具教具和环境创设方面的准备；经验准备主要指进行活动需要的生活常识、知识经验的准备。

（五）设计活动过程

首先要分析活动内容，把握活动的重点、难点，真正做到重点突出、难点突破，挖掘活动内容中有利于幼儿发展的教育因素，保证活动目标的顺利达成。其次要确定活动组织形式，是采用集体教育活动、小组教育活动、个别教育活动，还是三者混合使用。最后选择适当的教育方法和途径。不同的教育活动有不同的方法，如：语言法、演示法、参观法、游戏法、观察法、陶冶法、价值澄清法、社会认知冲突训练法、操作法、探究法等。不同的活动内容需要不同的方法来实现。

上述工作完成后，就可以设计活动过程了。活动过程包括开始部分、基本部分和结束部分。

1. 开始部分

开始部分也称导入，教师可以通过各种各样的方法导入到活动中。导入要有启发性、趣味性、针对性、简洁性和艺术性。可直观导入：演示导入、故事导入、材料导入；可问题导入：悬念导入、提问导入；可知识联系导入：递进导入、衔接导入。不管以哪种方式导入，都要控制好时间，用时不宜太长。

2. 基本部分

基本部分也简称展开，是整个活动设计的重点。在设计基本部分时，应主要考虑以下几个问题：

（1）大体分为哪几个环节？

（2）每个环节必须完成哪些内容？采用什么方式方法？

（3）哪一个环节是重点？哪一个环节是难点？怎么突出重点？怎么突破难点？

（4）每个环节的时间大体怎样分配？

（5）每个环节如何进行清楚的陈述？

（6）用什么方式来进行环节之间的过渡？

每个环节最好设置简洁概括的小标题，这样纲要分明、思路清晰、一目了然。基本部分的环节设计以 3～4 个为宜。

3. 结束部分

教师应注意使教育活动在温馨融洽的气氛中结束。教师要总结活动收获及幼儿的活动表现，提出新的要求，引起幼儿学习兴趣。结束部分的设计主要考虑结束的方式，或简明扼要复述要点，或启发幼儿回忆复述要点，或引导幼儿创编（或用现成的）儿歌、游戏、歌唱、舞蹈等。活动结束的设计要充分体现开放性，在形式上不必拘泥于常规。

活动过程设计中，每个环节一般以具体的小步骤来组织安排和划分。设计每个环节的小步骤时，一般应详细地写明教师的讲解、教师的提问、教师组织教学的行为、教师对幼儿提出的要求和规则、每个环节的小结语或环节间的过渡语。小步骤的设计主要针对教师的教学行为，对幼儿的行为不宜过多设计，因为教师不可能对幼儿的行为预设得十分准确。即使要进行幼儿行为的设计，也应该是粗框架的。

（六）安排活动延伸

活动延伸，是活动结束后引发或组织其他的活动，以促进该活动目标更好地达成。可以在活动结束后的游戏或其他活动中进行，也可以延伸至幼儿家中的活动。

一个完整的教育活动设计包括：活动名称、活动目标（如有必要写出活动重点、活动难点）、活动准备、活动过程、活动延伸。在具体设计过程中要注意：第一，设计一定要层次分明，条理清晰；第二，要有目标意识，以目标为方向，为实现目标开展活动；第三，应充分考虑如何突出重点、突破难点；第四，要设计好启发性提问，通过提问引导思考，激发兴趣，充分调动幼儿学习的主动性。下面以大班美术欣赏活动“唐装”为例，来说明幼儿园教育活动设计的编制及格式。

【案例 1-2】 大班美术欣赏活动：“唐装”

【活动目标】

（1）从色彩、图案、盘花扣三个方面欣赏唐装，感受唐装的美。

（2）知道唐装是中国传统的民间服饰，初步了解唐装所包含的象征意义。

（3）激发爱民族文化、爱祖国的情感。

【活动准备】

唐装服饰若干，唐装图案图片、盘花扣图片等多媒体课件。

【活动过程】

1. 视频导入

今天，我们一起观看一场精彩的服装表演。今天的服装表演里面有好多好多漂亮的衣服，而且这些服装是我们中国特有的，是我们中国人自己设计的，猜猜是什么服装？哦，让我们赶紧去看看吧。

2. 交流讨论

（1）知道我们刚才看到的是什么服装吗？

（2）从哪里看出来的？

（3）你们喜欢唐装的哪些地方？

3. 欣赏唐装

（1）从色彩上欣赏。

1）刚才我们看了那么多漂亮的唐装，小朋友们说说唐装都有些什么颜色？哪种颜色最多？

2）你在什么地方见过什么颜色的唐装？你觉得它好看吗？

3）为什么过年和结婚的时候人们喜欢穿唐装，而且以红色的居多呢？

小结：红色是中国的颜色、是喜庆的颜色，代表吉利祥瑞的意义，过年过节、家逢喜事都要大量使用红色，因为热烈的红色最能表达人们快乐的心情。

（2）从图案上欣赏。

播放唐装图案图片多媒体课件。

小朋友们仔细看看，这些唐装上的图案都是一样的吗？它们都是些什么样的图案？

小结：中国的唐装图案以团花为主，花纹呈四周放射或旋转式纹样。有牡丹、兰、竹、菊等，也有福、禄、寿、喜等文字，还有蝙蝠、石榴等图案。（教师边讲边出示相应的图片，便于幼儿欣赏不同的图案）这些图案都是中国传统装饰中常用来象征吉祥、喜庆的符号。

（3）从盘花扣上欣赏。

播放盘花扣图片多媒体课件。

这些扣子像什么呀？和我们平常衣服上的扣子有什么不同？

小结：这些是盘花扣，也叫盘扣，是专门为唐装设计的扣子，扣子由纽结和纽袢两部分组成，花状的造型象征着吉祥。

4. 展示唐装

幼儿展示自己的唐装，从颜色、图案、扣子方面说说自己的唐装的特点。

结束：过年过节喜庆的日子，我们最喜欢穿上漂亮的唐装，因为它代表着快快乐乐、开开心心、吉祥如意、幸福美满、团团圆圆……小朋友们，我们相互说说祝福的话吧！

【活动延伸】

（1）回家后把今天学到的唐装知识讲给爸爸妈妈听。

（2）家里有唐装的小朋友，把唐装带来，我们一起开一个唐装展示会。

第三节　幼儿园教育活动目标的制定

幼儿园教育活动目标是指通过教育活动所要达到的预期目的。它是幼儿园教育活动的指南针；它是教育活动的起点，也是教育活动的终点；它是选择教育活动内容、方式、方法和策略的依据，也是教育活动评价的标准。它指引着教育活动的发展方向，一旦偏离活动目标，整个教育活动就会失去正确的方向，从而导致教育活动的无效，甚至反效。因此，活动目标是幼儿园教育活动的关键所在。活动目标的设计，是教育活动设计的重中之重。

一、幼儿园教育活动目标的结构体系

幼儿园教育活动目标的结构体系可以分为五个层次。

第一层次：幼儿园教育总目标，即幼儿园保育和教育目标。2016 年颁布的《幼儿园工作规程》（以下简称《规程》）第三条规定："幼儿园的任务是：贯彻国家的教育方针，按照保育与教育相结合的原则，遵循幼儿身心发展特点和规律，实施德、智、体、美等方面全面发展的教育，促进幼儿身心和谐发展。"第五条进一步明确指出："幼儿园保育和教育的主要目标是：（一）促进幼儿身体正常发育和机能的协调发展，增强体质，促进心理健康，培养良好的生活习惯、卫生习惯和参加体育活动的兴趣。（二）发展幼儿智力，培养正确运用感官和运用语言交往的基本能力，增进对环境的认识，培养有益的兴趣和求知欲望，培养初步的动手探究能力。（三）萌发幼儿爱祖国、爱家乡、爱集体、爱劳动、爱科学的情感，培养诚实、自信、友爱、勇敢、勤学、好问、爱护公物、克服困难、讲礼貌、守纪律等良好的品德行为和习惯，以及活泼开朗的性格。（四）培

养幼儿初步感受美和表现美的情趣和能力。”

第二层次：幼儿园五大领域目标。《纲要》第二部分“教育内容与要求”中明确阐明了五大领域的发展目标。

第三层次：幼儿园各年龄段幼儿发展的目标。《指南》全面、系统地明确了3～6岁各个年龄段幼儿在各个领域的合理发展期望和目标，并对实现这些目标的具体方法和途径提出了具体、可操作的建议。

第四层次：幼儿园各年龄班发展的学期、月、周目标。

第五层次：幼儿园各年龄班具体的教育活动目标，如日目标、各项具体教育活动目标。

一般来说，目标层次越高，抽象概括性就越高，可操作性越低；目标层次越低，抽象概括性就越低，可操作性越高。以上五个层次的目标，组成了幼儿园教育活动目标系统，它们相互联系、相辅相成（见图1-1）。

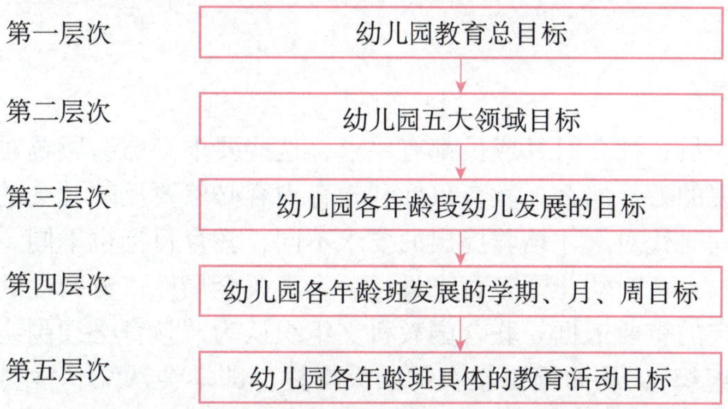

图1-1　幼儿园教育活动目标的五个层次

二、幼儿园教育活动目标的制定依据

（一）教育总目标

幼儿园教育目标是依据《中华人民共和国教育法》《幼儿园管理条例》《幼儿园工作规程》等法律规章提出的。这些法律规章规定了幼儿园实施素质教育、促进幼儿全面发展、为社会培养一代新人的方向。幼儿园的教育目标首先要遵循我国教育总目标。幼儿园教育目标的五个层次中，《纲要》和《指南》上承国家教育总目标，根据个体发展的不同方面及不同时期的发展特点综合分析研究制定，具有法规强制性和科学指导性。所以，教师在制定具体活动目标时，主要以《纲要》和《指南》中规定的各领域目标为依据。

【案例 1-3】 小班语言活动“我喜欢”的目标制定

《纲要》中语言领域目标：能清楚地说出自己想说的事。

《指南》中语言领域目标：愿意讲话并能清楚地表达，具有书面表达的愿望和初步技能。

小班幼儿阶段目标：愿意表达自己的需要和想法，必要时能配以手势和动作；能口齿清楚地说儿歌、童谣或复述简短的故事；喜欢用涂涂画画表达一定的意思。

具体活动目标确定为：

（1）能用“我喜欢……”句式清楚地表达自己的想法。

（2）能把自己喜欢的东西画出来，体会用涂涂画画的方式表达自己的想法和需要。

（二）社会要求

人是社会的一员，社会对其成员都有要求，这些要求必然会影响对他们的教育，即塑造符合社会发展的人。那么，教育目标和教育内容必然要反映社会的要求，幼儿园教育也不例外。不同时代对人才培养提出的要求不同，教育目标也不同。因此，认清社会究竟需要什么样的人，对幼儿园教育来说是一个事关全局性、方向性的重要问题，理应作为活动目标制定的重要依据。联合国教科文组织认为“教育必须围绕四种基本能力来重新设计、重新组织”，从而提出教育的四大支柱，即学会认知、学会做事、学会共同生活、学会生存。教育的四大支柱为幼儿园教育目标体系的确立指明了方向。因而，幼儿园教育的目标不仅仅局限于幼儿知识技能的获得，更应注重幼儿良好情绪、情感，健康的生活态度，与他人相处、共同生活能力等方面的培养。这样的目标有助于使幼儿在身体、认知、情感、个性、社会性等方面和谐平衡地发展。

（三）本班幼儿的身心发展特点

“教育是鞋，孩子是脚”，鞋要适合脚，对幼儿实施的教育一定要适合幼儿。活动目标制定的最重要的前提，应该建立在对本班幼儿充分了解的基础之上。教师要了解本班幼儿的身心发展特点，了解他们的认知规律、兴趣需要、原有经验。

幼儿的成长是受生理和心理机制制约的，幼儿的身心发展是有一定顺序和规律的，这 是由先天因素决定的。这种发展规律表现在幼儿到一定年龄就会做与之相应的事情。如到一定年龄，幼儿就会爬、会走路，不到这个年龄，机体这方面的能力不足，即便提前训练，也是不可能达到的。如果所定目标过高，超出幼儿的能力范围，幼儿因能力达不到、完不成任务，不能获得成功感而失去兴趣；如果所定目标低于幼儿实际水平，幼儿会觉得枯燥乏味而失去参加活动的积极性和主动性。因此，制定教育活动目标时要结合本阶段幼儿身心发展的特点，遵循幼儿的认知规律，建立在本班幼儿的兴趣需要、原有经验的基础上。

【案例 1-4】 不同年龄，不同形式，不同重点

大、中、小班各年龄段的活动都会涉及一些与幼儿生活密切相关的主题，对于同一主题，如何体现不同年龄幼儿的活动目标的侧重点呢？下面以主题“食物”为例阐释。

第一，活动形式不同。小班幼儿通过参观、制作、品尝等形式组织活动，如参观食品超市、制作各种食品、开办食品品尝会，让幼儿不偏食、少吃甜食；中班以分析快餐食品为主题，以讨论、家园合作等形式展开；大班以搭建食物“金字塔”的形式导入，家园合作设计幼儿营养食谱，并通过讲故事、“天天厨房”等活动，激发幼儿兴趣。

第二，活动重点不同。小班重点在于引导幼儿运用各种感官直观了解食物；中班从食物的营养这一抽象概念入手，引导幼儿通过对快餐食品的分析，知道要平衡膳食；大班重点放在让幼儿自己设计营养套餐上，使幼儿结合亲身实践，更深入地了解平衡膳食的重要性。难易程度及层次一目了然。

（四）各领域教育内容

幼儿园教育活动的各领域教育内容都有其特点和教育价值，要依据教育活动内容自身的特点来制定相应的目标，目标要符合各领域活动内容的核心教育价值。如幼儿园艺术领域的教育目标，过去传统的艺术教育以知识传递为主，现在的艺术领域教育以审美体验为主，即幼儿园艺术教育的目标是培养幼儿的艺术兴趣以及感受美、欣赏美、表现美、创造美的能力，而不是追求艺术技能的学习与训练。

另外，幼儿园教育活动目标的制定还要建立在充分研读、分析教育内容所蕴含的意义，对本年龄段幼儿的发展有深层的挖掘和思考之上。如果教师对教育内容分析不够透彻，目标设定往往就会出现错误。如中班主题活动“蛇偷吃了我的蛋”，如果不透彻分析故事内容及其蕴含的意义，教师只把目标定为“能认真听故事并能复述故事，体验角色扮演的乐趣”，而不是“引导幼儿认识会吃蛋的动物，理解故事发展的过程，能预测故事的结局”，那么幼儿只能认真听故事，而不能充分理解故事的内涵，也不能获得预测故事结局的经验。

三、幼儿园教育活动目标的表述

（一）幼儿园教育活动目标表述的基本要素

关于教育活动目标的表述，教育心理学家比较一致的观点是应重点说明学习者行为或能力的变化。美国心理学家马杰在行为主义心理学理论的基础上提出了目标陈述技术。马杰认为，表述好的目标具有三个要素：

（1）说明通过教学后幼儿能做什么。例如：能区分形状并说出颜色；能按顺序组织不同部分；能复述故事。

（2）规定幼儿行为产生的条件。例如：能在3分钟内，搭建具有主题的积木；能根据提供的图片，大胆猜测将要发生的事情；能依据指定的读物，比较两种动物的特点。三个例子中，前半句就是后半句的行为条件。

（3）规定符合要求的作业标准。例如：按照恰当的顺序，至少80%正确，保持队形。

一般情况下，还要加上行为主体，即一个教育活动目标应包括四个基本要素：行为主体、行为本身、行为条件、行为标准。行为主体即教育活动的主体；行为本身说明幼儿通过教育活动将能做什么，以便教师能观察幼儿的行为，了解目标是否达到；行为条件说明这些行为在什么条件下产生；行为标准则指出了合格行为的最低标准。

如小班绘画活动“我的小脸”，教师设计的活动目标为：通过照镜子观察，学习画自己的脸，能画出脸的主要部位，如嘴巴、鼻子、眼睛等。在这一目标中，幼儿为行为主体；“能画自己的脸”为行为本身；“通过照镜子观察”为行为条件；“能画出脸的主要部位”为行为标准。这一活动目标的表述比较明确，能具体引导教师的教育活动，也便于据此检验教育效果。

（二）幼儿园教育活动目标表述的划分标准

美国著名教育家、心理学家布鲁姆在《教育目标分类学》一书中，为教育目标建立了一个较为规范、清晰的划分标准，即认知目标、动作技能目标、情感目标，这也是我们所倡导的三维目标。认知目标包括知识的掌握和认知能力的发展；动作技能目标包括感知动作、运动协调、动作技能的发展；情感目标包括兴趣、态度、习惯、价值观和社会适应能力的发展。三维目标显然只是一个目标框架而已，并不够细化。为了让目标更加具体，我们可以将三维目标进一步细化和分层。从表1-1可见，认知目标、动作技能目标、情感目标都可以进一步细化为三个层次，而且这三个层次表现为逐层递进的关系。

表1-1　教育活动三维目标的细化

三维目标	目标细化层次	目标细化层次常用动词
认知目标	了解	说出、复述、描述、背诵、辨认、识别、再认、回忆、选出、举例等
	理解	解释、说明、概述、概括、比较、分类、归纳、判断、区别、提供、猜测、预测、收集、整理等
	应用	应用、使用、设计、解决、辩护、撰写、拟订、检验、计划、总结、推广、证明等
动作技能目标	模仿	模拟、重复、再现、模仿、临摹、扩展、缩写等
	独立操作	表现、完成、拟订、安装、制定、解决、绘制、测量、尝试、实验等
	迁移	联系、转换、灵活运用、举一反三、触类旁通等

续表

三维目标	目标细化层次	目标细化层次常用动词
情感目标	经历或感受	经历、感受、参与、分享、尝试、讨论、交流、合作、体验等
	反应认同	遵守、认同、接受、愿意、喜欢、关心、尊重、爱护、珍惜、怀疑、帮助等
	内化领会	形成、具有、养成、热爱、树立、坚持、建立等

在表述教育活动目标时，三维目标主要是通过动词来实现的。在幼儿园的某个具体教育活动中，可以根据实际情况，将认知目标、动作技能目标、情感目标有效整合。但并不是说，任何一个教育活动都必须生硬地将三个维度的目标整合在一起，而是根据教育活动内容的承载量与价值，至少包括两个维度的目标，即目标数量以 2～3 个为宜。

【案例 1-5】 小班语言活动："认识小乌龟"

【活动目标】

（1）说出小乌龟喜欢吃的两种以上的食物。

（2）学习词汇："硬硬的""软软的"等。

【分析调整】

该活动是一个小班语言教育活动，从目标定位来看，两个活动目标都是认知目标，忽略了动作技能目标和情感目标。对于小班的幼儿而言，通过活动本身的趣味性激发幼儿爱护动物、呵护生命的情感，进而引发探究小乌龟的生长秘密，是更为重要的内隐价值，而语言表达仅是一个外显价值。从对幼儿发展的持续性影响方面考虑，内隐价值对幼儿的发展更具意义。因此该活动目标可以调整为：

（1）认真观察，说出小乌龟的典型外表特征。

（2）了解小乌龟的生活习性，如它喜欢吃的食物。

（3）触摸小乌龟时要轻柔，萌发对小乌龟的爱护之情。

（三）幼儿园教育活动目标表述的要求

1. 明确、具体，具有可操作性、可检测性

布鲁姆认为，一个恰当的教育活动目标的表述应该具有两个特征：第一，必须详细说明目标内容；第二，应当用特定的术语描述教育活动后学生应能做而以前不能做的行为。从幼儿园目标体系来看，从低到高，各层次目标是越来越笼统、概括、抽象，作为最具体、最底层的幼儿园教育活动目标，其特点就是明确、具体、可观察、具有较强的操作性，能具体指导、调控教师的教育过程。

在教育实践中，许多教师只是照搬照抄，把《纲要》《指南》中的目标要求当作某

一具体教育活动的目标，混淆了各层次目标的不同要求。如某个教师的中班健康领域活动目标写的是“具有良好的生活与卫生习惯”，这样笼统的表述，不具有可操作性和可观察性，看过之后不知道培养哪方面的生活与卫生习惯，以及怎样培养，对教育实践也没有指导意义。如果改成“学习正确的刷牙方法，养成早晚刷牙的好习惯”，或“知道口渴了要喝水，养成主动喝水的习惯”，这样的活动目标就比较明确、具体。因此，在制定活动目标时，要具体、可操作，要使整个教育活动过程目标明确，才有利于教育活动的开展，同时还能更好地对教育活动的结果进行评价。

2. 行为主体表述一致

教育活动包含了教师的教和幼儿的学两方面的互动。在表述活动目标时，我们既可以从教师的角度确定活动目标，使用诸如“培养”“帮助”“鼓励”“要求”等词语，表述教师期望通过教育活动帮助幼儿获得的学习结果；也可从幼儿的角度确定活动目标，使用诸如“学会”“喜欢”“说出”“创编”等词语，描述幼儿在学习以后应该知道的和能够做到的表现。无论以谁作为行为主体，目标表述时角度都要一致。但从教育是为了促进幼儿发展的角度来看，目标的表述最好以幼儿为行为主体，因为教育活动目标预期的是幼儿的学习结果，而不是教师应该怎么做。如目标是“教育幼儿爱护幼儿园的树木”，那么教师“教育”过了，目标就达到了，而幼儿的情感态度是否发生变化，在以教师为行为主体表述的教育活动目标中难以观察到。一般情况下，行为主体不明确出现在目标中。

【案例 1-6】 大班美术活动：“装饰盘子”

【活动目标】

（1）学习用对称花纹装饰盘子。

（2）学习用鲜艳、美丽的色彩装饰盘子。

（3）培养幼儿的想象力、创造力。

【分析调整】

本活动目标表述存在三个问题：首先，表述角度前后不统一，前两个目标是以幼儿为行为主体，第三个目标是以教师为行为主体。其次，没有充分考虑幼儿认知、动作技能、情感的三维目标，没有充分挖掘活动的教育价值。最后，过于笼统，缺乏操作性，不便于评价。因此，这一活动目标可调整为：

（1）观察各种各样的盘子装饰花纹，了解二方连续花纹的变化特点。

（2）能用见过的或想象的二方连续花纹装饰自己的盘子。

（3）在创作中感受色彩的节奏美。

第四节 幼儿园教育活动内容的设计

一、幼儿园教育活动内容的含义

幼儿园教育活动内容包罗万象，涵盖自然、社会的全部内容，涉及幼儿生活的方方面面。幼儿园教育活动的内容是实现教育活动目标的载体、媒介和手段，对教师和幼儿而言，主要解决的是“教什么”和“学什么”的问题。

幼儿园教育活动的内容是指为实现教育活动目标，要求幼儿学习、获得的知识技能、行为经验、情感态度和价值观的总和。我们可以从以下两个方面来了解幼儿园教育活动内容：

（1）内容是为目标服务的。活动目标是选择活动内容的依据，内容的选择和编排应以实现目标为原则，保持与目标的一致性。

（2）幼儿园教育活动内容不仅包括各领域的知识和技能，还包括幼儿在学习过程中形成的情感态度、价值观及相应的行为方式，以保证幼儿身心全面和谐发展。

二、幼儿园教育活动内容选择的方法

（一）从幼儿的兴趣入手

幼儿学习的方式是活动性的，学习的特点是直观性的，学习的结果是经验性的。因此，幼儿园教育活动内容要引起幼儿的活动兴趣，适应幼儿的学习特点，就需要选择那些具有活动性、直观性和情境性的内容，使幼儿能够通过直接感知、实际操作和亲身体验，将学习内容转化为自己的直接经验。《纲要》提出，教师要“善于发现幼儿感兴趣的事物、游戏和偶发事件中所隐含的教育价值，把握时机，积极引导”。

兴趣是最好的老师。瑞士心理学家皮亚杰说过，所有智力方面的工作都要依赖于兴趣。 幼儿阶段的特点决定了兴趣是幼儿活动的根本动力，对于感兴趣的事物，幼儿会全身心投入，主动活动，积极学习。幼儿感兴趣的事物中可能包含丰富的教育价值，教师可以从幼儿的兴趣入手，从他们感兴趣的事物中选择有教育价值的内容，让幼儿学习。教师也可以将必要的教育活动内容“转化”为幼儿的兴趣，“发展”为幼儿的需要，促使幼儿主动学习。教师也要适应幼儿的学习特点，采用幼儿感兴趣的活动方式，如游戏、操作、实验等，引导幼儿积极主动地参与活动。

【案例 1–7】 从幼儿兴趣入手选择活动内容

一天，我和幼儿来到幼儿园中的草坪上散步，幼儿们非常高兴，一路上叽叽喳喳，议论不休。我仔细地观察幼儿们的行为、倾听幼儿们的谈话。这时马宇跑

过来告诉我："老师，赵晨轩和胡文博趴在地上看七星瓢虫。"他一说完，立即引起几个幼儿的兴趣，跑去看了。这时赵晨轩和胡文博已经把刚才在草丛中捉到的七星瓢虫放在各自的手心里了，于是全班幼儿的注意力一下子都集中到七星瓢虫身上。看到幼儿们对七星瓢虫如此感兴趣，我决定临时调整教育活动计划，支持幼儿们自发产生的探究活动。于是，我给幼儿们抛出了几个问题："你们知道七星瓢虫喜欢生活在什么地方吗？它为什么叫七星瓢虫？它吃什么？它是益虫还是害虫？"幼儿们有的挠挠头说"可能它身上有七个点点，所以叫七星瓢虫"；有的说"在草地上找到七星瓢虫的，大概它喜欢吃草"；还有的摇着头说"不知道"……我接着引导："七星瓢虫身上有很多秘密呢，不是简单的玩就能发现的，需要你们不断地动脑筋想办法、不断实验才能发现。老师希望你们能够把七星瓢虫的秘密尽快告诉大家，有信心吗？"幼儿们都大声说："有！"看到幼儿们这么有兴趣，我又适时地提出要求："现在，你们仔细观察一下七星瓢虫，看看七星瓢虫具体是什么样子的。"听我这么一说，幼儿们更加有劲头了。一会儿，就有幼儿围上来告诉我"七星瓢虫的头是黑色的，身体是圆形的""我发现七星瓢虫身上有七个点""七星瓢虫的翅膀比较硬，而身体较软"；有的幼儿则问我："七星瓢虫的眼睛长在什么地方？""七星瓢虫喜欢吃什么？""七星瓢虫对人类有害吗？"……于是我鼓励幼儿们把七星瓢虫带回活动室继续观察研究。回到活动室，我们为七星瓢虫准备了一个家——一个空金鱼缸，并且在金鱼缸里放了一些草叶，在上面加了个盖，把金鱼缸放在饲养角里。幼儿们围着金鱼缸议论着，主动探究的气氛非常热烈。对于他们提出的各种问题，我没有立即回答，而是建议："你们自己观察，对于不知道的，你们可以回家让爸爸妈妈帮着查资料，找一找答案。"

第二天，很多幼儿都带来了书，有的则请家长帮忙上网查找了一些资料。我引导大家发表查找结果。幼儿们兴高采烈地说："七星瓢虫俗称花大姐""七星瓢虫是益虫，它喜欢吃麦蚜、棉蚜、槐蚜、介壳虫等害虫""七星瓢虫遇到强敌和危险时，还会装死"……幼儿们收获颇丰。

每天下课后，幼儿们都去采摘有蚜虫的树叶喂七星瓢虫；幼儿们把七星瓢虫当成宝贝似的，天天都兴致勃勃地观察，热烈地讨论七星瓢虫的变化。一周后，幼儿们放飞了七星瓢虫，让它回归了大自然，继续去捉害虫，为人类服务。

（二）从幼儿的生活经验入手

作为一个主动的学习者，幼儿是在与周围环境相互作用的过程中获得经验的，幼儿的学习也离不开他们的经验基础。因此，在选择幼儿园教育活动内容时，要从幼儿已有的知识经验入手，与幼儿的日常生活相联系。这样的内容才是幼儿感兴趣的，是幼儿所需要的。《纲要》特别强调："在幼儿生活经验的基础上，帮助幼儿了解自然、环境与人类生活的关系。"

教师选择幼儿园教育活动内容要注意以下几个方面：首先，要关注幼儿日常的生活。只有来自幼儿日常生活经验的内容才符合他们的认知水平，引发他们的探究兴趣，唤起他们的表现欲望。如春天来了，幼儿园就可以开展春游活动，让幼儿接触大自然、认识大自然、热爱大自然；国庆节到了，幼儿园就可以开展一些庆祝活动，让幼儿在快乐的节日活动中学习与锻炼。其次，教师要加强与幼儿家庭和社区的联系。幼儿在家庭和社区中接触到的各种事物、现象和问题，都是幼儿学习的内容、探索的对象，幼儿在参与家庭、社区活动中获取社会生活经验，理解地方传统文化。最后，教师要不断关注社会生活的发展变化，紧跟时代发展。现代社会的新科技、新事物日新月异，层出不穷，这些新事物和新现象，既能够引起幼儿的兴趣，又能够让幼儿获得社会发展的经验。幼儿可以通过各种信息渠道了解现实世界的变化，其生活的经验也随之不断丰富和更新，使幼儿从小就能够适应生活、适应社会。因此，教师要善于从幼儿感兴趣的“时髦”话题中抓住教育的契机，组织教育活动，丰富幼儿的社会生活。

（三）从园所、乡土资源入手

《纲要》指出，教师要“从本地、本园的条件出发，结合本班幼儿的实际情况，制定切实可行的工作计划并灵活地执行”，“充分利用自然环境和社区的教育资源，扩展幼儿生活和学习的空间”。因此，教师可以从园所自身的优势以及周边的乡土资源入手，从所在地区的自然环境、历史背景、民俗风情、社会设施资源中挖掘与选择教育活动内容，按照本班、本园、本地区的具体情况灵活安排，体现地方性、乡土性。例如，有的幼儿园地处山区，四周植被丰富，教师就可以选择以“家乡的植物”为主线的教育活动内容，让幼儿更好地认识自己生活的环境，萌发爱护花草树木、热爱家乡的情感。有的幼儿园地处市中心城区，幼儿有许多机会接触各种类似艺术节、旅游节等节庆活动，就可以利用周边环境资源开展“幼儿园的旅游节”等教育活动，既贴近幼儿生活，又有利于取得活动实效。

【案例 1-8】 崇尚自然的德国幼儿教育

应德国多那斯贝格德中友好协会的邀请，我与广州市几所省一级幼儿园的园长和老师一行几人进行了为期 13 天的教育考察活动。我们考察的区域位于德国的西南部，那里有闻名世界的“古堡之路”和“葡萄之路”，大森林风景区也在相隔不远的地方。依傍着如此得天独厚的自然环境，那里的幼儿教育也呈现出崇尚自然的特点。这里说到的“自然”，不仅仅是贴近自然，还包括效法自然、尊重孩子自然成长的内涵。德国幼儿教育非常朴实，绝少人为雕琢的成分，这着实让我们这些来自中国的幼儿教育工作者惊讶，因为我们的早期教育早已淹没在花样翻新的早期“拓潜”之中了。

我们在德国停留了 13 天，不敢说已经深入地了解了德国的幼儿教育，但我们看到了很多有趣片段，通过这些片段可以捕捉到德国幼儿教育的一些“玄机”，也可以让我们反思一下我国幼儿教育中值得斟酌的地方。

片段一：幼儿园的环境语言。

德国的幼儿园是温馨、舒适的，没有我们想象中的现代化设施，更没有我们想象中价格不菲的奥尔夫和蒙台梭利的全套教具和特色教室，其优雅和朴实超出了我们的想象。教室的屋顶上悬挂的是粗麻绳和轻纱做成的帷幔，充满了梦幻色彩；匍匐在地毯上的孩子们仿佛置身于童话世界中，在书中描绘的想象世界中漫游着；墙面上是孩子们的涂鸦，还有从户外捡来的树枝和干花，安静地挂在墙面上，记录着孩子们户外生活的快乐和惊喜。也许因为我们看到的几所幼儿园都是极具传统的幼儿园，教室中的桌椅和教具都是古旧的，可以看到岁月的痕迹，也可以看出这里的教育者正在用自己的双手经营着一段可以留下来的历史。

片段二：森林游。

波兰登附近的礼等幼儿园是一所有100多名孩子的幼儿园。该幼儿园非常重视孩子意志力的培养，这也是德国早期教育中非常鲜明的特点。礼等幼儿园有个持续很多年的“森林游”的传统，每个月的第二周，幼儿园都组织孩子步行到森林中去活动。这一天孩子们要在森林里吃、在森林里玩。这一活动的关键是风雨无阻、四季不断，即使下雨、下雪也依然按计划行事。园长认为，恶劣的天气更能锻炼孩子的意志力，还能增强孩子的体魄和适应能力。孩子们也非常享受这样的活动，在自然中纵情奔跑本来就是孩子的天性。也许是因为如此持续不断地训练，该幼儿园的孩子独立、不娇气、守承诺，能很好地适应幼儿园的生活。

（四）从教材入手

教材是课程转化为教育活动的中介。一般说来，教材也是教师选择教育活动内容的主要依据之一。幼儿园教材种类繁多，一般都能够显示出教师设计和选择教育活动内容的指南和服务功能。教材能够给教师提供一个选择范围，以及教育活动的内容，提供给教师多种活动素材和活动提示，但要把它真正变为适合幼儿需要、促进幼儿发展的活动内容，还需要教师的筛选、加工和设计。因此，从教材内容的呈现来看，还需要教师将教材内容所蕴含的意义、背景、价值和内在关系转变为幼儿的学习需要和学习过程。

教师从教材入手进行教育活动内容的选择应注意以下两点：第一，对一个活动内容或素材，尽量从不同的层面进行挖掘和设计。如小班的语言活动“不要吵醒小蜗牛”，教材提供了一个儿歌作品的素材（雷公公，雷公公，请您轻点打呼噜，我的小蜗牛在睡觉，不要吵醒小蜗牛……），教师选择活动内容时，不仅应当挖掘儿歌本身在语言方面的价值，还应当从儿歌所蕴含的积极情感体验和人际交往方面的价值出发，综合设计教育活动内容。第二，从幼儿的视角出发，分析教材内容所蕴含的核心经验，选择为幼儿所喜欢、所需要的活动内容。教师在选择教育活动内容时，不仅应从学科领域发展的要求和知识点出发，还应从幼儿的已有经验及幼儿与周围环境中的人、事、物交流的特点出发，以幼儿的视角来选择教育活动内容。如教育活动“小扇子”，若从教师的视角出发，活动的内容设置重点放在了解各种各样的小扇子及其功能上；从幼儿的视角出发，教师就需要把重点放在“折小扇子”或“装饰小扇子”等方面，因为这样的教育活动内容更符合幼儿兴趣。

综上所述，教材为教育活动内容的选择提供了多种可能性，但是教材是一个“死”的文本，而教育活动是一个“活”的过程，是由不同的对象在不同的情境和不同的时空条件下生成的动态活动，有很多不确定性和差异性。因此，教师从教材入手选择教育活动内容时，需要根据特定的情况、特定的资源、特定的背景、特定的师生，发挥主体意识，自主决策，力求创新，以便在活动实施中创生新的活动，在活动创生中实施活动。

三、幼儿园教育活动内容组织的基本途径

幼儿园教育活动的内容组织是指将构成教育活动的各种要素，科学合理地加以安排，使活动兴趣化、结构化、有序化，以优化教育效果，达到实现活动目标的过程。对教育活动内容的组织，必须符合幼儿的年龄特征，以幼儿的发展为唯一目的。无论活动内容组织的形式多么新颖，气氛多么热烈，但如果缺乏使幼儿得到发展的效果，都不是好的活动。

幼儿园教育活动内容组织，需要通过一定的途径才能达到教育的目的。幼儿园教育活动内容组织的基本途径一般有以下几种。

（一）将教育活动内容融入幼儿一日生活中

美国著名教育家杜威说过：“不以幼儿的生活为出发点，教育就会造成浪费。”幼儿园教育应尊重幼儿身心发展的规律和学习特点，充分关注幼儿的经验，引导幼儿在生活和活动中生动、活泼、主动地学习。幼儿身心发展的不成熟性决定了幼儿园教育具有生活性、日常性等特点。幼儿教育最本质、最核心的成分，在于关注幼儿的身心健康和全面发展。因此，教师应将幼儿教育活动的内容渗透在幼儿的一日生活之中，通过幼儿的日常生活活动让幼儿感受各种各样的教育活动内容。如进餐这一日常生活活动就包含着丰富的教育内容，教师既要引导幼儿养成饭前洗手、饭后整理的卫生习惯，又要培养幼儿不挑食、不偏食的饮食习惯，同时还要注重培养幼儿谦让、分享和爱惜食物等良好品质。

（二）将教育活动内容融入游戏中

奥地利著名科学家、精神分析学派代表人物弗洛伊德说过：“游戏是由愉快原则促动的，它是满足的源泉。”由于年龄发展的特点，幼儿好玩好动，对单调事物的注意力持续时间较短。游戏因具有趣味性、愉悦性、活动性和自主性等特点，深受幼儿的喜爱，成为幼儿最基本的活动。

根据幼儿的身心发展水平，游戏法是幼儿园组织教育活动的一种基本方法。所谓游戏法是指在幼儿园教育活动中，为了达到活动目标，教师根据不同的教育活动内容选择

相应的游戏形式，将教育活动内容融入游戏之中的一种方法。游戏法一方面符合幼儿的认知发展水平，能够促进幼儿的认知发展；另一方面寓教于乐，将教育活动内容有机地组织到游戏中，让幼儿在获得知识技能的同时培养良好的行为习惯，锻炼身体素质。

（三）将教育内容与幼儿自主建构有机结合

瑞士心理学家皮亚杰将儿童从出生到 15 岁智力的发展划分为四个阶段：感知运动阶段、前运算阶段、具体运算阶段、形式运算阶段。幼儿主要处于前运算阶段。这一阶段的幼儿思维发展具有具体形象性特点，他们必须借助于表象来思维，单纯地传授讲解、枯燥地说教，既不能获得较好的教育效果，又不利于发展幼儿的思维能力。因此，教师应为幼儿精心准备具有直观性、形象性、生动性、探索性、可操作性的学具，让幼儿通过细心观察、积极思考、科学探究，发现问题的实质，使幼儿对事物的探索由直接感知转为表象，从而构建初步的知识。例如在开展小班数学活动“与众不同”时，教师把图书、服装、玩具混合放在桌子上，让幼儿观察：物品堆里有什么？是用来做什么的？属于生活中的哪类物品？然后让幼儿自由整理这些物品，在指定位置摆放整齐。物品整理好以后，再次观察：还可以怎样分类？引导幼儿继续动手操作，将上衣、裤子、鞋子等各分一类。一系列的操作活动激发了幼儿主动学习的愿望，使其初步感知数学的有用和有趣，在自己的努力中形成正确的数学认知。

第五节　幼儿园教育活动组织与指导的策略

教师在教育活动中所采用的方法和策略，是直接影响教育活动质量和幼儿发展的重要因素。因此，教育活动组织与指导的方法策略，也就成为衡量教师教育能力的重要指标之一。本节主要讨论教师在活动组织指导过程中的一般性策略。

一、观察策略

意大利著名幼儿教育家蒙台梭利指出：“作为一名教育工作者，应该有一双敏锐的眼睛。”一个不会观察的幼儿教师是不称职的。观察是最直接、最有效的了解幼儿、研究幼儿的方法。教师应通过观察了解幼儿，发现幼儿的个别特点，发现他们的长处和短处，及时调整自己的教学，做到因材施教、因势利导。广泛地观察是教师教学引导和日常生活指导的基本前提。因此，观察策略也就成为教师在教育活动组织与指导中的基本策略之一。

在教育活动的组织与指导中，教师观察方法和策略的运用是多种多样的，针对不同的活动内容、活动对象和活动形式，观察的目的和实施不尽相同。

（一）活动开始阶段的观察

兴趣是幼儿学习的起点。教师按照预设的活动计划和内容开始组织实施活动时，首先就应当通过观察去判断幼儿对活动材料、内容及组织形式等是否有兴趣。如果教育活动是幼儿合作性的操作或探索，就可以观察幼儿对操作及其材料的接受度、关注度等；如果教育活动是以游戏的形式展开的，就可以观察幼儿对游戏的情绪情感表现、参与态度等；如果教育活动是以教师带动为主的相对高结构化的活动，就可以观察幼儿是否被教师的语言和动作所吸引、对教师创设的活动环境是否有兴趣等。总之，活动开始阶段的观察可以为后续的活动进展提供一个好的开端，也为教师在活动组织与指导中其他策略的运用打下基础。

【案例 1–9】 不会观察的教师

在一次中班音乐活动中，教师弹起《我们都把老师爱》的前奏，准备教幼儿这首歌，可是她刚弹完前奏，小朋友们都唱起来了，原来这首歌小朋友们在小班都学过了。这位教师就好像没有听到一样，继续边弹边教，有条不紊。小朋友们在下面坐不住了，有的讲话，有的做小动作，还有的索性就在座位上打闹起来了。这次活动就在小朋友们的打闹声、嘈杂声中结束了。活动结束后，教师特别生气，向该班的主班教师抱怨，说小朋友们纪律太差了。

【案例分析】

这位教师在活动中似乎将幼儿遗忘了，眼里只有自己和自己的活动设计，对幼儿的反应不闻不问，也不去分析幼儿为什么纪律不好，只是一味抱怨，缺少对幼儿的观察、关注。教师应认真观察幼儿，并根据幼儿的反应及时调整自己的活动设计。

（二）活动进行阶段的观察

幼儿是学习活动的主体。在活动进行过程中，教师要真正做到跟随幼儿、支持幼儿、指导幼儿，就要仔细观察幼儿、认真解读幼儿。通过观察，教师可以真实了解幼儿的经验水平，幼儿是如何与环境材料进行互动的、在互动过程中发生了什么，幼儿是否需要教师的帮助，教师应不应该介入、什么时候介入、以怎样的方式介入等。因此，在活动进行中，教师应该观察幼儿的互动情况，包括幼儿与材料、环境的互动情况，幼儿与教师、同伴的互动情况等；观察互动中幼儿的语言、动作、行为、情绪等，并做出即时的分析解读或跟踪式的记录（文字或录像等），进而采取进一步的措施，更好地支持幼儿的学习活动。

【案例 1–10】 教师在活动进行阶段的观察

有一次刘老师指导全班幼儿搭积木，注意到冰冰小朋友在搭建“塔尖”时积木总是掉落下来。刘老师来到冰冰身边，冰冰手握着积木迟疑地看了刘老师一眼，刘老师立刻给了一个鼓励的眼神和微笑。因为刘老师通过观察做出的判断是：冰冰缺乏勇气和自信，希望得到老师的鼓励。果然，冰冰从刘老师的反应中看到了对自己的肯定和支持，增强了信心，她笑了一下便将手中的积木小心翼翼地放到已搭成的“塔”的最上方，完成了“塔尖”的搭建。“啊，成功了！”冰冰高兴地叫起来。

（三）活动结束阶段的观察

在教育活动的结束阶段，观察策略的运用主要为对活动成效的评价服务。一般说来，教师需要观察的是幼儿在整个活动进程中的情绪反应、参与态度，幼儿是否愿意发表自己的意见、是否愿意与他人一起进行讨论和交流、是否愿意介绍自己的作品、是否希望得到教师或同伴的肯定性评价、是否有继续活动或延伸活动的愿望等。这些观察信息的获取，可以使教师更充分地得到幼儿在整个活动中的认知发展、学习习惯、合作交往、能力水平、情感态度等各个方面的有效信息，既能够使教师对本次活动做出总结性评价，对个别幼儿做出个案式评价，也能够使教师获得对后续活动有参考价值的信息。

二、提问策略

提问是一种教育手段，更是一种教育艺术。活动中幼儿教师的提问应该是开放性的，为幼儿创设一个广阔的思维和自主探索、想象的空间。这样有利于激发幼儿的讲述积极性，拓展幼儿的思维，提升幼儿的想象及创造能力。日本著名教育家斋滕喜博认为，提问是“教学的生命”；西方学者德加默也曾提出，“提问得好即教得好”。由此可见提问的重要性。

（一）开放式提问

开放式提问指教师所提问题有多种可能的答案，并不追求唯一正确的答案。这种提问摆脱了活动内容本身的束缚，引导幼儿积极思考，并结合自己的已有经验，进行合理想象，多角度回答问题。幼儿是教育活动的主体，教师的指导作用也反映在激发与引导幼儿的活动积极性、主动性和创造性上。应在恰当的时机提出有价值的开放式问题，给幼儿充分的思考空间，支持鼓励幼儿大胆想象，积极表现和创造。

【案例 1–11】 中班语言活动：“我是三军总司令”

阅读资料：

三位妈妈一起问我：“你是谁？”我说：“我是陆海空三军总司令。”

师：“读到这里你想到了什么？”

幼儿 1：“我有飞机、坦克和军舰，好多呀！”（做合抱的姿势）

幼儿 2:“我，我是总司令，我好厉害呀!”(同时跷大拇指)
幼儿 3:“我有了三种武器，我还想让大象来我的部队呢!”
幼儿 4:“我该怎样指挥他们呀!”(摸着小脑袋)
幼儿 5:“我有一群小动物武器，我带领它们打仗，我们一定打胜仗。”
【案例分析】
在上述环节，教师运用开放式提问策略，鼓励幼儿各抒己见，充分表达自己的见解。

(二)递进式提问

递进式提问是教师根据幼儿的思考和回答，巧妙地将一连串问题联系起来，层层递进，逐步深入，从而形成一个不断推进的问题链，让幼儿思考、讨论和探究，引导幼儿尝试自己解决问题。

【案例 1-12】 小班社会活动:“危险游戏”

预设以下提问:
问题 1:你觉得兜兜藏在桌子下面好不好?
问题 2:有哪些危险?
问题 3:如果兜兜没有从桌子下面出来又会发生什么事?
问题 4:你平时会因为哪些事情生气?
问题 5:你生气或不高兴时都是怎么做的?

(三)推理式提问

推理式提问不能直接找到答案，而需要用逻辑推理的方法处理综合信息，去寻求答案。如:当幼儿完成一项简单的操作和探究活动后，教师提出问题，让幼儿用类似的方法概括出规律性的知识，从而获得答案。如幼儿理解了圆和半圆的关系后，教师继续引导幼儿思考:“我们知道了两个半圆可以组合成一个圆，那两个正方形可以组合成什么形状?”再如语言活动中的提问:“接下来故事的发展会怎样呢?”

(四)假设式提问

假设式提问是教师提出问题，幼儿进行假设、猜想和思考。这种提问往往以“假设……”“如果……”等形式展开。如:“假如没有空气，我们的生活会怎么样?”“如果小黑羊让小黄羊先过桥，或小黄羊让小黑羊先过桥，它们会掉到河里去吗?”“如果你有一朵七色花，你愿意把它送给谁?为什么?”通过假设式提问，教师可以了解幼儿已有的知识经验和发散性思维水平，让幼儿展开丰富的联想。

（五）总结式提问

总结式提问是教师引导幼儿对某些事物和现象进行观察、了解后，帮助幼儿概括总结而提出问题。如大班科学活动“神秘的蝴蝶”中，幼儿观察了菜粉蝶、中华虎凤蝶、枯叶蝶后，教师抛出问题：“这三种蝴蝶有哪些相同的地方？有哪些不同的地方？”

【案例 1-13】 中班语言活动：“小猫钓鱼”

开放式提问：“小猫是个怎样的孩子？”

假设式提问：“如果小猫一心一意钓鱼，会怎么样？”

开放式提问：“小猫和猫妈妈，你更喜欢谁？为什么？”

总结式提问：“猫妈妈和小猫有什么不同？”

【案例分析】

幼儿喜欢变化，教师提问越灵活多变，幼儿参与的积极性就越高。不少教师不善提问，不管什么内容的活动，开场白都几乎一样：“小朋友们，猜猜看，今天老师给你们带来了什么好东西呀？”还有的教师过多使用封闭式提问，动不动就“是不是”“好不好”“对不对”“你喜欢 ×× 吗？”等。教师在活动设计时，要精心设计问题，即围绕活动目标预设一些关键问题和提问模式，把一些重要问题写到活动设计方案里，使问题表述恰当，目标适宜。

三、评价策略

（一）肯定

教师可以用简洁的语言、肯定的语气表示对幼儿言行的认可，也可以微笑或点头表示对幼儿的肯定。如：大班“我的广告设计”活动，幼儿完成作品后，教师请幼儿互相评价：“小朋友，你认为谁的广告设计得好？说一说，他的广告好在哪里？”幼儿：“我觉得宁宁的广告好，很简短。”教师：“哦！是的，宁宁的广告语比较简短，而且还把咱们活动区的优点介绍出来了，能够吸引小朋友们去玩。”从而对参与评价的幼儿和被评价的幼儿都给予肯定，保护了幼儿的积极性。

（二）表扬、奖励

教师对幼儿的进步表现、良好行为和独创精神要赞扬、鼓励。运用时应注意：

（1）表扬要具体、有针对性；

（2）配合感情表达；

（3）适当结合其他形式奖励。

一般情况下教师习惯用“好”“对”“真棒”等语言来笼统地评价幼儿，如果一味地以这类语言来对幼儿表示赞扬、鼓励，不能达到表扬的真正目的，因为这样泛泛地表扬没有抓住幼儿的闪光点。如果教师具体说明表扬的原因，如："刚刚讲到了'小鸟生病了，大象驮着小鸟去看病'，这个情节很有趣呀！""你刚刚'春暖花开'这个词用得真好啊！"这样评价就更有针对性了。

【案例 1–14】 美术课堂"画瓶子"评价

老师不断地赞赏着孩子们的作品。等孩子们都做完了，老师把他们的作品在一个架子上摆成一排，然后拿起一支笔轻轻敲了一下瓶子，这种要求孩子"安静"的方式，既温和又有趣。

老师说："现在来看看我们的作品，请大家眼睛跟着我的小棍子！"老师边说边用小棍子轻轻地划过所有的瓶子。孩子们的眼睛跟着小棍子扫过所有的瓶子，每个瓶子似乎都变成了一棵五彩缤纷的小树。

这时，老师将手举过头顶，对孩子们说："请像我这样，为我们自己的作品欢呼，说'噢耶！'"孩子们跟着喊："噢耶！"老师大声说："声音不够大，我们再来一次！"有的孩子从座位上站了起来，大声喊："噢耶！"

老师用这种方式让孩子对自己满意，燃起孩子欣赏自己作品的激情，这里就不仅是一个美术课堂，更是一个让孩子建立自信的地方，美术只是一种手段而已。

接着老师请孩子们坐下来，围成一个弧形，面对自己的作品。老师说："现在我们要看看谁的作品最复杂。"老师的小棍子第二次从每个人的作品面前划过，孩子们的眼睛也不由自主地跟着小棍子。这个动作让孩子学会比较，孩子们会发现作品的区别，比如哪个复杂、哪个简单。

老师说："请每个人上来投票，在你认为最复杂的作品上敲一下，说明你投了它的票。"每个孩子都抢着上去敲那个自己认为最复杂的瓶子，表达自己的见解。最后有一个瓶子获得了最复杂瓶子的奖项，那个瓶子的确最花。

老师会拿什么奖励孩子呢？老师说："他获得了最复杂奖，我们每个人在他脖子上吹口气。"老师走到那个男孩面前，在他脖子上吹了口气，男孩笑了。

这种奖励真是太好了！获奖的人获得了纯粹的个人感受。在每个人带给他这种感受的时候，大家既没动手，又将自己的某种东西送给了他。这比我们习惯的物质奖励有更丰富的精神内涵。

这个老师很理解孩子的心理，有较高的文化审美和很好的素养。孩子在这里学画，学的不仅是画画的技术、画画的方法、使用绘画工具的能力，更重要的是，孩子学到了以艺术的眼光看待事物、评价事物和与人的交往。

这堂课结束了，每个孩子都得到了奖励，有"最漂亮奖""最简单奖""线条最粗奖""线条最细奖"，老师想出了那么多的奖，让每个孩子都得到了他人送给自己的精神奖品，比如每个人都捏一下获奖者的小拇指或者耳垂等。

（三）批评

批评是教师对幼儿不良行为进行的否定性评价。运用时应注意：

（1）语言要幽默亲切；

（2）态度要和蔼诚恳；

（3）就事论事，不言其他。

要让幼儿在善意而含蓄的批评中心甘情愿地去改正错误，不断进步。

教师批评幼儿时，可采用“三明治批评法”。所谓“三明治批评法”，就是把直接的批评以“三明治”的方式表达出来。上层的“面包”是好听、好看、容易接受的，对幼儿的相关优点进行肯定；中间夹的“馅儿”是不容易被接受的，指出幼儿做得不妥的地方，分析原因，讲解正确的做法；下层的“面包”又是好听、好看、容易接受的，对幼儿的学习能力做出肯定，表示教师相信他能改正错误、慢慢学会正确的做法，并描述幼儿进步后的快乐场景。这样做，更利于幼儿接受批评，改正错误行为。

（四）讨论

讨论是指教师不直接对某个问题或现象给予肯定或否定，而是引导幼儿分析判断，使他们在讨论中明白对错或好坏，知道如何改正。

（五）纠正

纠正是指教师在发现问题、指出问题时，告知幼儿正确的答案或做法，对错误认识或不当之处给予提示与纠正。运用纠正进行评价时可适当延迟，让幼儿进行思考，并说出应该怎么办，提高幼儿的判断能力和分析问题、解决问题的能力。

（六）总结

总结是对幼儿集体活动情况、活动效果的综合评价。一般放在活动告一段落或结束时进行。

经典习题

一、单项选择题

1. 下列选项中对幼儿园教育活动的正确理解是（　　）。

   A. 儿童尽情地随意玩耍

   B. 在安全的前提下按课程的要求活动

   C. 为儿童舒展筋骨而开展活动

   D. 教育过程就是活动过程，促进儿童身心健康发展

2. 户外游戏“老猫睡觉醒不了”“切西瓜”体现了教育活动的（　　）特点。

A. 广泛性和启蒙性　　B. 渗透性和整合性
C. 趣味性和游戏性　　D. 随机性和潜在性

3. 在幼儿教育活动中，最能为幼儿提供交谈机会的组织形式是（　　）。
A. 小组活动　B. 全班集体活动　C. 全园活动　D. 个别活动

4.《纲要》中的教育目标较多使用“体验”“感受”“喜欢”“乐意”等词，这表明幼儿园教育强调（　　）。
A. 知识取向　B. 情感态度取向　C. 能力取向　D. 技能取向

5. 在活动中，幼儿通过感知、操作、体验、交流来进行学习的方式体现了教育活动的（　　）。
A. 巩固性原则　B. 活动性原则　C. 发展性原则　D. 科学性原则

6. 某教师针对不同发展水平的幼儿提供了不同难度的操作材料，这遵循了（　　）。
A. 整体性原则　B. 因材施教原则　C. 活动性原则　D. 直观性原则

7. 适合幼儿的发展是（　　）。
A. 结合幼儿发展的规律与特点　　B. 跟随幼儿的发展
C. 任其发展　　D. 追随幼儿的兴趣

8. 幼儿教师了解幼儿的最主要目的是（　　）。
A. 为更好地促进幼儿发展提供依据　　B. 为教师专业成长提供依据
C. 为建立幼儿档案提供依据　　D. 为检查评比提供依据

9. 小班幼儿玩橡皮泥时，往往没有计划性，橡皮泥搓成团就说是包子、搓成条就说是面条、卷起来就说是麻花。这反映了小班幼儿（　　）。
A. 具体形象思维特点　　B. 直觉行动思维特点
C. 象征性思维特点　　D. 抽象逻辑思维特点

10. 某中班美术活动“画熊猫”中，教师制定的目标之一是让幼儿掌握画圆和椭圆的技能。这一目标属于幼儿园的（　　）。
A. 活动目标　B. 近期目标　C. 中期目标　D. 远期目标

11. 下列活动目标的表述以幼儿为行为主体的是（　　）。
A. 培养幼儿爱思考的习惯　　B. 鼓励幼儿参与制作陀螺
C. 体验探究的乐趣　　D. 教会幼儿使用玩具

12. 某次教育活动需要达成的目标是（　　）。
A. 全园教育目标　B. 中期目标　C. 近期目标　D. 活动目标

13.《纲要》提出按照幼儿学习活动的范畴把幼儿园教育内容相对划为（　　）五个方面。
A. 健康　语言　科学　社会　保健　　B. 健康　语言　社会　科学　艺术
C. 游戏　健康　科学　社会　艺术　　D. 健康　安全　语言　科学　社会

14. 幼儿教师选择教育教学内容的最主要依据是（　　）。
A. 幼儿发展　B. 社会需要　C. 学科知识　D. 教师特长

15. 教育内容既要符合幼儿已有的发展水平，又要能促进其进一步发展，这符合（　　）。

A. 发展性原则　　B. 科学性原则
C. 整合性原则　　D. 兴趣性原则

16. 下列关于幼儿园教育活动内容选择的原则中，表述不正确的是（　　）。
A. 能符合幼儿的年龄特征，配合幼儿的生活经验和认知水平
B. 能引发和满足幼儿的兴趣和需要
C. 能反映时代发展特征，有利于幼儿的后续学习和长远发展
D. 不需要考虑季节、节日以及周边环境资源等因素

17. 美国华盛顿儿童博物馆的格言“我听见就忘记了，我看见就记住了，我做了就理解了”，主要说明了在教育过程中应（　　）。
A. 尊重儿童的个性　　B. 重视儿童的主动操作
C. 重视儿童学习的自律性　　D. 培养幼儿积极的情感体验

18. 下列问题中，属于开放性问题的是（　　）。
A. 你们愿意参加吗？　　B. 它是什么？
C. 它们一样吗？　　D. 你发现了什么？

19.（2018 年上半年真题）关于学前教育任务最准确的表述是（　　）。
A. 促进幼儿智力发展　　B. 促进幼儿身心的快速发展
C. 促进幼儿社会性发展　　D. 促进幼儿身心全面和谐发展

20.（2018 年下半年真题）幼儿园教师应该是（　　）。
A. 幼儿学习的引导者、决策者和管理者
B. 幼儿学习的支持者、合作者和引导者
C. 幼儿学习的引导者、传授者和控制者
D. 幼儿学习的管理者、决策者和传授者

21.（2018 年下半年真题）教师在重阳节组织幼儿到敬老院探访老人，这反映幼儿园教育内容选择的（　　）原则。
A. 兴趣性　　B. 时代性　　C. 生活性　　D. 发展性

22.（2019 年上半年真题）按照布鲁姆等人教育目标分类的观点，“了解青蛙的生长发育过程”属于（　　）。
A. 情感目标　　B. 认知目标
C. 动作技能目标　　D. 行为目标

二、简答题

1.（2017 年下半年真题）为什么幼儿园教育内容要贴近幼儿的生活？
2.（2019 年上半年真题）列出幼儿园课程生活化的实施要求并分别举例说明。

三、材料分析题

1. 阅读下列材料，回答问题。

材料：

一位教师在教幼儿认识蔬菜的时候，在黑板上挂上青菜、西红柿等图片，告诉幼儿它们的名称、特征和用途；另外一位教师则带领幼儿到附近菜农的地里参观菜农是如何

种菜、施肥和浇水的，并让幼儿在班级的自然角里种上蔬菜，做好观察记录。

问题：

你认为哪位教师的做法较好？为什么？请结合幼儿园教育活动的特点和实施原则加以分析。

2. 阅读下列材料，回答问题。

材料：

大班打击乐器演奏活动“军队进行曲”目标：

（1）在熟悉乐曲旋律的基础上，感受乐曲的性质，并能用身体动作表现乐曲的强弱和节奏特点。

（2）培养幼儿的想象力、节奏感及对音乐的兴趣。

（3）练习视唱，发展幼儿识谱和音准能力。

小班音乐游戏活动“猫捉老鼠”目标：

（1）培养幼儿合拍、协调地做动作。

（2）培养幼儿对音乐游戏的兴趣。

问题：

你认为以上的活动目标制定得是否合适？为什么？请结合目标制定的方法予以分析。

学习资料包

第二章　幼儿园健康教育活动设计与指导

【考纲要求】

- 考查方式：在近年的教师资格考试中以活动设计题为主。
- 考查内容：掌握健康教育的基本知识和相应的教育方法，并能够设计和开展健康教育活动。

【思政园地】

思政目标：

（1）树立重安康、增福祉的身心健康理念，克己自律，喜爱运动，仪态端庄，能调控自己的情绪，乐观开朗。

（2）养成良好的生活和卫生习惯，培养健康的生活方式。

【知识结构】

- 幼儿园健康教育活动设计与指导
  - 幼儿园健康教育的内涵和目标
    - 幼儿园健康教育的内涵
    - 幼儿园健康教育的目标
  - 幼儿园健康教育的原则和内容
    - 幼儿园健康教育的原则
    - 《纲要》中健康教育的内容与要求
    - 幼儿园健康教育的具体内容
  - 幼儿园健康教育的方法和途径
    - 幼儿园健康教育的方法
    - 幼儿园健康教育的途径
    - 幼儿园健康教育的组织形式
  - 幼儿园健康教育活动设计与指导要点
    - 《纲要》中健康教育指导要点
    - 幼儿园健康教育活动目标的表述
    - 幼儿园健康教育活动内容的选择
    - 幼儿园健康教育活动过程的设计

第一节 幼儿园健康教育的内涵和目标

1990年，世界卫生组织对健康的定义："健康是生理、心理、社会适应和道德完善的良好状态。"这就是人们所指的身心健康，也就是说，一个人在躯体健康、心理健康、社会适应良好和道德健康四个方面都健全，才是完全健康的人。

一、幼儿园健康教育的内涵

（一）幼儿园健康教育的概念

《指南》在健康领域中明确指出"健康是指人在身体、心理和社会适应方面的良好状态"，同时又提出"发育良好的身体、愉快的情绪、强健的体质、协调的动作、良好的生活习惯和基本生活能力是幼儿身心健康的重要标志"。

幼儿园健康教育是根据幼儿身心发展的特点，提高幼儿健康认识、改善幼儿健康态度、培养幼儿健康行为、维护和促进幼儿健康发展的系统教育活动。健康教育的核心是树立正确的健康观念，养成良好的行为和生活方式。

（二）幼儿园健康教育的意义

《纲要》明确要求："幼儿园必须把保护幼儿的生命和促进幼儿的健康放在工作的首位。"可见，对幼儿进行健康教育具有十分重要的意义。

1. 幼儿园健康教育是保证幼儿健康成长的特殊需要

幼儿正处于身心快速发育的时期，身体器官和系统发育还不成熟，机体的能力还不完善，对自然界和社会环境的适应能力较差，对疾病的抵抗能力、对心理压力的承受能力也较弱，自我保护、防护意识差，容易受到伤害。因此，他们必须接受适当的健康教育，参与力所能及的健康活动，以学到更多的健康知识，树立自己的健康态度，形成有利于自身和他人健康的行为模式。

2. 幼儿园健康教育为幼儿一生的健康和生活奠定良好的基础

人的生命历程的每一阶段都必须吸取健康信息，高度重视健康问题。任何时候放松了对健康知识的学习和应用，健康就会远离自己。幼儿园健康教育是终身健康教育的基础阶段，幼儿时期的健康不仅关系到他们当前的健康状况和生命质量，还将对其未来的身心健康产生深远的影响。所以，对幼儿进行健康教育，培养健康的生活理念和生活方式，对提高他们一生的生活质量和生命质量是十分必要的。

3. 幼儿园健康教育是对幼儿进行全面素质教育的重要组成部分

幼儿的全面素质教育包括身心健康素质的教育、智能素质的教育、品德素质的教育和审美素质的教育等。幼儿园健康教育在促进幼儿身心健康发展的同时，还能促进幼儿其他方面的发展。如幼儿学习体操，不仅能强身健体，还能欣赏美妙的音乐、展示优美的动作以及学习与同伴之间的相处等，这些都有利于幼儿全面素质的发展。

4. 幼儿园健康教育是国家、民族发展的需要

1999 年 6 月，中共中央国务院颁布的《关于深化教育改革，全面推进素质教育的决定》指出："健康体魄是青少年为祖国和人民服务的基本前提，是中华民族旺盛生命力的体现。"幼儿的健康是提高人口素质、民族素质的重要保证。只有个体身心健康，才能促进整个社会的健康发展，才能促进整个国家、民族的强大和繁荣。

二、幼儿园健康教育的目标

（一）《纲要》中健康教育的总目标

1.《纲要》中健康教育总目标内容

（1）身体健康，在集体生活中情绪安定、愉快；

（2）生活、卫生习惯良好，有基本的生活自理能力；

（3）知道必要的安全保健常识，学习保护自己；

（4）喜欢参加体育活动，动作协调、灵活。

2.《纲要》中健康教育总目标的价值取向

促进幼儿身心健康发展是幼儿园健康教育的终极目标。《纲要》中健康教育的总目标表明了如下价值取向：

第一，关注幼儿身心和谐发展。幼儿有了健康的身体，才能精力充沛、积极主动地投入对外界环境的探索之中，才能"在集体生活中情绪安定、愉快"。幼儿处于"情绪安定、愉快"的状态时，机体会分泌出对身体有益的物质，能够保证幼儿的身体正常发育、健康发展。因此，只有关注幼儿身心和谐发展，才能既保证幼儿身体的健康，又保证幼儿心理的健康。

第二，注重幼儿健康行为养成。良好的生活、卫生习惯能有效减少有害物质对幼儿机体的侵害，基本的生活自理能力又是幼儿适应社会生活的必备能力，健康教育要鼓励、协助幼儿培养健康有益的行为习惯。因此，树立正确的健康观念，养成良好的行为和生活方式，被视为健康教育的核心目标。注重健康行为养成，探讨幼儿健康行为建立和巩固的一般规律，成为幼儿健康教育研究的重点。

第三，强调保护与锻炼并重。"知道必要的安全保健常识"并提高相应技能是保健教育的主要目标。培养对体育活动的兴趣，增强动作的协调性和灵活性是体育锻炼的主要目标。这个目标既重视掌握必要的安全保健知识、提高自我保护能力，又强调通过体育活动提高身体素质，即强调保护与锻炼并重。

（二）《指南》中健康教育学习与发展目标

1.《指南》中健康教育各年龄段学习与发展目标

《指南》明确列出了幼儿园健康教育各年龄段学习与发展目标（见表 2-1）。

表 2-1 幼儿园健康教育各年龄段学习与发展目标

子领域	目标	3～4岁	4～5岁	5～6岁
身心状况	具有健康的体态	1.身高和体重适宜。（参考标准：男孩身高 94.9～111.7厘米，体重12.7～21.2千克；女孩身高94.1～111.3厘米，体重12.3～21.5千克） 2.在提醒下，能自然坐直、站直。	1.身高和体重适宜。（参考标准：男孩身高100.7～119.2厘米，体重14.1～24.2千克；女孩身高99.9 ～118.9厘米，体重13.7～24.9千克） 2.在提醒下，能保持正确的站、坐和行走姿势。	1.身高和体重适宜。（参考标准：男孩身高106.1～125.8厘米，体重15.9～27.1千克；女孩身高104.9～125.4厘米，体重15.3～27.8千克） 2.经常保持正确的站、坐和行走姿势。
	情绪安定愉快	1.情绪比较稳定，很少因一点小事哭闹不止。 2.有比较强烈的情绪反应时，能在成人的安抚下逐渐平静下来。	1.经常保持愉快的情绪，不高兴时能较快缓解。 2.有比较强烈的情绪反应时，能在成人提醒下逐渐平静下来。 3.愿意把自己的情绪告诉亲近的人，一起分享快乐或求得安慰。	1.经常保持愉快的情绪。知道引起自己某种情绪的原因，并努力缓解。 2.表达情绪的方式比较适度，不乱发脾气。 3.能随着活动的需要转换情绪和注意力。
	具有一定的适应能力	1.能在较热或较冷的户外环境中活动。 2.换新环境时情绪能较快稳定，睡眠、饮食基本正常。 3.在帮助下能较快适应集体生活。	1.能在较热或较冷的户外环境中连续活动半小时左右。 2.换新环境时较少出现身体不适。 3.能较快适应人际环境中发生的变化，如换了新老师能较快适应。	1.能在较热或较冷的户外环境中连续活动半小时以上。 2.天气变化时较少感冒，能适应车、船等交通工具造成的轻微颠簸。 3.能较快融入新的人际关系环境，如换了新的幼儿园或班级，能较快适应。
动作发展	具有一定的平衡能力，动作协调、灵敏	1.能沿地面直线或在较窄的低矮物体上走一段距离。 2.能双脚灵活交替上下楼梯。 3.能身体平稳地双脚连续向前跳。 4.分散跑时能躲避他人的碰撞。 5.能双手向上抛球。	1.能在较窄的低矮物体上平稳地走一段距离。 2.能以匍匐、膝盖悬空等多种方式钻爬。 3.能助跑跨跳过一定距离，或助跑跨跳过一定高度的物体。 4.能与他人玩追逐、躲闪跑的游戏。 5.能连续自抛自接球。	1.能在斜坡、荡桥和有一定间隔的物体上较平稳地行走。 2.能以手脚并用的方式安全地爬攀登架、网等。 3.能连续跳绳。 4.能躲避他人滚过来的球或扔过来的沙包。 5.能连续拍球。

续表

子领域	目标	3～4岁	4～5岁	5～6岁
	具有一定的力量和耐力	1.能双手抓杠悬空吊起10秒左右。 2.能单手将沙包向前投掷2米左右。 3.能单脚连续向前跳2米左右。 4.能快跑15米左右。 5.能行走1千米左右。（途中可适当停歇）	1.能双手抓杠悬空吊起15秒左右。 2.能单手将沙包向前投掷4米左右。 3.能单脚连续向前跳5米左右。 4.能快跑20米左右。 5.能连续行走1.5千米左右。（途中可适当停歇）	1.能双手抓杠悬空吊起20秒左右。 2.能单手将沙包向前投掷5米左右。 3.能单脚连续向前跳8米左右。 4.能快跑25米左右。 5.能连续行走1.5 千米以上。（途中可适当停歇）
	手的动作灵活协调	1.能用笔涂涂画画。 2.能熟练地用勺子吃饭。 3.能用剪刀沿直线剪，边线基本吻合。	1.能沿边线较直地画出简单图形，或能边线基本对齐地折纸。 2.会用筷子吃饭。 3.能沿轮廓线剪出由直线构成的简单图形，边线吻合。	1.能根据需要画出图形，线条基本平滑。 2.能熟练使用筷子。 3.能沿轮廓线剪出由曲线构成的简单图形，边线吻合且平滑。 4.能使用简单的劳动工具或用具。
生活习惯与生活能力	具有良好的生活与卫生习惯	1.在提醒下，按时睡觉和起床，并能坚持午睡。 2.喜欢参加体育活动。 3.在引导下，不偏食，不挑食，喜欢吃瓜果蔬菜等新鲜食品。 4.愿意饮用白开水，不贪喝饮料。 5.不用脏手揉眼睛，连续看电视等不超过15分钟。 6.在提醒下，每天早晚刷牙、饭前便后洗手。	1.每天按时睡觉和起床，并能坚持午睡。 2.喜欢参加体育活动。 3.不偏食，不挑食，不暴饮暴食，喜欢吃瓜果蔬菜等新鲜食品。 4.常喝白开水，不贪喝饮料。 5.知道保护眼睛，不在光线过强或过暗的地方看书，连续看电视等不超过20分钟。 6.每天早晚刷牙、饭前便后洗手，方法基本正确。	1.养成每天按时睡觉和起床的习惯。 2.能主动参加体育活动。 3.吃东西时细嚼慢咽。 4.主动饮用白开水，不贪喝饮料。 5.主动保护眼睛，不在光线过强或过暗的地方看书，连续看电视等不超过30分钟。 6.每天早晚主动刷牙，饭前便后主动洗手，方法正确。
	具有基本的生活自理能力	1.在帮助下能穿脱衣服或鞋袜。 2.能将玩具和图书放回原处。	1.能自己穿脱衣服、鞋袜，扣纽扣。 2.能整理自己的物品。	1.能知道根据冷热增减衣服。 2.会自己系鞋带。 3.能按类别整理好自己的物品。

续表

子领域	目标	3～4岁	4～5岁	5～6岁
	具备基本的安全知识和自我保护能力	1.不吃陌生人给的东西，不跟陌生人走。 2.在提醒下能注意安全，不做危险的事。 3.在公共场所走失时，能向警察或有关人员说出自己和家长的名字、电话号码等简单信息。	1.知道在公共场合不远离成人的视线单独活动。 2.认识常见的安全标志，能遵守安全规则。 3.运动时能主动躲避危险。 4.知道简单的求助方式。	1.未经成人允许不给陌生人开门。 2.能自觉遵守基本的安全规则和交通规则。 3.运动时能注意安全，不给他人造成危险。 4.知道一些基本的防灾知识。

2.《指南》中健康教育学习与发展目标的价值取向

《指南》明确了我国3～6岁幼儿健康领域学习与发展的目标要求，将健康领域的总目标分为“身心状况”、“动作发展”和“生活习惯与生活能力”三个子领域，为我们开展幼儿卫生保健工作、保育和教育工作指明了基本方向。

（1）“身心状况”子领域的目标。

“身心状况”子领域包括幼儿身体和心理两方面的发展状况，这是正确健康观念的重要体现。《指南》从幼儿体态发育、情绪表现和适应能力三个维度提出了幼儿阶段身心发展的主要目标：

1）具有健康的体态。

《指南》围绕“具有健康的体态”提出了各年龄段幼儿身高、体重的参照标准，以及在身体姿势（包括站姿、坐姿、走姿）方面的具体要求。

身高和体重是正确评价幼儿生长发育状况最重要、最常用的形态指标，在一定程度上反映幼儿身体发育的基本特征和营养状况。在我国，由于经济发展不平衡，不同地区的幼儿呈现出的肥胖率和低体重率不容忽视。在经济发达的沿海地区和大中城市，超重和肥胖的幼儿越来越多。超重和肥胖不仅会影响幼儿正常的身体生长发育，导致消化、呼吸等系统的疾病，严重时还会引起高血压、糖尿病，也容易引起自信心不足、社交障碍等心理问题。在某些偏远农村或山区，因经济落后、生活条件较差，尚存在幼儿身材矮小、体重偏轻等营养不良的现象。幼儿营养不良，会导致身体抵抗力下降、生长发育迟缓、形态发育不够理想等问题。

幼儿阶段是形态发育和身体姿势形成的重要时期。与成人相比，幼儿的骨骼尚未完全骨化，弹性大、硬度小，虽不易骨折却容易发生变形。若是身体站姿、坐姿、走姿不正确且持续时间较长，很容易引发脊柱左右侧弯、后凸、前凸等异常弯曲，进而影响幼儿身体形态的正常发育，严重时还会引起其他方面的身体疾患，如幼儿脊柱、胸廓的异常发育，导致内脏器官的发育及心理的发展不健全。因此需要我们帮助幼儿逐步形成正确的站姿、坐姿和走姿。

2）情绪安定愉快。

《指南》依据幼儿的情绪特点与发展需要，围绕“情绪安定愉快”的目标，提出了不同年龄段的幼儿在稳定情绪、保持愉快情绪、适度表达和调节情绪等方面的具体发展目标。

良好的情绪是心理健康的重要标志。当幼儿情绪处于安定与愉快的状态时，机体会分泌出对身体有益的物质，不仅有利于幼儿身体的正常发育和健康发展，还有助于幼儿积极探索环境，与他人交往并建立良好的人际关系。但幼儿的情绪又容易因为心理冲突、亲子分离等原因而出现较大的波动，并难以控制。这就需要成人去了解、理解他们的内心感受，帮助他们逐渐缓解和转移不良情绪。

良好的感受和体验是幼儿“情绪安定愉快”的基础。如果幼儿能经常性地获得这种良好的感受和体验，便有利于形成良好的情绪反应模式和习惯。为此，《指南》提出要使幼儿“经常保持愉快情绪”，正体现出这一基本原理。

3）具有一定的适应能力。

适应能力是指人为了更好地生存而进行的生理上、心理上以及行为上的各种适应性的改变，是与社会达到和谐状态的一种执行能力。一方面体现在身体对内、外环境及其变化的适应上，反映出身体的机能状况和体质强弱；另一方面也体现在对社会环境的适应上，即我们常说的社会适应能力。

《指南》根据幼儿的年龄特点，从人体对天气冷热变化的适应性、乘坐日常交通工具的适应性、对集体生活和新环境的适应性等方面，提出了幼儿在健康领域学习与发展的具体目标要求。

（2）“动作发展”子领域的目标。

“动作发展”子领域包括幼儿身体大肌肉动作和手部小肌肉动作的学习与发展目标。

1）具有一定的平衡能力，动作协调、灵敏。

2）具有一定的力量和耐力。

《指南》从身体素质的角度提出了幼儿在大肌肉“动作发展”方面“具有一定的平衡能力，动作协调、灵敏”和“具有一定的力量和耐力”的发展目标。

平衡能力、协调能力和灵敏性反映了神经系统对肌肉活动的控制和调节能力。平衡能力是完成各种身体动作的前提，有助于幼儿身体在平稳、安全的状态下进行各种活动，是幼儿实现自我保护最基本的能力。身体运动多种多样，无论是走、跑、跳，还是攀爬或躲避障碍物，都需要身体很多部位快速、准确地反应和有效配合，这与身体的协调性和灵敏性直接关联。

力量是身体运动的基础。没有下肢的肌肉力量，幼儿就无法站立、行走，更无法跑、跳等；没有上肢的肌肉力量，幼儿也无法做推、拉、搬运、攀登等动作。

耐力体现了心肺和肌肉等方面的综合状况。幼儿心肺功能逐渐增强，肌肉耐力不断提高，才能较轻松地开展各种身体活动以及适应社会生活。

由此可见，平衡能力、灵敏性、力量和耐力都是最基本的身体素质。

3）手的动作灵活协调。

《指南》依据各年龄段幼儿的特点，围绕幼儿手部小肌肉动作的发展，提出了“手的动作灵活协调”的发展目标。

使用工具是人类维持生存以及适应生活的基本能力，因此，幼儿手部动作的发展对于适应社会生活以及实现自身发展具有重要的意义。对于幼儿来讲，手的动作能力发展就是学习使用工具，如用勺子、筷子进餐，系纽扣、拉拉链，穿脱衣服，拧开瓶盖等。

幼儿日常生活离不开手的活动，其他领域的教育活动也离不开手的参与，如游戏活动、美术活动、手工制作、阅读活动等。因此，要创造条件，给幼儿提供动手操作的机会，幼儿“手的动作灵活协调”能力就可以在各种相关活动中得到锻炼并获得发展。

（3）“生活习惯与生活能力”子领域的目标。

习惯是在不断重复中逐渐养成的一种比较稳定的行为倾向。良好的习惯是一种高层次的自觉行为。幼儿期是人的一生身心发展最为旺盛的时期，更是“生活习惯与生活能力”养成的关键期，由此，《指南》提出了以下三个方面的具体目标：

1）具有良好的生活与卫生习惯。

《指南》依据幼儿的年龄特点，围绕“具有良好的生活与卫生习惯”这一目标，从四个方面提出了不同年龄段幼儿需要学习和发展的具体目标：“有规律的生活”（早睡早起、每天午睡、按时进餐、吃好早餐等）；“良好的饮食习惯”（定点、定时、定量进餐，不偏食、不挑食，常喝白开水，细嚼慢咽等）；“良好的个人卫生习惯”（早晚刷牙，饭前便后洗手，勤洗澡、换衣服、剪指甲，保护五官，不乱挖耳朵、鼻孔等）；“喜欢参加体育活动，养成锻炼的习惯”。

2）具有基本的生活自理能力。

生活自理能力是人类适应社会生活最基本的能力之一，独立生活的能力是完整人格的重要组成部分。《指南》提出了促使幼儿“具有基本生活自理能力”的发展目标，具体包括独立进餐、盥洗、排泄后的自理、穿脱衣服和鞋袜、整理生活用品与学习用品等内容。

我国著名教育学家陈鹤琴先生曾经说过：“凡是儿童自己能够做的事，让他自己去做。”这不仅能培养幼儿的独立性、自理能力，同时也能培养幼儿的责任感，使幼儿能对自己的生活、行为负责。

3）具备基本的安全知识和自我保护能力。

幼儿活泼好动，好奇心强，喜欢探索，但又缺乏生活经验以及对危险事物或行为的认知与判断能力，自我保护的意识弱、能力差，不会考虑他的行为会对自己或他人造成什么样的后果，常会做出一些危险的尝试，对危险情况缺乏预见性，因而幼儿意外伤害事故时有发生。

《指南》结合幼儿年龄特点，围绕“具备基本的安全知识和自我保护能力”这一目标，针对幼儿的生活环境、生活实际与发展需要，从与他人交往的安全、对周围环境中危险事物的认识、活动与运动中的安全保护、出行的交通安全，以及自救、求救、逃生的方法措施等角度提出了不同年龄段的幼儿在安全和自护方面的目标要求。

第二节 幼儿园健康教育的原则和内容

一、幼儿园健康教育的原则

幼儿园健康教育需要遵循以下几个原则。

（一）经常化原则

经常化原则是指幼儿园健康教育应贯穿在幼儿日常生活之中，注意随机教育和个别教育，持之以恒，尤其应保证幼儿每日锻炼身体的时间。

（二）多样性原则

多样性原则是指幼儿园健康教育应灵活运用多条途径、多种组织形式和方法，相互补充，相互配合，共同实现幼儿健康教育的目标。

（三）全面发展的原则

全面发展的原则，一是指健康教育不仅要促进幼儿身体的健康发展，还要促进幼儿心理的健康发展；二是指在身体锻炼活动中，使幼儿身体的各个部位、各个器官的系统机能得到全面协调的发展，提高幼儿身体的整体素质。

（四）适量运动的原则

适量运动的原则是指在组织幼儿进行身体锻炼时，要根据活动的内容、运动项目的特点及幼儿年龄的差异，遵循人体生理机能变化规律，注意调节幼儿身体和心理所承受的负荷量，合理安排运动量。

二、《纲要》中健康教育的内容与要求

（1）建立良好的师生、同伴关系，让幼儿在集体生活中感到温暖，心情愉快，形成安全感、信赖感。

（2）与家长配合，根据幼儿的需要建立科学的生活常规。培养幼儿良好的饮食、睡眠、盥洗、排泄等生活习惯和生活自理能力。

（3）教育幼儿爱清洁、讲卫生，注意保持个人和生活场所的整洁和卫生。

（4）密切结合幼儿的生活进行安全、营养和保健教育，提高幼儿的自我保护意识和能力。

（5）开展丰富多彩的户外游戏和体育活动，培养幼儿参加体育活动的兴趣和习惯，增强体质，提高对环境的适应能力。

（6）用幼儿感兴趣的方式发展基本动作，提高动作的协调性、灵活性。

（7）在体育活动中，培养幼儿坚强、勇敢、不怕困难的意志品质和主动、乐观、合

作的态度。

三、幼儿园健康教育的具体内容

幼儿园健康教育的内容是教师向幼儿传递的健康信息，是教育目标的具体体现。

（一）身心保健活动

1. 生活卫生习惯

幼儿生活卫生习惯教育的具体内容主要有：

（1）洗手、刷牙的基本方法；

（2）穿脱、整理衣服的习惯；

（3）手帕、纸巾、浴巾、茶杯的使用；

（4）坐、站、行、睡姿势正确；

（5）按时排便，睡眠有规律；

（6）整理活动用具，保持玩具清洁；

（7）有关心和自觉维护周围环境卫生的习惯。

2. 饮食营养

幼儿饮食营养教育的具体内容主要有：

（1）情绪愉快，愿意独立进餐；

（2）辨识常见食物，平衡膳食，少吃零食，主动饮水；

（3）按时进餐，细嚼慢咽，保持清洁，进餐习惯良好；

（4）有对中外饮食文化的初步感受。

3. 身体认识与保护

幼儿身体认识与保护教育的具体内容主要有：

（1）认识身体的主要器官，了解其主要功能，如五官的认识与保护；

（2）预防龋齿，初步掌握换牙、护牙的知识；

（3）用眼卫生，如不在弱光或强光下看书，不长时间看电视、玩电脑，不用脏手或脏手帕擦眼睛；

（4）积极配合疾病预防与治疗；

（5）具有探索生命现象的兴趣。

4. 安全自护

幼儿安全自护教育的具体内容主要有：

（1）了解水、火、电、煤气、刀具、常用药物的使用常识和注意事项；

（2）认识有关安全标志，愿意遵守交通规则，初步形成自我保护意识；

（3）了解应对意外事故和伤害（如火灾、雷击、地震、台风、异物入体、走失）的常识，知道基本的自救和求救的方法。

5. 心理健康

幼儿心理健康教育的具体内容主要有：

（1）情绪情感教育：知道快乐有益身体健康，能用正确的方式表达自己的情绪，掌握调节情绪的简单方法；

（2）人际关系教育：积极愉快地参与集体活动，尊重他人，学会分享，与同伴友好相处；

（3）体会困难教育：知道有困难是正常的，不惧怕困难，愿意克服困难，有自信心；

（4）性别认知教育：知道自己的性别，喜欢自己，预防心理障碍和行为异常。

（二）体育锻炼活动

幼儿体育锻炼活动教育的具体内容主要有：

（1）身体活动技能：走、跑、跳、爬、投掷、攀登等动作协调灵活；

（2）体操和队列队形练习：随音乐节奏做徒手操、模仿操和轻器械操，懂得听口令、信号完成体育任务；

（3）在体育活动中培养坚强勇敢、不怕困难的意志品质和乐观、合作、守规则的态度。

第三节　幼儿园健康教育的方法和途径

一、幼儿园健康教育的方法

幼儿园健康教育活动的内容不同、特点不同，方法也不同。

（一）身心保健活动常用的方法

1. 讲解演示法

讲解演示法是指教师借助身体动作、实物、模型、图片，具体形象地向幼儿传授有关健康的知识和技能，提高幼儿对健康的认识的方法。如教师一边讲解一边演示洗手、用筷子、折叠衣服的方法。演示的手段、方式应多样化，从不同角度激发幼儿的兴趣，增强幼儿对健康知识的理解。

2. 动作与行为练习法

动作与行为练习法是指让幼儿对学过的生活技能、健康行为等进行反复练习，加深理解，形成稳定的技能和良好的行为习惯的方法。如教师讲解演示后，让幼儿反复练习正确的洗手、用筷子、折叠衣服的方法等。教师要创设适宜的环境，提供丰富的材料，适时、适度、适当地指导幼儿进行反复练习，加深理解，形成稳定的动作。

3. 情景表演法

情景表演法是指通过现场或视频录像向幼儿展示特定的生活情景，让幼儿观察、思考、分析情景中所涉及的身心健康问题的方法。如通过视频录像，展示幼儿早上起床后洗手、洗脸、刷牙、吃早饭，然后整理衣物的生活场景，让幼儿观察、分析、评判其中涉及的健康问题。由于情景表演的主题来源于幼儿的现实生活，所以能较好地帮助幼儿认识生活中可能遇到的问题，做出合乎健康要求的行为。

4. 讨论评议法

讨论评议法是指让幼儿参与健康教育过程，让他们提出问题，发表自己的意见和看法，共同交流，最后得出结论、达成共识的方法。如大班活动“不快乐的时候”，教师就自己或别人不快乐的时候是什么表现、怎么样才能让自己或别人快乐起来等问题，引导幼儿根据自己的观察和体验，大胆发表自己的意见和看法。这种方法能充分调动幼儿参与的积极性，有效帮助幼儿表达自己的真实想法，在讨论、评议中提高幼儿辨别是非的能力和对健康的认识水平。

5. 感知体验法

感知体检法是指让幼儿通过各种感觉器官认识、辨别事物的特性，获得身心健康的直接体验的方法。如让幼儿认识各种蔬菜及其营养价值时，让幼儿看一看、摸一摸、闻一闻、尝一尝，幼儿往往十分乐意，并能对所感知的蔬菜留下深刻印象。感知体验有助于幼儿理解知识、技能，培养幼儿关注健康、关注周围生活环境的意识和态度。

（二）体育锻炼活动常用的方法

1. 讲解法和示范法

讲解法是指教师用语言向幼儿传授体育知识、技能而组织教学的方法。示范法是指教师以正确的个体（教师或幼儿）动作为范例，让幼儿看到动作的形象、要领及完成的先后顺序等。在体育活动中，讲解法和示范法往往是互相结合运用的，边讲解、边示范、边组织幼儿练习，是适合幼儿特点和体育特点的有效方法之一。

2. 练习法

练习法是指通过讲解示范后，在幼儿初步建立与活动有关的表象或概念的基础上，让幼儿进行练习，实现体育锻炼活动目标的方法，是体育活动中最基本、最重要的方法。

3. 语言提示法和具体帮助法

语言提示法是指在幼儿进行练习时，教师用简短而明确的语言，提示和指导幼儿正确完成动作或活动的方法。如幼儿排队走步时，教师提醒：“挺胸、抬头、迈大步。”具体帮助法是指教师直接而具体地帮助幼儿改正错误、掌握正确动作的方法。两者往往结合使用，多用于重复练习时由教师帮助幼儿防止和纠正错误，也是实施个别指导的有效方法。

4. 游戏法

游戏法是指以游戏的形式组织幼儿进行锻炼的方法。这种方法能将幼儿难以理解或枯燥的动作和练习变成有趣的模仿活动或具体的游戏情节，激发幼儿练习的兴趣，提高活动效果。

此外，幼儿体育锻炼活动的方法还有比赛法、领做法、信号法等。

总之，幼儿园健康教育的方法是多种多样的。在开展具体活动时，应根据幼儿特点、活动内容、组织形式、活动方式、场地器材等的具体情况，综合运用多种方法，以提高健康教育活动的效果。

二、幼儿园健康教育的途径

（一）结合日常生活活动

幼儿园健康教育本身就是一种生活教育，所以健康教育理念要随机渗透到幼儿园日常生活的点点滴滴、方方面面。如入园晨检时向幼儿传达简单的保健知识，饭前洗手时指导幼儿正确的清洗方法，进餐时教授幼儿营养均衡的知识，下楼梯时提醒幼儿不拉手、不拥挤，注意安全。

（二）专门的健康教育活动

专门的健康教育活动是根据幼儿的认知规律，注重教育方法的针对性、趣味性和可操作性，有目的、有计划的师幼双边活动。对于幼儿不易理解的内容、需要系统练习的行为技能，就要通过专门设计的健康教育活动来实现。健康主题可以是单一的，如“安安全全滑滑梯”“不快乐的时候”；也可以是系列的，如为了培养幼儿初步的生活自理能力，开展“我会穿衣服”“我会用筷子”“我会大便了”“我是小小值日生”等系列活动。

（三）结合其他领域的教育活动

幼儿园健康教育可以结合语言、艺术、科学、社会等领域的活动来进行。如将枯燥的健康知识编成幼儿喜欢的儿歌，将单调的交通规则编排进角色游戏。如社会、科学教育活动中的参观，艺术活动中的舞蹈等，本身就是幼儿身体锻炼的良好途径。

（四）家庭的配合和社会的支持

幼儿园健康教育的内容与家庭生活密切相关。如个人卫生、饮食习惯、安全问题等，如果仅靠幼儿园的健康教育而没有家庭教育的积极配合，效果将会事倍功半。这就要求教师在贯彻落实健康教育理念时，必须强调家园合作。如让家长和幼儿一起参与幼儿园开展的健康教育活动，或是定期给家长宣传健康知识等。另外，幼儿园的健康教育也不能忽视社会的影响，如商业宣传、电视媒体的影响等。

三、幼儿园健康教育的组织形式

（一）身心保健活动的组织形式

幼儿园身心保健活动通常采用日常生活活动和集体教学活动两种组织形式来实施。

1. 日常生活活动

幼儿身心保健活动的内容涉及幼儿生活的全部范畴，应当在盥洗、进餐、睡眠、清洁、游戏、交往等日常生活的每一环节渗透健康教育理念，实施健康教育策略。这种日常健康教育能使正规的健康教学活动得到有目的的延伸，巩固幼儿的健康行为，还能将集体健康行为的指导与个别健康行为的指导有机结合起来，既面向全体又因人施教，既有计划性又有随机性。

2. 集体教学活动

集体教学活动是幼儿园健康教育的基本组织形式。集体教学活动有别于日常生活活动的健康教育。对于某些健康教育内容，如幼儿不太容易理解的健康常识、不太容易掌握或需要系统训练的健康行为技能，只有通过教师有计划、有目的、有组织地精心设计教学，才能更好地引导、启发幼儿探索、理解和掌握。

（二）体育锻炼活动的组织形式

1. 体育教学活动

幼儿体育教学活动是一种有目的、有计划、有组织的正规性的身体锻炼活动，是幼儿园体育活动的基本组织形式和重要组成部分。幼儿体育教学活动通常采用集体教学活动的方式。

2. 早操活动

早操活动是幼儿做早操和晨间其他体育锻炼活动的总称。其活动形式多种多样，大多采用集体（如集体做操等）和自选活动（如利用小型运动器械）相结合的方式。这种活动方式在全面锻炼身体、养成良好的身体姿态、培养幼儿自觉参与身体锻炼的良好习惯等方面，都有十分重要的作用。

3. 户外体育活动

幼儿户外体育活动是非正规性的身体锻炼活动，指除幼儿早操活动外的其他户外体育活动。通常采用自选活动的方式，教师大多通过间接指导来组织和实施活动，并不强调活动组织的统一性。

除此之外，幼儿体育锻炼活动的组织形式还有“幼儿体育活动区活动”“幼儿室内体育活动”“幼儿运动会”“幼儿远足或短途游览”等。

第四节　幼儿园健康教育活动设计与指导要点

一、《纲要》中健康教育指导要点

《纲要》明确指出了幼儿园健康教育活动的指导要点：

（1）幼儿园必须把保护幼儿的生命和促进幼儿的健康放在工作的首位。树立正确的健康观念，在重视幼儿身体健康的同时，要高度重视幼儿的心理健康。

（2）既要高度重视和满足幼儿受保护、受照顾的需要，又要尊重和满足他们不断增长的独立要求，避免过度保护和包办代替，鼓励并指导幼儿自理、自立的尝试。

（3）健康领域的活动要充分尊重幼儿生长发育的规律，严禁以任何名义进行有损幼儿健康的比赛、表演或训练等。

（4）培养幼儿对体育活动的兴趣是幼儿园体育的重要目标，要根据幼儿的特点组织生动有趣、形式多样的体育活动，吸引幼儿主动参与。

二、幼儿园健康教育活动目标的表述

幼儿园健康教育活动目标为幼儿健康活动的设计与安排、组织与开展提供了基本依据，也为幼儿健康教育活动效果评价提供了基本标准。

幼儿园健康教育活动目标表述要求如下。

（一）涵盖面广

在确定活动目标时，有些教师往往偏重某一方面的目标要求，忽视其他方面的发展。要么仅有认知方面的要求，忽视能力或态度方面的要求；要么仅有能力目标，忽视认知与态度方面的目标。如大班健康活动“穿合适的鞋”，仅有目标“认识几种常见的鞋，知道不同的鞋有不同的作用”，显得单薄，可以增加目标“会自己穿鞋”“欣赏各种各样的鞋”。目标表述不在于面面俱到，而在于教师对活动的教育价值的深入挖掘，以及活动本身的趣味性的扩展。

（二）重点突出

就某一活动而言，目标的明确意味着教学重点的明确。在实际活动中，有时目标重点不清楚、不确切，从而造成活动重点不突出。如大班健康活动“手绢真干净”的目标之一是“让幼儿知道自己长大了，学会做力所能及的事，会管理自己的物品”，此目标就没有体现出该活动应有的重点，也反映出教师教学思路不够清晰。可将目标修改为“知道每天更换手帕，保持手帕干净”“会自己洗手帕，愿意做力所能及的事”。

（三）具体可操作

教育目标是分层次的，作为具体的教育活动目标，其特点就是具体、明确，具有可操作性，能指导、调控教师的教学过程。如大班消防安全活动“发生火灾的时候”的目标之一是“能够掌握基本的消防安全知识”，这是一个不够明确的教学目标，也不具有可操作性，教学活动很难把握。可将目标修改为“会拨打火警电话119，报警时能清楚说出火灾的方位和地址”“掌握火场逃生的方法”等。

（四）难度适宜

对于幼儿年龄阶段目标中已经达成的目标，不应再作为目标提出，否则活动没有难度，幼儿的注意力不集中，学习兴趣、参与程度都不高。如大班身体保健活动“牙齿为什么会有龋洞？”的目标之一是“学习刷牙的正确方法，坚持每天刷牙”，这个表述就不合适，对于小班已掌握的方法，大班加以巩固即可。可将目标修改为“初步了解龋齿形成的原因及预防措施”。

由于受幼儿当前认知能力、生活经验等的限制，有些目标是幼儿当前无法完成的。如中班身体保健活动“身体的秘密”目标之一是“初步了解人体各器官的名称及主要功能”，这一目标难度过大，几乎没有实现的可能，可将目标修改为“跑步后相互听听或摸摸心跳，说说身体有什么变化”“知道剧烈运动出汗后不要立即喝很多水，学会保护自己的心脏”。幼儿的接受程度以及教育的必要性是确定教育目标的两个不可或缺的要素。

三、幼儿园健康教育活动内容的选择

在选择健康教育内容时，由于各年龄段幼儿身心发展的特点不同、发展目标不同，所以具体的教育内容和侧重点都有较大的差异。选择健康教育内容应遵循以下几个原则。

（一）均衡性原则

幼儿园健康教育的内容是多方面的，既包括日常生活卫生习惯的培养，也包括身体自护与安全教育、心理健康教育、体育锻炼等。因而我们应兼顾幼儿身心保健、体育锻炼等多方面的发展需要，全面而均衡地选择健康教育的内容，不能重视一方面而忽略另一方面。

（二）时令性原则

在选择具体的健康教育内容时应切实考虑气候特点和季节变化。主要注意两个方面：一是内容与气候、季节的一致性。如涉及有关游泳的内容宜安排在夏季，而涉及滑冰、打雪仗的内容宜安排在冬季。针对夏季气温高、雨水大，幼儿容易私自下水的情况，可以开展预防溺水、爱惜生命的安全自护教育。二是处理好体育锻炼的活动量和气候、季节的关系。冬季可选择活动量大的内容，如钻爬、追逐跑等；夏季可选择活动量小的内容，如平衡、投掷等。

（三）递进性原则

在选择健康教育内容时，应按照由易到难、由简到繁的顺序，递进式推进。这种递进式推进分两种情况：一种是在不同的年龄班有不同的标准。如幼儿平衡木练习，小班要求能在宽 25 厘米、高 20 厘米的平衡木上行走，中班要求能在宽 20 厘米、高 30 厘米的平衡木上行走，大班要求能在宽 15 厘米、高 40 厘米的平衡木上手持物品行走。另一种是在同一年龄班，将动作难度大、要求高的内容安排在后面。如中班的饮食营养教育，教师应先让幼儿对各类常见食物有一个初步认识，然后再组织幼儿合理搭配食物。

（四）整合性原则

由于幼儿的生活经历、经验认知是连续的、整体的，教师在选择健康教育内容时，应注意整合幼儿身心保健与身体锻炼的内容，整合幼儿健康教育与科学教育的内容，整合其他各领域教育的内容，不割裂有益于幼儿全面发展的整体经验。如大班体育活动“我是小小消防员”，幼儿通过跑、爬、跳、翻滚的练习，身体得到锻炼，发展动作的协调、灵敏和速度，获得有关火灾逃生的知识，同时通过游戏培养坚强、勇敢、不怕困难的品质。

四、幼儿园健康教育活动过程的设计

由于健康教育内容类型不同，各活动过程也存在一定的特殊性，设计时应体现各类健康教育活动的特点。

（一）身心保健活动过程设计

1. 活动导入，激发兴趣

活动开始时，教师首先要设法激发幼儿参与活动的兴趣。设计和组织这一环节常用的方式有：

（1）直观导入。即教师利用实验材料、直观材料、教育环境等因素，向幼儿提供与本活动有关的可视形象，激发幼儿的兴趣和经验。可视形象可以是图片、实物、模型，也可以是幻灯片、视频、录像等，还可以是展览会、情景剧表演等。

（2）作品导入。即教师运用谜语、诗歌、故事、歌曲、图画等，引导幼儿进入活动。

（3）设疑导入。即教师通过设置悬念、提问等手段引入活动。

2. 感知体验，理解主题

导入活动后，要马上切入主题，向幼儿呈现具体事件，让他们充分感知、体验、理解具体事件。

（1）情景感知。

根据幼儿身心保健教育活动的具体内容，可以选择以下几种感知形式：

1）现实性情景感知。即教师充分利用自然环境，引导幼儿对实际生活中的事物以及人们的行为态度进行实景、实情、实物观察。

2）问题性情景感知。即教师根据活动的需要和幼儿的兴趣，有意识、有计划地通过一个问题、一段轶事、一幅图片、一张照片或一本图书等构成“问题情景”。

3）表演性情景感知。即教师通过情境表演、故事表演、木偶表演等表演形式，引导幼儿感知、观察情景。

（2）体验理解。

在这一环节中，教师要引导幼儿进一步探索、体验、理解具体事件。可采用以下几种体验理解方式：

1）认知参与式理解。情感体验要转化为情感认识，必须通过认识的参与、调节和评价。例如，认识了牙齿的重要性才会产生爱护牙齿的自觉情感。

2）层层递进式理解。即教师依据幼儿认知的特点和教育内容的逻辑关系，由浅入深、由表及里地引导幼儿活动。

3）操作活动式理解。即教师通过巧妙布置练习任务，让幼儿亲自玩一玩、动一动、做一做，达到体验理解的目的。

（3）方法学习。

方法学习是指帮助幼儿建立和形成有益于身心健康的行为和习惯。一般通过三种方式完成：

1）讨论概括。即组织幼儿讨论、交流某一情境中的行为要求，通过概括，让幼儿知道怎样去做。

2）观察评价。即请部分幼儿根据教师创设的情景尝试正确的做法，其他幼儿观察后进行评价，从而学习正确的行为方法。

3）总结归纳。

3. 强化巩固，活动结束

（1）归纳总结式。即教师用简洁的语言对活动内容和主题进行概括，或对幼儿的活动情况、行为表现做出总结性评说。

（2）操作式练习。即教师以精心设计的操作、游戏等方式，引导幼儿巩固所学知识和技能。

【案例 2-1】 中班身体保健活动："预防龋齿"

【活动目标】

（1）初步了解龋齿形成的原因及预防措施。

（2）通过观察活动，提高探索学习的能力。

（3）树立爱护牙齿、保护身体健康的意识。

【活动准备】

（1）牙齿模型、小镜子、视频资料。

（2）幼儿对牙齿的初步认识。

【活动过程】

1. 谜语导入，激发兴趣

猜谜语，引出课题："小小石头硬又白，整整齐齐排两排。天天早起刷干净，结结实实不爱坏。"（打一人体器官）

2. 了解牙齿，预防龋齿

（1）观察牙齿模型，了解牙齿的作用。

小结：方方的牙齿可以切断食物（切牙），尖尖的牙齿可以撕拉食物（尖牙），扁扁厚厚的牙齿可以把食物磨碎（磨牙）。它们各有各的作用，可以帮助我们把食物嚼碎，有助于吸收食物的营养，使我们的身体长得健康结实。

（2）观察牙齿，发现龋齿。

幼儿每人一面小镜子，照镜子观察自己以及小伙伴的牙齿。很快，有幼儿发现有的牙齿变坏、变黑了。

（3）了解龋齿形成的原因及危害。

1）看视频，提问："乐乐的牙齿为什么会疼？"吃了东西就去睡觉，小细菌在牙齿里"住下"做坏事。

2）引导幼儿谈一谈自己得龋齿的感受。

3）教师小结：爱吃甜食、吃过东西就去睡觉、不爱刷牙的小朋友，细菌就会在他的牙齿里“住下”，把牙齿弄黑、弄坏、弄出小洞。这样就不能很好地咀嚼食物，而且还很疼，影响我们吃饭、睡觉，说话也不清楚，牙齿也变得不好看了。

（4）教育幼儿如何保护牙齿。

通过学习儿歌《我会刷牙》，使幼儿掌握正确的刷牙方法，以及养成良好的卫生习惯。

我会刷牙

小牙刷，手中拿，张开我的小嘴巴。
上面牙齿往下刷，下面牙齿往上刷，
左刷刷、右刷刷，里里外外都刷刷。
早晨刷、晚上刷，刷得干净没蛀牙。
刷完牙齿笑哈哈，露出牙齿白花花。

3. 教师总结，活动结束

教师小结：牙齿对我们很重要，我们要保护牙齿。每天早上和睡觉前要刷牙。刷牙方法要正确，吃完饭要漱口，还要少吃甜食，这样才能赶走小细菌，让我们的身体更健康。

【活动延伸】

在认知区中，放置一些和预防龋齿有关的正确与错误行为对比的图片，让幼儿辨别，并说说为什么，进一步巩固保护牙齿的正确方法。

【案例 2-2】 大班心理健康活动：“不快乐的时候”

【活动目标】

（1）认识几种常见的表情，知道不同的情绪会对应不同的表情。

（2）学会疏导自己或别人不愉快的情绪。

（3）懂得愉快的情绪有利于健康，建立保持愉快情绪的意识。

【重点难点】

学习疏导自己不愉快的情绪，帮助别人疏导不愉快的情绪。

【活动准备】

（1）高兴、伤心、生气、害怕四种表情脸谱。

（2）画纸、画笔每人一份。

【活动过程】

1. 图片导入，激发兴趣

分辨四种表情：出示四种表情卡，请幼儿说出分别是什么表情（高兴、伤心、生气、害怕），并模仿这四种表情。

2. 感知体验，理解不快乐的时候应该怎么办

（1）幼儿讨论：当发生什么事情的时候，会出现高兴、伤心、生气、害怕这

样的表情？你喜欢哪一种表情？为什么？

（2）教师小结：伤心、生气、害怕是很不好的情绪，时间长了会让小朋友变得不爱吃饭、不爱运动、不爱和其他小朋友交往，会影响身体健康。小朋友要经常保持愉快的情绪，让自己快乐起来。愉快的情绪能促进食欲、促进睡眠、促进身体健康。

（3）画一画：启发幼儿将自己不快乐的事画出来。

（4）讲一讲：请幼儿看着自己的画，把不快乐的事讲给其他小朋友听，告诉其他小朋友自己遇到不快乐的事时是怎么做的。

（5）帮一帮：请其他幼儿帮助刚才不快乐的小朋友想办法，想想怎样才能让他们快乐起来。

3. 教师总结，活动结束

生活中，我们每一个人都会遇到不快乐的事，会使我们吃不好饭、睡不好觉。这时候除了讲给爸爸妈妈、好朋友听，还可以多参加集体活动，你会发现不快乐就会减轻，心情逐渐好起来。遇到好朋友不快乐的时候，要耐心听他讲，多陪陪他，陪他唱歌、做游戏，就能让他快乐起来。

【活动延伸】

欣赏、学唱儿歌《我快乐》。

（二）体育锻炼活动过程设计

1. 体育教学活动过程设计

（1）热身准备活动。

1）目的：迅速把幼儿组织起来，集中幼儿的注意力，调动幼儿参与学习和活动的积极性。同时，提高身体各器官、组织的活动能力，为下面的活动做好适应性准备。

2）内容：排队集合，向幼儿说明教学活动的主要内容和要求，根据基本活动的需要，做一些有针对性的准备活动。如基本体操或模仿操、简单的舞蹈或律动；也可以开展一些运动负荷不大、有利于调动运动积极性的游戏；还可以根据教学活动基本内容的需要，设置热身活动的动作，如投掷要多设计上肢活动的动作，跳跃、跑则应该多设计下肢活动的动作，以便更好地为下面的活动做好准备。

3）时间：准备活动的时间不宜过长，一般应占活动总时间的 10%～20%。

（2）基本练习活动。

1）目的：学习新的或有一定难度的基本动作和活动内容，巩固和提高已学过的各类动作和游戏，帮助幼儿通过练习增强身体素质，提高机体的运动能力和对运动的兴趣，培养幼儿良好的意志品质。

2）内容：通过教师对动作的讲解、示范或者幼儿自身的探索，了解基本动作要领或游戏内容；通过徒手练习或器械练习，初步掌握基本动作；通过有趣的游戏进一步练习、巩固基本动作，发展体能。这部分一般安排 1～2 个内容，把新内容或较复杂的内容放在开始，把容易引起幼儿高度兴奋的内容放在后面。对于提高身体素质的内容，一般把发展速度、平衡的内容放在前面，而把发展力量、耐力的内容安排在后面。内容的安排上还应注意新旧搭配、急缓结合，以及对身体不同部位的练习交替进行。

3）时间：基本练习是体育教学活动的主要内容，一般占总时间的 70%～80%。

（3）放松结束活动。

1）目的：有组织地引导幼儿进行放松整理，结束活动，使幼儿的身体和情绪逐渐平静下来。

2）内容：一般选择一些逐步降低运动负荷的练习（如轻松自然的走步、徒手放松练习、简单的舞蹈、较安静的游戏及同伴间的按摩活动等）；对本活动进行合理的小结和评价；组织幼儿收拾、整理活动器材等。

3）时间：放松结束活动比较简短，约占总时间的 10%。

2. 早操活动过程设计

早操活动是幼儿一日活动的开始，早操活动没有固定的活动结构或安排，在具体设计与指导中，应注意以下几个方面：

（1）早操活动的时间一般在 15 分钟左右，活动量的安排不宜过大，一般由小到中，再由中到小。

（2）根据季节和气候，灵活调节早操活动的时间和内容。在冬季气温较低时，早操活动可安排在上午活动量较小的教育活动之后进行。

（3）早操活动的队列、队形练习要简单，主要是为幼儿做体操动作服务，不要一味强调队形的变换练习。

（4）早操活动的内容一般都是幼儿基本学会和已经掌握的，通常不进行新内容的学习。基本体操的内容一般应每学期更换 1～2 次，以提高幼儿做操的积极性和做操的能力。

（5）做操时，应注意幼儿动作姿势正确、到位，注意动作和呼吸的配合。

（6）整个早操活动都应伴随音乐，要精选符合早操活动要求的音乐，特别要注意音响的清晰和音量的适中。

（7）在安排不同年龄班早操时，应该在动作类型、节数、拍数、时间、运动量、节奏等方面有所不同。

3. 户外体育活动过程设计与安全保障

幼儿户外体育活动与早操活动有一定的相似之处，但户外体育活动的内容和形式更具灵活性。

（1）户外体育活动过程设计。

1）保证幼儿足够的户外体育活动时间，每天不少于 1 小时。最好上午、下午各组织一次。

2）幼儿户外体育活动往往选择区域场地，即将户外场地划分为几个区域，如投掷区、跳跃区、球类活动区、钻爬区、各类大中型运动器械活动区等，并在这些区域投放相应的器械、材料，幼儿可在各个区域间流动。

3）活动前应向幼儿提出活动的具体要求和注意事项。活动中注意观察了解每个幼儿的具体情况，有针对性地加以指导，注意因人施教，做好个别教育工作。

4）启发幼儿在活动中积极思考。尤其在小型多样的体育游戏活动中，要引导和鼓励幼儿创造多种玩法，发展幼儿活动的创造性，提高幼儿的智力。

5）要求幼儿遵守活动规则，爱护活动器械，团结合作，处理好同伴间的关系，以促进幼儿社会性和良好品德与个性的形成。

6）活动结束时，要求幼儿整理和收拾好活动的器材。

（2）户外体育活动安全保障。

1）在活动准备时，创设安全活动环境，提供必要的保护措施，排除安全隐患。

2）在活动开展前，教师向幼儿说明需注意的事项，让幼儿知道遵守常规的重要性，强化安全常规意识。

3）结合实际活动内容，教给幼儿简单的自救和求救的方法，注重在活动中培养幼儿的自我保护能力。

【案例 2-3】 大班体育教学活动："花样玩绳"

【活动目标】

（1）探索绳子的各种玩法，掌握玩绳的基本技能。

（2）通过玩绳，提高身体的平衡、协调能力。

（3）体验创造性玩绳的乐趣，加强合作意识、团队精神。

【重点难点】

重点是引导幼儿探索绳子的多种玩法；难点是幼儿掌握玩绳技巧。

【活动准备】

（1）音响设备和节奏舒缓的音乐，幼儿每人一根绳子。

（2）幼儿有跳绳和一物多玩的经验。

【活动过程】

1. 热身准备活动

以故事引导幼儿做准备活动，教师边讲边示范，幼儿模仿。

春天来了，小燕子飞回来了（上肢运动：两臂在体侧上下摆动），真开心！

小燕子飞到树林里，树枝被风姑娘吹得摆呀、摆呀（体转：身体左右、前后转动），真带劲！

小燕子飞到幼儿园里，看到许多小朋友在跳绳（跳跃运动），它们也学着跳上跳下。接下来还会有什么玩绳的新花样呢？

2. 鼓励幼儿自由探索绳子的不同玩法

（1）引导幼儿自由选择绳子玩耍，探索不同的玩法。

师："小朋友，大家看老师手里拿着什么？（绳子）今天我们就一起来玩绳子，看谁能想出好玩的方法。"

（2）幼儿展示绳子的多种玩法。

1）走小路：将两条相同长度的绳子拉成有一定距离的平行线做“小路”，幼儿在“小路”中间走，踩绳、出绳为犯规，可通过调整绳子间的距离调节游戏的难易程度，也可将绳子摆成 S 形。

2）走钢丝：将单根绳子拉成一条直线或摆成 S 形，幼儿踩在绳子上走，就像走钢丝一样，双脚不能踩在没有绳子的地面上，双手打开，保持身体平衡。

3）踩绳跳：每人选择一根 1 米左右的绳子，两手拿住绳子的两端，双脚踩在绳子的中间部位，两手拉紧绳子，双脚用力向前跳，保持绳子与脚不分离。

（3）引导幼儿相互模仿，学习同伴的好玩法。

（4）探索合作玩绳的方法，体会合作的快乐。

1）幼儿自由结伴，两人、三人或多人合作探索绳子的玩法。

2）幼儿分组展示自己创编的绳子玩法，教师与其他幼儿及时对展示的玩法做出评价，鼓励大家互相学习。

两人跳绳：一名幼儿抡动绳子，两人同时起跳；每名幼儿用一只手抡动绳子，两人同时起跳。

三人跳绳：两名幼儿抡动绳子，一名幼儿在绳中间跳。

捉尾巴：幼儿两人一对，各自在后腰系上短绳子当“尾巴”。游戏开始，幼儿四散跑开，每一对幼儿要想办法捉到对方的“尾巴”，同时要保护好自己的“尾巴”不被对方捉到。先捉到对方“尾巴”者为胜。

跨栏跳：多名幼儿拉直绳子，组成高低不同的障碍，让其余幼儿跨越。

3. 放松结束活动

（1）师：“今天小朋友学习了绳子的很多种玩法，表现非常棒！下面让我们放松一下吧！”

（2）幼儿听舒缓音乐，做放松运动。

（3）幼儿将绳子整理好，活动结束。

【活动延伸】

继续探讨绳子还有哪些新玩法，下次活动时分享给小朋友。

经典习题

一、单项选择题

1. 根据《纲要》，幼儿园健康教育活动的重要目标是（　　）。

A. 培养幼儿对体育活动的兴趣　　B. 获得比赛奖项

C. 培养运动人才　　D. 训练技能

2. 为了让幼儿在户外运动中一物多玩，最适宜的做法是（　　）。

A. 教师集体示范　　B. 幼儿自主探究
C. 教师分组讲解　　D. 教师逐一训练

3.（2017 年上半年真题）下列最能体现幼儿平衡能力发展的活动是（　　）。
A. 跳远　　B. 跑步　　C. 投掷　　D. 踩高跷

4. 健康领域的活动要（　　）幼儿生长发育的规律，严禁以任何名义进行有损幼儿健康的比赛、表演或训练等。
A. 发挥　　B. 结合　　C. 充分尊重　　D. 关注爱护

5. 幼儿体育锻炼活动过程中最主要的环节是（　　）。
A. 激发幼儿活动兴趣阶段　　B. 身体准备阶段
C. 掌握动作技能阶段　　D. 结束阶段

6. 身心保健活动常用的方法有（　　）。
A. 情景表演法　　B. 具体提示法　　C. 练习法　　D. 游戏法

7. 下列不属于幼儿园健康教育目标的是（　　）。
A. 生活、卫生习惯良好，有基本的生活处理能力
B. 喜欢参加体育活动，动作协调、灵活
C. 知道必要的安全保健常识，学习保护自己
D. 心理健康，无严重疾病

8.（　　）是保证幼儿各方面健康发展的前提。
A. 适应环境和抗疾病的能力　　B. 良好的生活习惯
C. 参加体育活动的兴趣　　D. 促进幼儿身体正常发育

9. 幼儿园应为幼儿提供健康、丰富的生活和活动环境，满足他们多方面发展的需求，使他们在快乐的童年生活中获得有益于（　　）的经验。
A. 认知发展　　B. 身心发展　　C. 语言发展　　D. 动作发展

10.“具有一定的力量和耐力”这一目标属于（　　）子领域的目标。
A. 动作发展　　B. 身心发展　　C. 生活能力　　D. 自我保护

11. 幼儿园必须把保护幼儿生命和促进幼儿健康放在工作的（　　）。
A. 重要位置　　B. 主要位置　　C. 首位　　D. 次位

12.“喜欢参加体育活动”所体现的健康领域目标是（　　）。
A. 具有健康的体态
B. 具有基本的生活自理能力
C. 具有良好的生活与卫生习惯
D. 具备基本的安全知识和自我保护能力

13. 幼儿园教师要树立正确的健康观念，在重视幼儿身体健康的同时，也要高度重视幼儿的（　　）。
A. 思想健康　　B. 情绪健康　　C. 心理健康　　D. 道德健康

14. 发育良好的身体、愉快的情绪、强健的体质、协调的动作、良好的生活习惯和（　　）是幼儿身心健康的重要标志，也是其他领域学习与发展的基础。
A. 语言的熟练运用　　B. 基本的生活能力

C. 交际能力　　　　　　　　D. 感恩的心

15. 确定幼儿健康教育目标的根本依据是（　　）。

A. 健康教育的总目标　　　　B. 幼儿身心发展特点

C. 幼儿体育活动目标　　　　D. 幼儿教育目标

二、简答题

1. 教师在户外体育活动中如何保障幼儿安全？

2. 简述《纲要》中幼儿园健康教育的总目标。

3. 简述《纲要》中幼儿园健康教育的指导要点。

4. 简述幼儿安全自护教育的内容。

三、材料分析题

1. 阅读下列材料，回答问题。

材料：

王老师组织大班的幼儿开展投掷活动。第一阶段，王老师请幼儿用木制的“火箭”投向距离 4 米左右的“大怪兽”；第二阶段，王老师为幼儿提供了沙包，引导幼儿投向距离 5 米左右的“小怪兽”；第三阶段，王老师组织幼儿进行投掷比赛，在幼儿获得成功体验后，鼓励幼儿自制各种投掷材料，轮流使用左、右手练习投掷。

问题：

（1）列举该教师采用的至少两种教学方法。

（2）分析该教师组织幼儿投掷活动的指导策略。

2. 阅读下列材料，回答问题。

材料：

某幼儿园教师在教一套新操中的某一节时，在示范讲解的基础上让幼儿进行模仿练习。为保证动作质量，该教师在幼儿模仿练习的初始阶段，就十分注重动作的细节，并严格要求每一位幼儿的动作都要做到准确、到位、标准，且整齐划一。

问题：

试根据体育锻炼活动应遵循的原则，分析该教师教法中的不当之处。

四、活动设计题

1. 根据下面案例，设计一份亲子运动会方案，要求写出亲子运动会的设计意图、两个运动项目（须写出运动项目的名称、材料和玩法）、家长工作要点以及实施注意事项。

在与本班家长的沟通会上，大（3）班教师发现，不少家长平时很少和孩子一起运动，因为不知道可以和孩子玩什么。为此，教师准备举行一场亲子运动会，让家长体验到生活中随手可得的一些材料和用具，都可以用来和孩子一起开展有趣的运动游戏，从而促进幼儿发展。

2. 以下面这组图片为内容，设计一个大班安全防火教育活动，要求写出活动名称、活动目标、活动准备、活动过程及活动延伸。

3. 大（1）班自由活动时间，个别幼儿用泡沫拼板（30cm × 30cm）当滑板玩（如下图），许多孩子也想玩，但有的幼儿滑不起来，有的只能滑很短距离。请根据幼儿利用泡沫拼板滑行的兴趣，为大班幼儿设计一个体育活动，要求写出活动名称、活动目标、活动准备、活动过程及活动延伸。

4. 请根据故事《小树叶找快乐》设计一个中班健康活动，要求写出活动名称、活动目标、活动准备、活动过程及活动延伸。

附故事：

小树叶找快乐

秋天来到了，风儿轻轻地把小树叶带到树林里找快乐。

小树叶问小鸟："小鸟，你快乐吗？"小鸟说："我为大家带去美妙的歌声，我很快乐！"

小树叶问青蛙："小青蛙，你快乐吗？"小青蛙说："我在田里捉害虫，我很快乐！"

小树叶问小狗："小狗，你快乐吗？"小狗说："我为主人看门守家，我很快乐！"

小树叶问小兔："小兔，你快乐吗？"小兔说："我帮妈妈采蘑菇，我很快乐！"

小树叶问小猴："小猴，你快乐吗？"小猴说："我在树上摘果子，我很快乐！"

小树叶听着听着，感觉自己也找到了许多快乐，开心极了！

学习资料包

第三章　幼儿园语言教育活动设计与指导

【考纲要求】

- 考查方式：在近年的教师资格考试中以活动设计题为主。
- 考查内容：掌握幼儿语言教育的基本知识和相应的教育方法，能够设计和开展语言教育活动。

【思政园地】

思政目标：

（1）贯彻“爱国、敬业、诚信、友善”的社会主义核心价值观，传承中华优秀传统文化，树立文化自信。

（2）养成自主阅读的良好习惯，提升家国情怀、人文底蕴、审美情趣等素养，铸造人文精神。

【知识结构】

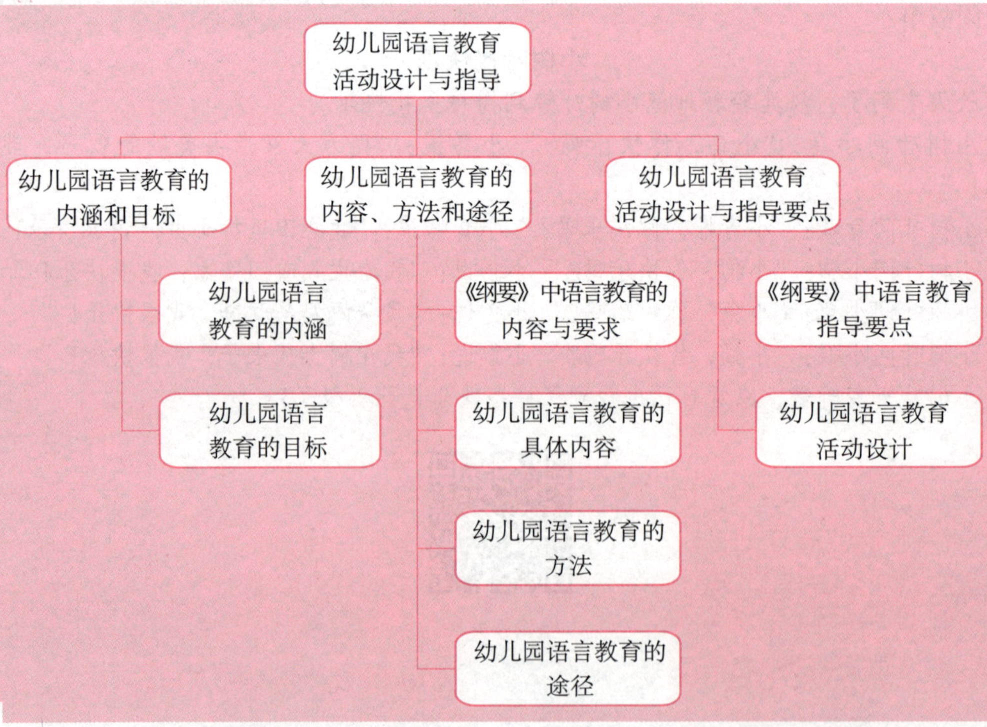

第一节 幼儿园语言教育的内涵和目标

一、幼儿园语言教育的内涵

（一）幼儿园语言教育的概念

幼儿园语言教育是指根据幼儿身心发展的特点和语言发展的规律，以提高幼儿语言倾听和理解能力、促进幼儿的语言表达和交流技能、培养幼儿前阅读和前书写的兴趣及能力为核心目标而开展的一系列教育活动。语言教育活动是落实语言教育任务的具体手段，是实现语言教育目标的有效途径。

（二）幼儿园语言教育的意义

1. 语言教育可以促进幼儿的语言发展

3～6 岁是语言发展的关键期，如果在这个时期得到正确有效的语言教育，幼儿的语言将会迅速发展，掌握的语汇量日益增多，并逐渐学会用单句、复句连贯叙述见闻、表达思想。如果错过了这个时机，幼儿语言发展就会缓慢，以后进行补偿教育就很困难。因此，幼儿语言教育在家庭和幼儿园中都处于举足轻重的地位。

2. 语言教育可以促进幼儿的认知发展

幼儿在学习语言的过程中，接触到的大量语言材料包含着丰富的知识，这样语言就成为幼儿接受教育的工具。幼儿在语言输出的加工过程中，要力求把言语表达正确、清楚、连贯和完整，也需要有感知、记忆、思维、想象过程的积极参与。所以语言的发展能够提升认知的速度、广度和强度，对认知的发展起到推动和加速的作用。

3. 语言教育可以促进幼儿的社会性发展

语言是人类社会最重要的交际工具。语言教育帮助幼儿逐步发展对外部世界、对他人和对自己的认识，学会运用语言进行交际的社会规则，如讲话要文明礼貌；帮助幼儿了解不同的场景和对象要使用不同的讲话方式和语气等；帮助幼儿用语言清楚表达自己的情感，从而获得情感的满足，拥有更多的伙伴，建立良好的人际关系，提高社会交往能力。

二、幼儿园语言教育的目标

（一）《纲要》中语言教育的总目标

1.《纲要》中语言教育总目标的内容

（1）乐意与人交谈，讲话礼貌。

（2）注意倾听对方讲话，能理解日常用语。

（3）能清楚地说出自己想说的事。

（4）喜欢听故事、看图书。

（5）能听懂和会说普通话。

2.《纲要》中语言教育总目标的价值取向

《纲要》所确定的幼儿园语言教育总目标可以分为两个方面：倾听与表达、文学作品欣赏和早期阅读。一方面，强调“倾听、表达”能力，充分体现“语言能力是在运用的过程中发展起来的”理念，要求幼儿在使用语言的过程中学习语言，彰显语言的交流、交际功能；另一方面，强调“文学作品欣赏和早期阅读”能力，让幼儿通过欣赏文学作品感受语言的丰富和优美，通过早期阅读获得语言与文字的对应关系，体验文字符号的功能，引发幼儿对书籍和书写的兴趣。

（二）《指南》中语言教育学习与发展目标

1.《指南》中语言教育各年龄段学习与发展目标

《指南》明确列举了幼儿园语言教育各年龄段学习与发展目标（见表 3-1）。

表 3-1　幼儿园语言教育各年龄段学习与发展目标

子领域	目标	3～4岁	4～5岁	5～6岁
倾听与表达	认真听并能听懂常用语言	1.别人对自己说话时能注意听并做出回应。 2.能听懂日常会话。	1.在群体中能有意识地听与自己有关的信息。 2.能结合情境感受到不同语气、语调所表达的不同意思。 3.方言地区和少数民族幼儿能基本听懂普通话。	1.在集体中能注意听老师或其他人讲话。 2.听不懂或有疑问时能主动提问。 3.能结合情境理解一些表示因果、假设等相对复杂的句子。
	愿意讲话并能清楚地表达	1.愿意在熟悉的人面前说话，能大方地与人打招呼。 2.基本会说本民族或本地区的语言。 3.愿意表达自己的需要和想法，必要时能配以手势、动作。 4.能口齿清楚地唱儿歌、童谣或复述简短的故事。	1.愿意与他人交谈，喜欢谈论自己感兴趣的话题。 2.会说本民族或本地区的语言，基本会说普通话。少数民族聚居地区幼儿会用普通话进行日常会话。 3.能基本完整地讲述自己的所见所闻和经历的事情。 4. 讲述比较连贯。	1.愿意与他人讨论问题，敢在众人面前说话。 2.会说本民族或本地区的语言和普通话，发音正确、清晰。少数民族聚居地区幼儿基本会说普通话。 3.能有序、连贯、清楚地讲述一件事情。 4.讲述时能使用常见的形容词、同义词等，语言比较生动。

续表

子领域	目标	3～4岁	4～5岁	5～6岁
	具有文明的语言习惯	1.与他人讲话时知道眼睛要看着对方。 2.说话自然，音量适中。 3.能在成人的提醒下使用恰当的礼貌用语。	1.别人对自己讲话时能回应。 2.能根据场合调节自己说话声音的大小。 3.能主动使用礼貌用语，不说脏话、粗话。	1.别人讲话时能积极主动地回应。 2.能根据谈话对象和需要，调整说话的语气。 3.懂得按次序轮流讲话，不随意打断别人。 4.能依据所处情境使用恰当的语言，如在别人难过时会用恰当的语言表示安慰。
阅读与书写准备	喜欢听故事、看图书	1.主动要求成人讲故事、读图书。 2.喜欢跟读韵律感强的儿歌、童谣。 3.爱护图书，不乱撕、乱扔。	1.反复看自己喜欢的图书。 2.喜欢把听过的故事或看过的图书讲给别人听。 3.对生活中常见的标识、符号感兴趣，知道它们表示一定的意义。	1.专注地阅读图书。 2.喜欢与他人一起谈论图书和故事的有关内容。 3.对图书和生活情境中的文字符号感兴趣，知道文字表示一定的意义。
	具有初步的阅读理解能力	1.能听懂短小的儿歌或故事。 2.会看画面，能根据画面说出图中有什么、发生了什么事等。 3.能理解图书上的文字是和画面对应的，是用来表达画面意义的。	1.能大体讲出所听故事的主要内容。 2.能根据连续画面提供的信息，大致说出故事的情节。 3.能随着故事的展开产生喜悦、担忧等相应的情绪反应，体会故事所表达的情绪、情感。	1.能说出所阅读的幼儿文学作品的主要内容。 2.能根据故事的部分情节或图书画面的线索猜想故事情节的发展，或续编、创编故事。 3.对看过的图书、听过的故事，能说出自己的看法。 4.能初步感受文学语言的美。
	具有书面表达的愿望和初步技能	喜欢用涂涂画画表达一定的意思。	1.愿意用图画和符号表达自己的愿望和想法。 2.在成人提醒下，写画时姿势正确。	1.愿意用图画和符号表现事物或故事。 2.会正确书写自己的名字。 3.写画时姿势正确。

2.《指南》中语言教育学习与发展目标的价值取向

《指南》明确了我国3～6岁幼儿语言学习与发展的目标要求，将幼儿在语言领域的总目标划分为“倾听与表达”“阅读与书写准备”两个子领域。

（1）“倾听与表达”子领域的目标。

3～6岁的幼儿正处于语言发展的关键期，需要不断地学习倾听和理解交流者的语言，并且通过不同的社会交往情景用语言表达自己的想法。《指南》从“倾听与表达”的角度提出以下三个方面的具体目标要求：

1）认真听并能听懂常用语言。

倾听是幼儿感知语言的行为表现，也是理解语言的重要途径。目标要求：引导幼儿在语言学习中，学会有意识地倾听别人的谈话，分析性地倾听对方所交流的信息，真正理解语言的内容、形式，从而形成理解性倾听语言的能力，掌握与人进行语言交流的技巧。如：成人要多和幼儿一起讲故事、看图书，并谈论幼儿感兴趣的话题；让幼儿用心体会故事中人物的喜怒哀乐，并用不同的语气和语调表达出来。

2）愿意讲话并能清楚地表达。

表达是以一定的语言内容、形式进行表述和交流个人观点的行为，是幼儿语言学习与发展的主要表现之一。目标要求：引导幼儿懂得语言表达的作用，愿意向别人表达自己的见解，具备表达的能力，能够清楚地表达，达到交流的目的，实现与人的交流。如：鼓励和支持幼儿相互讲述看过的图书、动画片，或分享彼此的见闻、趣事等。方言地区和少数民族聚居地区幼儿要基本能听懂普通话、会说普通话。

3）具有文明的语言习惯。

语言文明习惯，是语言交往过程中获得成功的前提，是幼儿需要在早期获得的重要的语言经验。目标要求：引导幼儿在语言学习中根据不同的社会交往场合和交往对象使用文明语言，逐步成为愉快而有效的交流者。如：与别人讲话时要看着对方的眼睛；能根据场合调节自己说话声音的大小；能根据谈话对象和需要调整说话的语气；不说脏话，主动使用礼貌用语；懂得按次序轮流讲话，不随意打断别人讲话；别人难过时会用恰当的语言表示安慰等。

（2）“阅读与书写准备”子领域的目标。

在社会飞速发展的今天，人的阅读能力被视为获得社会成功的基础，幼儿期又是早期阅读的关键期，我们应该切实把握这个关键期，在培养幼儿口语交流能力的同时，引导幼儿做好书面语言学习的准备。《指南》从“阅读与书写准备”的角度提出以下三个方面的具体目标要求：

1）喜欢听故事、看图书。

幼儿阶段是行为养成的最重要阶段，培养良好的阅读兴趣和习惯，理解书面语言的价值和意义，建立热爱阅读的情感动机，掌握终身学习的最基本能力，可以成就幼儿的成长，改变幼儿的未来，使幼儿受益终生。目标要求：引导幼儿喜欢阅读色彩鲜艳的图文读物，愿意辨认简单易记的文字符号，养成阅读图书的兴趣和习惯。如：当幼儿遇到感兴趣的事物或不懂的问题时，要引导幼儿查阅图书资料，让幼儿体会通过阅读获得信息的乐趣；买来新的玩具，把说明书上的文字读给幼儿听，不仅让幼儿了解玩具的玩法，还能帮助幼儿体会文字的作用；向幼儿介绍邮局、银行、医院以及交通信号等日常标识，体会标识符号的用途。

2）具有初步的阅读理解能力。

阅读理解是现代文明社会中人们不可或缺的智能活动，是人类特有的最普遍、最持久的学习行为，是人类获得知识、认识世界的基本途径。幼儿阅读中接触到的图文并茂的读物，已经具有书面语言的性质，幼儿在阅读之后，用口头语言表述他们对于读物内容的理解，获得口头语言与书面语言对应关系的认识，这样便建立了初步阅读理解的能力。目标要求：引导幼儿以自己的经验为基础理解读物内容，在阅读中发展幼儿的想象力和创造力，并感受文学作品的语言美。如：让幼儿回忆或讨论故事情节，然后有条理地复述故事内容；鼓励幼儿大胆推测、想象故事情节的发展，改编或续编故事；给幼儿读书时，通过抑扬顿挫的声音、丰富传神的表情、恰当得体的动作，传达故事人物的情绪、情感，让幼儿体会作品的表现力和感染力等。

3）具有书面表达的愿望和初步技能。

书写是一种重要的语言输出手段，是体现人类学习能力的重要标志之一，传承着人类社会的文明。幼儿在阅读中通过观察和注意周围环境的文字信息，萌发初步书写意愿，逐步积累书面语言知识，并学习握笔书写的基本方法。目标要求：引导幼儿在涂写过程中体验文字符号的功能，培养书写的兴趣，在绘画和游戏中做必要的书写准备。如：给幼儿演示，说过的话可以用文字记录下来，由此体会文字的用途；给幼儿准备纸和笔等，满足幼儿自由涂画的需要；鼓励幼儿将自己喜欢的事物或故事画下来，让幼儿体会可以用写写画画的方式表达自己的想法和情感；提醒幼儿写字、画画时保持正确的姿势等。

第二节　幼儿园语言教育的内容、方法和途径

一、《纲要》中语言教育的内容与要求

（1）创造一个自由、宽松的语言交往环境，支持、鼓励、吸引幼儿与教师、同伴或其他人交谈，体验语言交流的乐趣，学习使用适当的、礼貌的语言交往。

（2）养成幼儿倾听的习惯，发展语言理解能力。

（3）鼓励幼儿大胆、清楚地表达自己的想法和感受，尝试说明、描述简单的事物或过程，发展语言表达能力和思维能力。

（4）引导幼儿接触优秀的儿童文学作品，使之感受语言的丰富和优美，并通过多种活动帮助幼儿加深对作品的体验和理解。

（5）培养幼儿对生活中常见的简单标记和文字符号的兴趣。

（6）利用图书、绘画和其他多种方式，引发幼儿对书籍、阅读和书写的兴趣，培养前阅读和前书写技能。

（7）提供普通话的语言环境，帮助幼儿熟悉、听懂并学说普通话。少数民族地区还应帮助幼儿学习本民族语言。

《纲要》中语言教育的内容与要求反映了我国现代幼儿语言教育的最新理念，体现了我国幼儿语言教育改革的新趋势：一是强调幼儿语言运用能力的培养；二是重视幼儿早期阅读能力的培养；三是重视支持性语言教育环境的创设。

二、幼儿园语言教育的具体内容

幼儿园语言教育活动内容是幼儿园提高幼儿语言学习能力、获得语言经验的载体，也是设计语言教育活动的主要依据。

幼儿园语言教育内容可分为两类：专门语言教育活动和渗透性语言教育活动。

（一）专门语言教育活动

专门语言教育活动主要包括谈话活动、讲述活动、听说游戏活动、早期阅读活动、文学作品学习活动。

1. 谈话活动

谈话活动是帮助幼儿学习围绕一定话题，运用语言与他人进行交流的语言教育活动，包括个别交谈和集体交谈。谈话活动可以激发幼儿与他人交谈的兴趣，帮助幼儿学习基本的谈话规则，提高幼儿语言交往水平。谈话活动的重点目标在于培养幼儿运用口头语言与他人交际的意识、情感和能力。如围绕“我喜欢的水果”“我的好妈妈”“压岁钱怎么用”等故事进行交谈。谈话活动与日常交谈的比较见表 3-2。

表 3-2　谈话活动与日常交谈的比较

活动类型	活动目标	活动内容	活动时间
谈话活动	有目的、有计划地组织幼儿学习语言的教育活动	话题是固定的，内容是教师根据教育目标、教育计划精心设计的	利用正式活动时间专门进行谈话，体现教师的指导作用
日常交谈	没有预期目标和计划，具有自发性和随机性	话题是非固定的，内容是幼儿随意产生的	一般发生在自由活动中，更多地体现幼儿的主动性

谈话活动涉及的主要内容有：

（1）围绕一定主题谈话。

在谈话活动中，教师引导幼儿共同关注一个中心话题，用语言进行交流，不仅限定幼儿交流的范围，也主导幼儿交流的方向，不会偏离主题。如大班谈话活动“快乐的春节”，在教师为幼儿创设的语言情境中，每个人围绕“快乐的春节”这个主题进行广泛交流，不会游离于“快乐的春节”的话题之外。

（2）相互交流信息谈话。

在谈话活动中，教师不断启发引导，幼儿积极思考应答，幼儿之间也相互模仿学习，不断开阔思路、交流信息。幼儿有时与教师或邻座幼儿进行个别交谈，有时在全班面前、小组面前发表个人见解，在这种不断的师幼互动、同伴互动的多方位交流中，教师和幼儿都能获得较大的信息量，这是其他类型的语言活动所不具备的。

（3）彼此分享经验谈话。

在这种谈话活动中，幼儿对谈话主题具备一定的生活经验和知识经验，有对主题的基本看法，愿意跟别人分享自己的经验，形成交流和讨论的氛围。如：在大班谈话活动“冬天好还是夏天好”中，幼儿在现实生活中，已经对冬天和夏天的季节自然特征、人们的生活习惯、不同的着装和饮食、特定的节日和活动、冬天怎样防寒保暖、夏天怎样避暑降温等，有了一定的体验和了解，活动中幼儿彼此分享相关的生活经验和知识经验，就会有话可说，气氛热烈自然。

2. 讲述活动

讲述活动是帮助幼儿学习运用规范的语言讲述某一事物的语言活动。讲述用的是连贯的独白语言，要求内容丰富，语句结构完整。幼儿讲述时，通常需要图片、教具、玩具、情境表演等来提示讲述的主题和内容，帮助构思语句。当幼儿讲述自己感兴趣的、熟悉的事情时，则应培养他们不用辅助材料。因此，要选择多种讲述形式，培养幼儿的语言表达能力，提高幼儿的语言水平。如：根据照片讲故事“爸爸妈妈真爱我”，看图片讲故事“会想办法的乌龟”“掉进酒桶里的老鼠”等。幼儿谈话活动与讲述活动的比较见表 3-3。

表 3-3　幼儿谈话活动与讲述活动的比较

活动类型	活动目标	活动内容	语言方式
谈话活动	侧重幼儿运用语言与他人进行交流	围绕幼儿已有的经验进行交谈	宽松自由，不拘形式，以说明白自己的想法为主
讲述活动	侧重幼儿清楚、连贯、完整地表述某一事物的能力	针对幼儿需要认识的某一对象（玩具、图片）进行讲述	独白语言，要求规范、清晰而有条理地表达相对完整的观点

讲述活动涉及的主要内容有：

（1）理解、感知讲述对象，用简单明了的语言，把某一事物的特征、功用说清楚。

（2）用比较恰当的语言，清楚讲述图片或影片中的主要人物、事件。

（3）掌握语言交流中的情绪，用生动形象的语言，讲述处在某一情境之中的人物的形态、动作特征。

3. 听说游戏活动

听说游戏活动是指用游戏的方式组织开展的语言教育活动。听说游戏活动有明确的语言学习目标和具体的语言学习内容，不同于一般的游戏，因而又称为语言教学游戏。如猜谜语、成语接龙等。

听说游戏活动涉及的主要内容有：

（1）提高幼儿倾听的能力。

（2）帮助幼儿按照一定的规则进行语言表达练习。

（3）培养幼儿在语言交往中的灵活性和机智性，锻炼幼儿迅速领悟语言规则，并能按规则进行表达。

4. 早期阅读活动

早期阅读活动是指有计划、有目的地培养幼儿学习书面语言的教育活动。早期阅读活动，利用图书、绘画等为幼儿创设书面语言环境，创造幼儿接触书面语言的机会，帮助幼儿了解书面语言的基本文化内涵，激发幼儿学习书面语言的兴趣，引导幼儿逐渐产生对书面语言的敏感性，为幼儿正式学习书面语言打下良好基础。

早期阅读活动涉及的主要内容有：

（1）前阅读：爱看书，会按顺序翻书页，能了解图书画面、文字和口语之间的对应关系。

（2）前识字：了解文字的功能和作用，明白文字符号可以和其他的符号系统转换，知道文字和语言具有多样性。

（3）前书写：了解汉字的基本结构和书写的基本规则，学会正确的握笔姿势。

所谓“前”，是因为与那些大量的、正式的、系统的书面语言学习有根本的区别，主要是为正式的书面语言学习做好相应的准备、打下良好的基础。

5. 文学作品学习活动

文学作品学习活动是以幼儿文学作品为基本教育内容而设计组织的语言教育活动。它从一个具体的文学作品入手，围绕这个作品开展一系列相关活动，帮助幼儿理解和体会文学作品所展示的丰富优美的语言和生动有趣的生活，从而培养幼儿欣赏文学作品的能力，以及利用文学语言表达想象、表达生活经验的能力。如儿歌、散文的欣赏与创编等。

文学作品学习活动涉及的主要内容有：

（1）能注意倾听成人朗诵各种体裁的文学作品。

（2）通过语言、表情、动作，参与朗诵、表演故事，体验人物情感和作品情节的变化。

（3）在欣赏儿童诗歌、散文的基础上，仿照某一首诗歌或散文的框架，编出自己的诗歌或散文段落。

（二）渗透性语言教育活动

渗透性语言教育活动主要是指充分利用各种生活和活动环节，给幼儿提供自由宽松的环境，鼓励幼儿进行语言交流，增强听、说、读的基本技能，培养幼儿对语言文字的学习兴趣，具有一定的随机性。凡是有语言参与的活动，都可以对幼儿进行语言教育。渗透性语言教育活动主要包括日常生活、人际交往、游戏活动以及其他领域的教育活动。

三、幼儿园语言教育的方法

（一）示范法

示范法是指教师为幼儿提供语言学习的范例，让幼儿在良好的语言环境中模仿学习。示范可以由教师当场进行，也可以采用录音，或者让语言发展较好的幼儿来示范的方式进行。

运用示范法要注意以下几点：

（1）示范语言一定要标准、规范；

（2）把握好示范的时机和力度；

（3）积极观察幼儿的语言表现，妥善运用强化原则。

（二）练习法

练习法是指有意识地让幼儿多次使用同一个语言元素（比如语音、词汇、句子），或者训练某一方面语言技能的方法。

运用练习法要注意以下几点：

（1）明确并逐步提高练习要求；

（2）避免简单重复，要求幼儿在理解内容的基础上进行有独创性的练习；

（3）练习方式应变化多样、生动活泼，调动幼儿练习的积极性。

（三）游戏法

游戏法是指教师运用有规则的游戏，训练幼儿正确发音、丰富词汇和学习句式的方法。

运用游戏法要注意以下几点：

（1）要根据语言教育的目标和内容，选择和编制游戏；

（2）游戏规则具体、有趣味，便于幼儿理解和掌握，达到训练语言能力的目的；

（3）随着幼儿年龄的增长，应逐渐减少直观材料，适当开展纯语言训练的游戏。

（四）表演法

表演法是指在教师的指导下，幼儿学习表演文学作品以提高口语表达能力的方法。

运用表演法要注意以下几点：

（1）必须在幼儿理解、熟悉文学作品并能熟练朗读的基础上进行表演；

（2）鼓励幼儿在表演中大胆创作；

（3）要为全体幼儿提供参与表演的机会。

（五）“视听讲做”结合法

“视听讲做”结合法是依据“直观法”和“观察法”并结合幼儿语言学习的特殊性提出来的。

“视”是指教师提供具体形象的讲述对象，如实物、现象、图片、图书、情景表演等，让幼儿充分地观察。

“听”是指教师运用语言描述、启发、引导、暗示、示范等，让幼儿充分地感知与体会。

“讲”是指幼儿在感知理解的基础上，充分表述个人的认识。

“做”是指教师给幼儿提供一定的想象空间，通过幼儿参与或独立操作活动，帮助幼儿充分构思，从而组织更加丰富、连贯、完整、富有创造性的语言表述。

视、听、讲、做四个方面必须有机结合。运用“视听讲做”结合法要注意以下几点：

（1）教师提供的讲述对象应该是幼儿经历的、熟悉的，符合幼儿认知特点的；

（2）教师要教给幼儿观察、讲述的方法，并留给幼儿一定的观察时间；

（3）教师的提问要有针对性、启发性，有利于幼儿组织语言、进行连贯讲述。

在实际应用中，要根据幼儿语言学习的特点、幼儿园的具体条件，选择更为恰当的教育方法，有针对性地进行语言教育。各种教育方法还可以互相配合，交叉使用或互相补充、综合运用，以达到最佳的教育效果，促进幼儿语言的发展。

四、幼儿园语言教育的途径

幼儿园语言教育的途径主要有三种：教学活动、游戏活动、日常活动。

（1）教学活动，包括语言教学活动和其他领域的教学活动，是幼儿语言教育的主要途径。

（2）游戏活动中的语言是幼儿之间交往、合作、分享的工具，也是指导和调节幼儿选择游戏内容、游戏伙伴和游戏材料的工具。

（3）日常活动中的语言运用为幼儿提供了最自然、最宽松的语言学习环境，有助于提高幼儿的口语表达能力。

第三节　幼儿园语言教育活动设计与指导要点

一、《纲要》中语言教育指导要点

《纲要》明确指出了幼儿园语言教育活动的指导要点：

（1）语言能力是在运用的过程中发展起来的，发展幼儿语言的关键是创设一个能使他们想说、敢说、喜欢说、有机会说并能得到积极应答的环境。

（2）幼儿语言的发展与其情感、经验、思维、社会交往能力等其他方面的发展密切相关。因此，发展幼儿语言的重要途径是通过互相渗透的各领域教育，在丰富多彩的活动中扩展幼儿的经验，提供促进语言发展的条件。

（3）幼儿的语言学习具有个别化的特点，教师与幼儿的个别交流、幼儿之间的自由交谈等，对幼儿语言发展具有特殊意义。

（4）对有语言障碍的儿童要给予特别关注，要与家长和有关方面密切配合，积极地帮助他们提高语言能力。

二、幼儿园语言教育活动设计

幼儿园语言教育活动设计是将一定的语言教育活动的目标、内容和活动方式转化成具体方案的过程。活动指导则是通过具体的活动方式和运用一定的方法，实施活动设计的过程。

（一）活动目标的确定

幼儿园语言教育活动目标的制定，是语言教育活动设计中最重要的环节。它指明语言教育所要达到的预期效果。具体设计时应注意以下几个方面。

1. 依据语言教育的总目标

《纲要》提出了幼儿园语言教育的总目标，这一目标是幼儿教师制定各年龄班语言教育目标的依据。如《纲要》规定，幼儿语言教育的范围涉及倾听、表达、阅读和书写准备，那么教师在制定语言教育活动目标时也必须从这几个方面入手。

2. 符合幼儿语言教育的年龄阶段目标

语言教育活动目标的制定，应根据幼儿的年龄特征和发展水平，符合幼儿语言发展的规律和特点，由浅入深、由易到难、循序渐进，使幼儿能从具体到抽象、从直接到间接获得语言经验。

【案例 3-1】 小班、大班文学作品学习活动的不同设计

活动一　小班文学作品学习活动："小草放风筝"

【活动目标】

（1）理解诗歌内容，体会"小草放风筝"的童趣和奇妙。

（2）在倾听活动中感受诗歌优美的意境。

（3）在游戏表演中进一步感受诗歌语言的妙趣。

活动二　大班文学作品学习活动："风藏在哪里"

【活动目标】

（1）欣赏诗歌，感受诗歌的优美意境和问答式的结构特点。

（2）学习有感情地朗读诗歌，区别问句和答句的不同读法。

（3）初步尝试按照诗歌结构进行仿编，用生动、形象的词汇描述事物。

【分析】

活动一：考虑到小班幼儿的年龄特点，把诗歌学习的重点确定为欣赏。在感受、理解的基础上，通过动作表现的形式，进一步感受语言的趣味性。

活动二：考虑到大班幼儿的年龄特点，教学中的文学性体现得更强一些。在感受、理解的基础上，有朗诵要求、仿编要求，对于大班幼儿来说具有一定的挑战性。

3. 突出幼儿语言教育的特点

语言教育目标的制定，应将促进幼儿语言的发展作为落脚点，要落实到幼儿对语言内容、语言形式和语言技能的掌握上，避免语言教育活动成为其他领域的活动。即使进行整合教学，也必须以语言教育内容为重点，整合进来的内容应是为语言教育目标服务的。

【案例 3–2】 大班语言活动：“不怕冷的大衣”

【活动目标】

（1）知道冬天多运动就“不怕冷”。

（2）通过体育运动进一步体验“不怕冷的大衣”。

【分析调整】

显而易见，这一语言教学活动目标虽然体现了整合的教育理念，却完全忽视了“语言发展”这一重要语言目标的体现。即使整合教学，也必须以语言教育的内容为重点，整合进来的内容应是为语言教育目标服务的。可修改为：

（1）能仔细倾听故事，理解主要的故事情节。

（2）初步学习运用生动的语气表现故事内容。

（3）知道“不怕冷”的秘密是多运动，培养不怕寒冷、坚持锻炼的勇敢品质。

4. 强调幼儿语言的全面发展

语言教育目标包括三个维度：认知目标、能力目标、情感态度目标。活动目标的制定应该从这三个方面考虑，强调幼儿的全面发展。

（1）认知目标。

认知目标是指知识概念的学习，包括幼儿所获得的词汇的数量和句式的种类，以及在什么样的语境下运用这些词汇和句式。

（2）能力目标。

能力目标是指语言能力的学习，包括组词成句的能力和在具体语境中运用语言的能力。如能根据不同听众和语境，恰当运用有关的词汇、语法和语调。

（3）情感态度目标。

情感态度目标是指情感态度的学习训练，包括兴趣、态度和价值观等方面。

【案例 3–3】 大班谈话活动：“我的家乡 ×× 市”

【活动目标】

（1）学习用完整的句子连贯叙述家乡的自然风景和城市建设，会用“有……有……”句式。（认知目标）

（2）知道在不同场合用不同音量和语调表述自己的见解，并掌握轮流谈话的规则。（能力目标）

（3）通过谈话，增进对家乡的了解，激发爱家乡的情感。（情感态度目标）

5. 考虑语言教育活动的不同类型

幼儿语言教育活动中五种不同类型的目标各有侧重。譬如，谈话活动的重点目标在于培养幼儿运用口头语言与他人交际的意识、情感和能力；讲述活动则偏重于培养幼儿感知、理解讲述对象，清楚、连贯、完整地表述某一事物的能力；听说游戏活动重在培养幼儿在语言交往中的灵活性和机智性，锻炼幼儿迅速领悟语言规则，并按规则要求表达的能力；早期阅读活动重在帮助幼儿建立口头语言与书面语言的对应关系，掌握早期阅读的方法、技能，养成良好的阅读习惯；文学作品学习活动重点引导幼儿欣赏文学作品的语言美、形式美和情感美，掌握准确、生动的文学语言表达，学习创造性地运用语言。

（二）活动内容的选择

活动内容的选择是整个语言教育活动设计的核心。选择活动内容时应注意以下几点。

1. 根据语言教育目标选择内容

活动目标是为阶段目标和终期目标服务的，总目标和年龄阶段目标要通过一个个具体的活动目标落实到每个幼儿身上。教师要将语言教育的总目标、阶段目标作为参照点，根据“倾听与表达”“阅读与书写准备”两个子领域的目标要求，选择语言教育内容，帮助幼儿从知识、能力、情感态度三个方面获得发展，提高幼儿语言水平。

2. 根据语言活动类型选择内容

每种语言活动类型都有自身的特点，应根据不同类型的特点选择适当的活动内容。如谈话活动的特点是让幼儿围绕某一话题倾听他人讲话，表达自己想法，教师就要寻找有利于幼儿自由交谈的话题，如玩具、风筝、汽车等；听说游戏活动的特点是让幼儿按一定规则练习口头语言，教师就要选择容易转化为游戏规则的内容。

3. 根据幼儿已有经验选择内容

幼儿的语言学习是不断获得语言经验的过程，也是幼儿园、家庭、社会不断为幼儿提供各种新的语言经验的过程。教师应了解幼儿原有的语言经验和生活经验，考虑幼儿新旧语言经验的内在联系，然后选择有针对性的、能产生新经验的活动内容，使幼儿每一次获得的语言经验都能成为以后语言学习的基础。

（三）活动过程的设计

由于语言教育内容类型的不同，各活动过程也存在一定的特殊性，设计时既要综合体现教育目标、教育内容和教育方法，还应体现各类语言教育活动的特点。以下为五种类型语言教育活动设计的基本步骤。

1. 谈话活动设计的基本步骤

（1）创设谈话情境，引出谈话话题。

在活动的开始，教师通过创设一定的情境，激发幼儿谈话的兴趣，以及对话题有关经验的联想，打开谈话的思路，使幼儿在谈话之初就被吸引到活动中来，从而想表达自己的看法。主要通过三种方式创设情境：

1）以实物或直观教具创设情境。教师可以利用墙饰、桌面玩具、实物摆设、活动角布置等可视形象引出谈话话题。如在组织大班谈话活动“好吃的水果”时，可利用室内区角布置一个水果展，把各种水果实物直观呈现在幼儿面前，组织幼儿参观水果展，调动幼儿的生活经验，激发幼儿谈话的热情。

2）用语言创设情境。教师用生动有趣的语言唤起幼儿对话题经验的记忆，引出谈话。这种方式要求教师通过生动的语言，描述一种情境，或者是提出一些问题，唤起幼儿的记忆，调动幼儿的相关经验，使幼儿顺利进入谈话过程。

3）用游戏或表演的形式创设情境。先让幼儿做一个与主题相关的游戏，引起幼儿的思考，为下一步活动奠定良好的基础。如中班谈话活动“公交车上”，可先请几个幼儿分别扮演司机和乘客，进行情境表演。当他们表演到老奶奶上车后没人让座时，教师可提问幼儿：“如果你也在车上，你会怎么做？”这种生动的游戏或表演的形式，容易调动幼儿谈话的积极性。

（2）引导幼儿围绕话题自由交谈。

引出话题之后，就要给幼儿提供围绕中心话题自由交谈的机会，目的在于调动幼儿对所谈中心话题的知识储备，运用已有经验交流个人见解。教师应注意以下几点：

1）真正放手让幼儿围绕话题大胆、自由交谈；

2）鼓励每个幼儿积极参与谈话；

3）适当增加幼儿“动作”的机会；

4）教师适当参与谈话并了解谈话情况。

（3）引导幼儿围绕主题逐步拓展谈话内容。

幼儿运用已有经验充分交谈后，教师应逐层深入谈话，拓展谈话的范围，向幼儿展示并帮助他们学习运用新的谈话经验，使幼儿的谈话水平进一步提高。这一步骤是谈话活动的重点和核心。在这一过程中，教师应着重思考：围绕某一新话题可以引导幼儿从哪些方面来谈，先谈什么、后谈什么。例如大班的谈话活动“我喜爱的图书”，教师设计的中心话题拓展顺序应该是：幼儿描述图书的种类→喜爱哪类图书→为什么喜爱→自己对图书的独特感受→畅想一下未来的图书是什么样子。

【案例 3–4】 大班谈话活动：“快乐的春节”

【活动目标】

（1）耐心倾听他人谈话，知道轮流发言的基本谈话规则。

（2）能清楚讲述春节所去地方的特色及见闻。

（3）乐意参与谈话活动，能围绕中心话题交流。

【活动准备】

（1）物质材料：照片、春联、剪纸、食材、红包、景点门票等。

（2）知识经验：幼儿过春节的经历、见闻。

【活动过程】

1. 导入：创设情景，激起幼儿谈话兴趣

师："小朋友，看，今天我们的教室多热闹：小朋友带来了很多年货。大家向身边的小朋友介绍一下：这个春节你和谁一起过的？去了哪里？参加了什么活动？有什么好玩的、好吃的？发生了什么开心的、难忘的事？大家相互交流一下。"

2. 幼儿围绕话题自由交谈

请幼儿在活动室参观与春节相关的春联、剪纸、食材、礼品、景点门票、电影票、照片，激发幼儿对春节的回忆及谈话兴趣。幼儿边观看展品边围绕"快乐的春节"自由交谈，教师以平等交谈者身份参与幼儿的谈话交流。

3. 教师示范谈话经验

教师拿出自己和家人外出度假的照片，谈谈自己在春节旅游时对环境保护的一些看法。

4. 教师引导幼儿拓展谈话范围

（1）幼儿自由绘画。

师："刚才大家交谈了这个春节我们见过的亲人、参加的各种活动和购买的各种纪念品。但是可能还有没见到的亲人、没有参加的活动、没有去过的好玩的地方，现在，大家可以把没有实现的愿望画下来。"

（2）个别幼儿面向全班交流。

在幼儿自由交谈、绘画和教师示范谈话的基础上，教师提问，引发幼儿拓展话题内容："你画的是哪位亲人？是什么春节习俗和活动？压岁钱你打算怎么花？明年你准备怎么过春节呢？"

教师面向全体幼儿提出拓展话题后，先让幼儿同身边的同伴进行交流，使每个幼儿都参与谈话，然后请个别幼儿拿着自己的画，围绕问题面向全班进行交流。

【活动延伸】

幼儿和家长讨论明年的春节有什么新打算。

2. 讲述活动设计的基本步骤

（1）感知、理解讲述对象。

感知、理解讲述对象，是讲述活动开展的基础。观察的途径，大部分是通过视觉汲取信息，也不排斥从其他感官获得认识。如开展看图讲述、实物讲述、情境表演讲述时，可让幼儿通过仔细看图、看实物、看表演，感知、理解讲述对象。如触摸实物讲述活动"我摸你猜"，让幼儿闭上眼睛从袋子里摸出一样物体，通过触摸来感知物体的特征，从而推断物体的名称并据此讲述物体。听录音讲述活动"夏天的池塘"，先让幼儿听录音分辨出各种声响，如蝉鸣声、青蛙叫声、流水声，再将各种声音联系起来，想象夏天池塘的环境以及发生的事情，这是从听觉途径感知、理解讲述对象。教师在引导幼儿感知、理解讲述对象时，可以通过有顺序的提问引导幼儿仔细观察。

（2）运用已有经验讲述。

在幼儿感知、理解讲述对象，积累了一定经验的前提下，教师可以鼓励幼儿运用自己的语言将已经具备的经验讲述出来。教师应注意以下几点：

1）幼儿自由讲述前，要提醒幼儿围绕感知、理解对象来讲述，切忌“跑题”。

2）注意倾听幼儿的讲述内容，及时发现幼儿讲述中的闪光点和不足，但不过多指正，避免打断幼儿的讲述思路。

3）可以用提问方式帮助幼儿有序讲述，以插话方式加以提示，当幼儿讲述遇到困难时，提供线索，发挥搭桥引路的作用。

4）可通过想象、猜测、模仿、表演等方法增加幼儿讲述的趣味性。

（3）引进新的讲述经验。

新的讲述经验主要是指讲述的思路和讲述的方式。新的讲述经验是每次讲述活动的重点，教师应根据活动目标灵活运用各种方法，帮助幼儿理解并接受新的讲述经验。讲述的思路主要是指教师在引进新的讲述经验时，要帮助幼儿理清讲述的思路，使整个讲述活动有较强的条理性，以免遗漏重大事件、重要人物，或没有按照事件发生的顺序讲述。引进新的讲述经验的方式主要有三种：

1）示范法。教师在幼儿自由讲述的基础上，提出一种新的讲述思路，就同一讲述对象发表个人见解。如在大班拼图讲述活动“城市里的交通工具”中，幼儿简单拼图讲述之后，教师重新拼摆并添加街道、花园、高楼等，构成一个合理而丰富的画面，组成现代化城市，设计有情节的内容并讲述出来。

2）提示法。教师用提问、插话的方法引导幼儿的讲述思路，导入新的讲述经验，通过提问、插话不断改变幼儿讲述的思路。

3）讨论法。教师与幼儿共同讨论新的讲述经验。

（4）迁移新的讲述经验。

幼儿学习新的讲述经验后，还需要进行实际操练。如学习讲述“夸夸我的好妈妈”后，可以再迁移讲述“夸夸我的好爸爸”“夸夸我的好老师”，帮助幼儿习得新的讲述经验。

【案例 3-5】 大班讲述活动：“我喜欢的照片”

【设计意图】

照片在我们的日常生活中随处可见。拍照片、欣赏照片、向别人讲述照片是一件非常开心的事。幼儿的照片来源于自己的生活经验，介绍照片时往往需要幼儿在原有经验的基础上去创造性地表述。根据大班幼儿的年龄特点、认知水平以及语言领域的发展目标，利用照片引导幼儿清楚、有条理地、完整地讲述自己的亲身经历，发展其语言倾听和表述能力。

【活动目标】

（1）学会倾听同伴讲话，学习别人的讲述经验。

（2）能用连贯、完整的语言讲述照片内容，并有一定故事情节。

（3）善于感受生活中的美好，并体验与人交流的快乐。

【活动准备】

教师示范讲述的照片、每位幼儿的生活照片、集体活动照片、实物展示仪、照片展览墙等。

【活动过程】

1. 创设情景，欣赏照片，初步感知、理解讲述对象

（1）教师提出要求："今天小朋友们带来了很多照片，都是我们精心挑选的，珍藏着我们的美好记忆。下面我们先欣赏照片，欣赏的时候和好朋友讲一讲哪一张照片是你的，是在什么地方拍摄的，照片上都有谁，当时你的心情是怎样的。"

（2）幼儿自由欣赏照片，同伴间相互交流，教师认真观察，大致了解幼儿讲述的情况，给予个别幼儿指导。

2. 教师示范讲述：我的泰山旅游照（借助实物投影仪）

师："这是今年暑假我和女儿在泰山旅游时拍的一张照片。泰山在我国的山东省，是一座非常雄伟的大山，我们沿着长长的台阶向上爬，一路上我们看到了高高的树、绿绿的草和五颜六色的花，最难忘的是山上各种各样的石头，有的像小猴子，有的像小老虎，有的像大象，真是太有趣了！我们爬了四个多小时，终于到了山顶。我们高兴地欢呼起来：'泰山，我们胜利了！'"

教师提问，帮助幼儿理清讲述思路和要点：

（1）我的故事里都有谁？

（2）我们去了什么地方？

（3）爬山的途中我们看到了什么？

（4）我们的心情怎么样？说了什么？

3. 根据教师示范，幼儿讲述自己的照片故事

教师提出要求：

（1）讲述的小朋友声音要洪亮，保证让在场的每一位小朋友都能听到。

（2）听故事的小朋友要认真听，听他说了些什么。你还想知道什么，一会儿我们一起问问他。

注意事项：

（1）幼儿自由讲述过程中，教师注意倾听讲述内容，不要过多指点，以免打断幼儿的思路。

（2）对于"跑题"或表述"卡壳"的幼儿可适时提醒或帮助。

（3）对于幼儿讲述中的闪光点，及时给予肯定和鼓励。

4. 根据倾听，请幼儿复述别人的照片故事，学习同伴的讲述经验

故事讲完后，鼓励其他幼儿补充，力求生动、有趣、完整。

5. 展示班级集体活动照片，请幼儿进行讲述比赛

师："这些照片是我们在幼儿园活动中拍摄的，有春游、运动会、'六一'儿

童节等，都给我们留下了非常美好的回忆，每一张照片分别请两位小朋友讲述，比一比谁讲得生动、有趣、完整。”

教师总结：“小朋友们把活动的时间、地点、参加人员讲得非常清楚，活动过程和情景讲述非常精彩，通过小朋友们的讲述，一张张静止的照片像放电影一样闪现出来，活灵活现。让我们给今天讲述的小朋友鼓掌。”

【活动延伸】

制作班级相册，并选拔“小小讲解员”。

3. 听说游戏活动设计的基本步骤

（1）创设游戏情景，引发幼儿兴趣。

这一步骤的主要目的，在于营造听说游戏的氛围，引发幼儿参与游戏的兴趣。一般采用三种方法：物品创设、动作创设、语言创设。

（2）说明游戏规则，明确游戏玩法。

这一步骤实际上是教师对幼儿布置任务、讲解要求的过程。教师应注意以下几点：

1）用简洁明了的语言讲解；

2）讲清楚听说游戏规则的要点和游戏的开始顺序；

3）注意用较慢的语速进行讲解和示范。

（3）教师指导幼儿游戏。

教师带领幼儿开展游戏，此时是以教师为主指导幼儿游戏的过程。可以部分幼儿参与游戏，也可以全体幼儿参与部分游戏环节。这一步骤有利于幼儿在活动中熟悉游戏规则，进一步理解游戏程序，掌握在游戏中运用语言交往的思路，从而为下一步独立开展听说游戏做好充分准备。

（4）幼儿自主游戏。

在幼儿自主游戏的阶段，教师已从游戏领导者变为旁观者。此时应细心观察，帮助不熟悉规则的幼儿按规则进行游戏，并注意游戏过程中可能出现的矛盾和纠纷，及时予以解决，确保游戏顺利进行。

【案例 3–6】 小班听说游戏活动：“小小五官”

【活动目标】

（1）通过游戏，学会认真倾听。

（2）能口齿清楚地唱《五官谜语》儿歌。

（3）愿意参与游戏，在游戏中能与同伴交往合作。

【活动准备】

（1）物质材料：五官的头饰两套，小镜子人手一个。

（2）知识经验：幼儿已知道五官（眼、耳、口、鼻、眉）的名称。

【活动过程】

1. 创设游戏情景，引导幼儿注意倾听，引发幼儿兴趣

师："今天老师给小朋友带来一件宝贝，但是需要小朋友猜出它的名字，它才出场。谜语是：'你哭它也哭，你笑它也笑，只要对着它，喜怒全知道。'"（镜子）

2. 通过照镜子，认识自己的五官

师："我们一起来照照镜子，从镜子里看到了什么？你笑一笑，镜子里的宝宝怎么样？说说自己的眼睛像什么、耳朵像什么、嘴巴像什么、鼻子像什么、眉毛像什么。"

3. 介绍游戏的两种玩法，引导幼儿认真倾听、积极表达

（1）请幼儿用心倾听谜面，猜出五官。

谜语 1：上边毛，下边毛，中间藏颗黑葡萄。（眼睛）

谜语 2：左一片，右一片，隔着山头不见面。（耳朵）

谜语 3：既会说，又会唱，一日三餐用得上。（嘴巴）

谜语 4：能呼吸，能闻味，冬天还会冒白气。（鼻子）

谜语 5：弯弯像月牙，眼睛下边挂。（眉毛）

（2）请幼儿分别练习眼睛、耳朵、嘴巴、鼻子和眉毛的谜面，进行口语表达练习。

4. 指导幼儿游戏，培养语言表达的机智性和灵活性

（1）向幼儿说明游戏"出五官，说谜语"的规则。

师："下面我们做一个小游戏，先请五位小朋友带上五官的头饰，然后让'五官'一个一个出场，其余的小朋友举手示意，口齿清楚地说出它的谜语。"

（2）在教师的指导下，让幼儿熟悉游戏规则，练习"出五官，说谜语"，教师适时提醒。

5. 幼儿分组自主游戏

把幼儿分成两组，每一组有五位幼儿轮流扮演"五官"，依次出场，保证每一位幼儿都有机会清楚表达五官的谜语。

教师注意观察指导。

【活动延伸】

收集幼儿谜语，和幼儿玩猜谜语的游戏。

4. 早期阅读活动设计的基本步骤

（1）阅读前的准备。

如果幼儿对所阅读的图书不太了解，便无法很好地回答教师提出的问题，这样阅读活动就很可能变成一节提问课或讲解课，导致教师指导的重点转移，阅读活动就失去了应有的意义。所以，在正式阅读活动开始前几天，有必要先让幼儿大概了解一下图书，为正式阅读活动做好准备。

（2）幼儿自由阅读。

这是幼儿正式阅读活动的第一阶段。这一步骤将阅读活动的书面语言内容展现在幼儿面前，让幼儿自由阅读，观察认识对象，获得相关信息。这一阶段，教师在指导时应注意：

1）提出有启发性、有针对性的问题，引导幼儿的思路，引导幼儿带着问题边思考边阅读，帮助幼儿把握和解决阅读内容的重点和难点。

2）教师注意观察每个幼儿的表现，针对不同阅读能力的幼儿进行分类指导。

（3）师幼共同阅读。

这是阅读活动的一个重要步骤，也是最能体现教师指导作用的环节。可以分为以下几个步骤：

1）师幼共同阅读，理解图书大致内容。由于幼儿对图书的主要情节和内容已经有所了解，教师可以用提问的方法，与其一起阅读、理解图书。问题不要太多，可以一个问题涉及多个画面，幼儿需要在全面理解的基础上才能回答。

2）围绕重点开展活动。由于图书有前后联系，要围绕重点进行指导，使幼儿能将图书的细节与内容结合起来，深入理解图书的主要内容，体会书中人物的内心感受。

3）引导幼儿归纳图书内容。在幼儿对图书内容深入理解的基础上，教师要鼓励幼儿将主要内容用一句话或一段话归纳出来，从而巩固、消化所学内容。

（4）幼儿讲述阅读内容。

这一步骤主要是让幼儿用口头语言讲述图书的主要内容，是幼儿将图画符号转化为语言符号的阶段，是阅读活动中不可缺少的环节。常见的讲述形式主要有小组讲述、集体讲述和同伴间合作讲述。

【案例 3–7】 中班早期阅读活动：“小鸟和牵牛花”

【活动目标】

（1）通过阅读绘本、听故事的形式，理解故事内容。

（2）通过看图说话，能用清晰、准确的语言表达，并简单复述故事。

（3）学习同情别人的疾病痛苦，知道生病的人需要关心和帮助。

【活动准备】

（1）物质材料：PPT,《小鸟和牵牛花》故事绘本，小鸟、小草、凤仙花、牵牛花头饰。

（2）知识经验：类似早期阅读经验。

【活动过程】

1. 创设情境，导入故事

师：“今天老师可不是一个人来给大家上课的，我还带来了一位小伙伴，请你们竖起灵敏的小耳朵听听，它是谁？”（播放小鸟的叫声）

师：“小鸟的叫声为什么那么欢畅？哦，原来它最好的朋友也在这儿呀！（利用多媒体展示牵牛花的图片）看看牵牛花是什么样的？像小喇叭呀！牵牛花还有一个特点，它会爬树。小鸟和牵牛花之间会有什么有趣的故事呢？请小朋友们打开绘本，先观察封面上都有什么？猜想一下故事的名字。”（小鸟和牵牛花）

2. 逐页阅读图片，熟悉故事内容

教师讲述故事，引导幼儿观察绘本图片，回答问题：

（1）观察第一幅图片：小鸟住在哪里？它每天为什么那么开心？

（2）观察第二幅图片：这一天发生了什么事？小鸟为什么不能飞下来和小花、小草一起玩了？

（3）观察第三幅图片：小鸟先请谁到树上去？小凤仙花为什么脸红了？

（4）观察第四幅图片：小草弟弟是怎么回答小鸟的请求的？小鸟为什么伤心地哭了？

（5）观察第五幅图片：最后是谁爬到了树上？小鸟为什么往树上爬？它是怎样爬到树上去的？

3. 引导幼儿讨论，体会角色的内心感受

（1）牵牛花是怎样关心生病的小鸟的？它的关心有什么用处？

（2）你生病的时候是什么感受？如果没有人照顾你、陪伴你，你的心情会怎样？

（3）引导幼儿说一说，当家人或同伴生病的时候，我们应该为他们做些什么。

教师小结：人们生病是很痛苦的事，得到亲人朋友的关怀、爱护和帮助，会感觉很幸福、很温暖，所以我们每个人都要学会关心、帮助别人。

4. 分角色表演

（1）幼儿根据多媒体展示的相关图片，简单复述故事。

（2）幼儿分角色佩戴相应头饰表演，教师指导。

【活动延伸】

尝试创编：

（1）小鸟病好了，还会发生哪些有趣的事？

（2）给绘本添加第六幅图片。

5. 文学作品学习活动设计的基本步骤

（1）学习欣赏文学作品内容。

这一步骤主要是通过创设情景激发幼儿学习文学作品的兴趣。根据文学作品的难易程度、本班幼儿的实际水平，教师可采取不同的方式组织教学，可采用教师讲述、录音等听觉手段，也可采用实物、图片、多媒体等视觉手段，还可采用观看情景表演等教学手段，以此让幼儿学会欣赏作品、感知作品，激发想象。

（2）理解、体验文学作品的思想感情。

在学习、欣赏文学作品的基础上，教师要通过复述、提问、讨论、模仿、表演等活动，进一步引导幼儿深入理解作品的内涵，尤其是要去体验作品中所展示的角色的情感历程和心理感受，以此理解、体验文学作品的思想感情，深化主题。

（3）迁移延伸文学作品经验。

文学作品学习活动向幼儿展示的是一种间接经验。为了让幼儿进一步加深对文学作品的理解和体验，教师要围绕作品重点内容开展一些音乐、美术、手工、游戏、表演等操作性活动，使幼儿将作品内容迁移、延伸到实际生活经验中去。例如结合幼儿文学作品的“我想当妈妈”活动，教师引导幼儿观察、回忆妈妈的一日生活，让幼儿说一说、画一画、演一演“妈妈”，将作品的内容和情感迁移、延伸到自己的实际生活中去。

（4）创造性想象和语言表达。

在幼儿对文学作品学习、欣赏、理解、体验的基础上，教师引导幼儿分析讨论作品的结构特点、句式特点、语言特点，让幼儿展开想象，挖掘语言潜力，组织幼儿创编故事、仿编儿歌。

【案例 3-8】 大班文学作品学习活动：“我想要的太阳”

【活动目标】

（1）学习朗读诗歌，了解不同颜色的太阳带给大自然的好处。

（2）通过活动内容增强想象力和创造力。

（3）尝试仿编诗歌，用诗化的语言大胆表述想象内容和个人经验。

【活动准备】

（1）物质材料：四季的图片、四种颜色的太阳图片、配乐诗《我想要的太阳》。

（2）知识经验：对自然界及社会的一定认识。

【活动过程】

1. 猜谜语导入，激发幼儿兴趣

教师出谜语：“有位老公公，满脸红彤彤，天晴就出来，一早就出工。”（太阳）

2. 幼儿选太阳，帮助理解诗歌内容

师：“老师非常想知道，在小朋友的眼里太阳是什么颜色的。在老师眼里，太阳有很多种颜色：绿色的、黄色的、红色的，小朋友知道为什么吗？因为呀，一年有四季，春、夏、秋、冬，（出示图片）如果真的有四个太阳让你选，你会给每个季节选哪一种颜色的太阳呢？”

幼儿相互交流自己的意见，然后请个别幼儿说说自己的想法。

3. 学习欣赏诗歌《我想要的太阳》

师：“老师先告诉小朋友，我想要的太阳。”

（1）幼儿倾听教师有感情地朗读诗歌。

（2）引导幼儿理解：诗歌中一共有哪几种颜色的太阳？每种颜色都送给了谁？会带来什么好处？

（3）播放诗歌《我想要的太阳》，幼儿尝试跟读，可反复练习。

4. 幼儿仿编表述“我想要的太阳”

师：“小朋友，你有想要的太阳吗？你想要一个什么颜色的太阳？你会送给谁？它会带来什么？想一想，分享给我们大家，好吗？”

（1）教师用范例来引导幼儿用诗的格式来仿编。

示例：

我想要一个蓝色的太阳，我把它送给天空，它会让天空更洁净。

我想要一个明亮的太阳，我把它送给黑夜，它会照亮人们回家的路。

我想要一个橙色的太阳，我把它送给南极，它会让企鹅宝宝不再感到寒冷。

我想要一个蛋糕颜色的太阳，我把它送给离开妈妈的孩子，它会让小朋友感受到温暖。

（2）幼儿自由交流想要的太阳，教师引导幼儿用诗的格式进行仿编。

（3）请个别幼儿在集体面前表述，教师引导幼儿大胆地说清楚自己仿编的内容。

【活动延伸】

请幼儿把自己仿编的内容用绘画的方式表现出来，展示给其他小朋友。

【活动资料】

我想要的太阳

我想要一个彩色的太阳送给春天，它会给大地带来万紫千红；
我想要一个绿色的太阳送给夏天，它会给火热的空气带来清凉；
我想要一个黄色的太阳送给秋天，它会给人们送来丰收的果实；
我想要一个红色的太阳送给冬天，它会温暖小朋友的手和脸；
我还想要许许多多的太阳，去送给需要它们的人……

教师在设计和指导具体的语言活动时，要充分考虑各类活动的特点，准确而恰当地采用合适的活动结构，合理搭配活动中的几个步骤，有机地将教育内容和教育方法组合起来。

经典习题

一、单项选择题

1. 下列属于幼儿园语言教育目标的是（　　）。

A. 能认读拼音字　　　　B. 能清楚地说出自己想说的事

C. 能认读一定量的汉字　　　　D. 能正确书写常用汉字

2. 教师在指导幼儿书写准备时，不恰当的做法是要求幼儿（　　）。

A. 用图画和符号表达自己的愿望和想法

B. 书写自己的名字

C. 养成正确的写画姿势

D. 学习书写常见汉字

3.（2017 年下半年真题）一般情况下，哪个年龄段的幼儿能结合情境理解一些表示

因果、假设等关系的句子？（　　）

A. 托班　　B. 小班　　C. 中班　　D. 大班

4.（　　）要着重培养幼儿运用口头语言与他人交往的意识、情感和能力。

A. 谈话活动　　B. 讲述活动　　C. 听说游戏活动　　D. 文学作品学习活动

5. 语言能力是在（　　）的过程中发展起来的。发展幼儿语言的关键是创设一个能使他们想说、敢说、喜欢说、有机会说并能得到积极应答的环境。

A. 一日生活　　B. 交往　　C. 活动　　D. 运用

6. 幼儿园的（　　）对培养、锻炼幼儿的独白语言具有独特价值。

A. 谈话活动　　B. 听说游戏活动　　C. 讲述活动　　D. 文学作品学习活动

7. 在教师的指导下，儿童学习表演文学作品，以提高口语表现力的方法是幼儿园语言教育的（　　）。

A. 示范模仿法　　B. "视听讲做"结合法

C. 游戏法　　D. 表演法

8. 有意识地让幼儿多次使用同一个语言元素或训练儿童某方面语言技能技巧的方法是幼儿园语言教育的（　　）。

A. 示范模仿法　　B. "视听讲做"结合法

C. 游戏法　　D. 练习法

9. 幼儿语言领域教育的基本方法不包括（　　）。

A. 示范法　　B. 观察法

C. 游戏法　　D. "视听讲做"结合法

10.（　　）岁幼儿应该会正确书写自己的名字，书写姿势正确。

A. 3～4　　B. 4～5　　C. 5～6

11.（　　）岁幼儿应该懂得按次序轮流讲话，不随意打断别人。

A. 5～6　　B. 3～4　　C. 4～5

12. 听说游戏活动的基本步骤是（　　）。

A. 教师引导游戏→交代游戏规则→设置游戏情景→幼儿自主游戏

B. 设置游戏情景→幼儿自主游戏→交代游戏规则→教师引导游戏

C. 设置游戏情景→交代游戏规则→教师引导游戏→幼儿自主游戏

D. 教师引导游戏→设置游戏情景→幼儿自主游戏→交代游戏规则

13. 谈话活动与日常交谈最根本的区别在于是否具有（　　）。

A. 双向性　　B. 目的性　　C. 互动性　　D. 丰富性

14. 幼儿语言发展的关键期是（　　）。

A. 0～1 岁　　B. 1～3 岁　　C. 3～6 岁　　D. 5～6 岁

15.（　　）的幼儿会主动要求成人讲故事、读图书，喜欢跟读韵律感强的儿歌、童谣。

A. 2～3 岁　　B. 3～4 岁　　C. 4～5 岁　　D. 5～6 岁

二、简答题

1. 简述《纲要》中语言教育的指导要点。

2. 简述《纲要》中语言教育的总目标。

3. 简述《指南》中语言领域的目标。

4. 如何帮助幼儿养成良好的语言行为习惯?

5. 如何引导幼儿“喜欢听故事、看图书”?

6. 如何引导幼儿“具有初步的阅读理解能力”?

三、材料分析题

1. 阅读下列材料,回答问题。

材料:

教师讲完故事《会唱歌的生日蛋糕》提了这样一个问题:“蛋糕有什么神奇的本领?”有一个平常不爱说话的幼儿举手了,教师请举手的幼儿说说看,他说:“昨天爸爸带我去超市了。”通常我们会认为这是不着边际的回答,但这时教师追问:“你们去超市干什么了?”“买了生日蛋糕,它会唱《生日快乐》。”“噢,原来你认为蛋糕有唱歌的本领。”这时部分幼儿出现了从众的回答:“我也买了会唱歌的生日蛋糕……”这时教师又追问:“蛋糕还有没有其他的本领呢?”幼儿们受到启发,答案多了起来:“还会说‘生日快乐’”“还会开出漂亮的莲花灯”……

问题:

请根据学过的教学原理,对以上教学片段中教师的行为进行分析。

2. 阅读下列材料,回答问题。

材料:

壮壮小朋友总喜欢到“聊天吧”和好朋友一起聊天,每次壮壮都大方地向好朋友介绍自己收集的“宝贝”,如小贝壳、小贴纸、小玩偶等,分享新买的玩具,交流喜欢的动画片和图书情节,以及和爸爸妈妈一同外出旅行的趣事等。当好朋友提出问题时,壮壮能认真倾听,非常乐意与他们一起讨论,耐心解答。壮壮生动、有趣的讲述,吸引了越来越多的小朋友,“聊天吧”可真热闹啊!

问题:

(1)请结合《指南》中语言领域目标,分析案例中壮壮语言发展的典型表现。

(2)请提出进一步提高壮壮语言表达能力的策略。

四、活动设计题

1. 请阅读以下材料,设计一个大班语言领域活动方案。

小熊过桥

蒋英武

小竹桥,摇摇摇,
有只小熊来过桥。
走不稳,站不牢,
走到桥上心乱跳。
头上乌鸦哇哇叫,
桥下流水哗哗笑。
“妈妈,妈妈,你来呀!

快把小熊抱过桥！”
河里鲤鱼跳出水，
对着小熊大声叫：
“小熊，小熊，不要怕，
眼睛向着前面瞧！”
一二三，向前跑，
小熊过桥回头笑，
鲤鱼乐得尾巴摇。

2. 请根据下面的素材，设计一个中班语言领域活动方案。

痒痒树

幼儿园的大门口，有一棵怕痒的痒痒树。这棵树真好玩，跟人一样，挺怕痒的。小朋友可喜欢它了，走到它眼前，总要伸出胖嘟嘟的小手，挠它几下。“嗞嗞！”痒痒树忍不住发出“嗞嗞”的笑声，笑得树叶儿乱颤。同时，痒痒树也会伸出枝条，轻轻地挠一挠小朋友，小朋友就“嘻嘻嘻嘻”地笑着跑了。

可是有一天，苗苗刚伸出手来想跟痒痒树玩，只听到“啪嗒”一声，痒痒树滴下一滴眼泪，落在苗苗手上。“哎！你怎么哭啦？”苗苗轻轻地摸了摸它。“啪嗒”，又是一滴很大的眼泪。苗苗小声地问：“你饿了吗？是不是站累了？”痒痒树轻轻地摇摇头。苗苗又问：“你哪儿疼吗？”这下痒痒树点头了，又滴下几滴眼泪。

苗苗心想，痒痒树不会说话，一定难受极了，怎么办呢？她想了想，飞快地跑到活动室，把痒痒树生病的事告诉小朋友，又从玩具柜里找出了医生用的听诊器，和小朋友一起来到痒痒树跟前。

他们给痒痒树听心脏，又听听手、听听脚，非常认真地给痒痒树检查身体。突然一个小朋友喊起来：“哎，你们看，谁在树干上划了两刀，伤口多深哪！比上回峰峰玩玻璃划的口子还要深。”大家围着痒痒树，心疼地抚摸着伤口，问：“痒痒树，你还疼吗？”有的小朋友跑回活动室拿来红药水涂在痒痒树的伤口上，还轻轻地替它吹干，最后又给伤口贴上胶布。

下午，苗苗回到家里，赶紧找了一张纸条，请隔壁的小哥哥在上面写了这样的字：“树是我们的好朋友，不许大人和小孩欺负它、砍它。谁不爱护它，谁就是顶坏顶坏的大人和小孩。”她把纸条贴在了痒痒树上。

过了些日子，痒痒树开花了，花儿肉嘟嘟的，皱缩着，像妈妈做菜的木耳，颜色粉红粉红的，像小朋友的脸蛋一样，真是好看极了。小朋友走到这里，忍不住伸出小手，轻轻地挠它几下，“嗞嗞！”痒痒树又笑了，然后轻轻地抖落几片花瓣，悄悄地落进小朋友的脖子里，弄得小朋友痒痒的，大家都“哈哈哈哈”地笑着跑了。

学习资料包

第四章　幼儿园社会教育活动设计与指导

【考纲要求】

- 考查方式：在近年的教师资格考试中以活动设计题为主。
- 考查内容：掌握社会教育的基本知识和相应的教育方法，并能够设计和开展社会教育活动。

【思政园地】

思政目标：

（1）遵守社会规则，对规则和法律有敬畏感，明确并坚守法律底线，形成良好的职业道德修养。

（2）传承和发扬热爱祖国、关爱同学、孝敬父母、尊老爱幼等传统美德。

（3）具有国家民族的强烈归属感、责任感和使命感，树立正确的教育理念和人生观、价值观，培养堪当民族复兴重任的高素质接班人。

【知识结构】

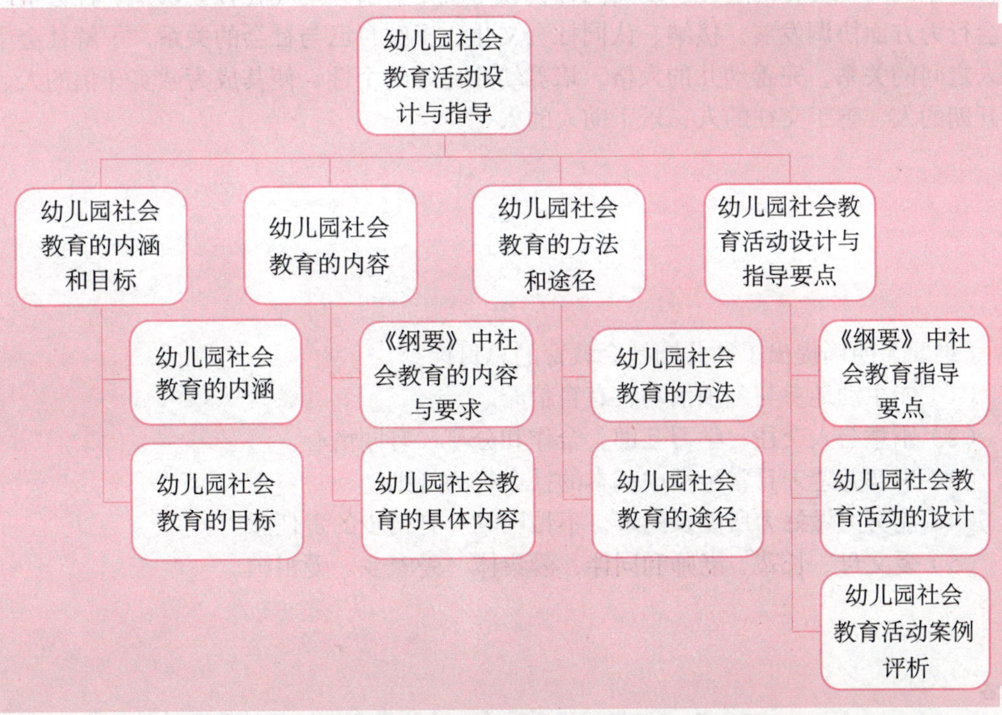

第一节　幼儿园社会教育的内涵和目标

一、幼儿园社会教育的内涵

（一）幼儿园社会教育的概念

幼儿园社会教育是指以发展幼儿的社会性为目标，以增进幼儿的社会认知、激发幼儿的社会情感、培养幼儿的社会行为为主要内容的教育。具体而言，幼儿园社会教育是帮助幼儿正确认识自己、他人和社会，形成积极的自然情感和社会情感，掌握与同伴、成人、周围环境交往和互动的技能，更好地实现社会化的教育。

（二）幼儿园社会教育的意义

1. 有助于加快幼儿社会化的进程

社会化是个体通过与周围环境的相互作用，由“自然人”转化为“社会人”的进程。而幼儿园实施社会教育，就是把社会知识、社会技能、社会规范以幼儿能够接受的方式传授给幼儿，使幼儿将其内化为自身的规则。

2. 有助于幼儿形成正确的价值观

幼儿园社会教育的过程是向幼儿传递正确的价值观的过程。教师要从言传身教中让幼儿懂得哪些行为是正确的，哪些行为是损害了他人利益的，从而树立正确的价值观念。

3. 有助于促进幼儿人格的全面发展

人是生活在一定社会环境中的，从一个“自然人”发展成为一个“社会人”，需要经历一系列的社会化的过程。幼儿园社会教育就是要引导幼儿在社会认知、社会情感及社会行为方面协调发展，接纳、认同社会文化，了解自己与社会的关系，了解社会中人与人之间的关系，完善幼儿的人格，培养幼儿良好的个性，使其成为诚实守信的人、活泼开朗的人、善于交往的人、乐于助人的人。

二、幼儿园社会教育的目标

（一）《纲要》中社会教育的总目标

《纲要》明确提出了幼儿园社会教育的总目标：

（1）能主动地参与各项活动，有自信心。

（2）乐意与人交往，学习互助、合作和分享，有同情心。

（3）理解并遵守日常生活中基本的社会行为规则。

（4）能努力做好力所能及的事，不怕困难，有初步的责任感。

（5）爱父母、长辈、老师和同伴，爱集体、爱家乡、爱祖国。

（二）《指南》中社会教育各年龄段学习与发展目标

《指南》明确列出了幼儿园社会教育各年龄段学习与发展目标（见表 4-1）。

表 4-1　幼儿园社会教育的各年龄段学习与发展目标

子领域	目标	3～4岁	4～5岁	5～6岁
人际交往	愿意与人交往	1.愿意和小朋友一起游戏。 2.愿意与熟悉的长辈一起活动。	1.喜欢和小朋友一起游戏，有经常一起玩的小伙伴。 2.喜欢和长辈交谈，有事愿意告诉长辈。	1.有自己的好朋友，也喜欢结交新朋友。 2.有问题愿意向别人请教。 3.有高兴的或有趣的事愿意与大家分享。
	能与同伴友好相处	1.想加入同伴的游戏时，能友好地提出请求。 2.在成人指导下，不争抢、不独霸玩具。 3.与同伴发生冲突时，能听从成人的劝解。	1.会运用介绍自己、交换玩具等简单技巧加入同伴游戏。 2.对大家都喜欢的东西能轮流使用、分享。 3.与同伴发生冲突时，能在他人帮助下和平解决。 4.活动时愿意接受同伴的意见和建议。 5.不欺负弱小。	1.能想办法吸引同伴和自己一起游戏。 2.活动时能与同伴分工合作，遇到困难能一起克服。 3.与同伴发生冲突时能自己协商解决。 4.知道别人的想法有时和自己不一样，能倾听和接受别人的意见，不能接受时会说明理由。 5.不欺负别人，也不允许别人欺负自己。
	具有自尊、自信、自主的表现	1.能根据自己的兴趣选择游戏或其他活动。 2.为自己的好行为或活动成果感到高兴。 3.自己能做的事情愿意自己做。 4.喜欢承担一些小任务。	1.能按自己的想法进行游戏或其他活动。 2.知道自己的一些优点和长处，并对此感到满意。 3.自己的事情尽量自己做，不愿意依赖别人。 4.敢于尝试有一定难度的活动和任务。	1.能主动发起活动或在活动中出主意、想办法。 2.做了好事或取得了成功后还想做得更好。 3.自己的事情自己做，不会的愿意学。 4.主动承担任务，遇到困难能够坚持而不轻易求助。 5.与别人的看法不同时，敢于坚持自己的意见并说出理由。

续表

子领域	目标	3～4岁	4～5岁	5～6岁
	关心尊重他人	1.长辈讲话时能认真听，并能听从长辈的要求。 2.身边的人生病或不开心时表示同情。 3.在提醒下能做到不打扰别人。	1.会用礼貌的方式向长辈表达自己的要求和想法。 2.能注意到别人的情绪，并有关心、体贴的表现。 3.知道父母的职业，能体会到父母为养育自己所付出的辛劳。	1.能有礼貌地与人交往。 2.能关注别人的情绪和需要，并能给予力所能及的帮助。 3.尊重为大家提供服务的人，珍惜他们的劳动成果。 4.接纳、尊重与自己的生活方式或习惯不同的人。
社会适应	喜欢并适应群体生活	1.对群体活动有兴趣。 2.对幼儿园的生活好奇，喜欢上幼儿园。	1.愿意并主动参加群体活动。 2.愿意与家长一起参加社区的一些群体活动。	1.在群体活动中积极、快乐。 2.对小学生活有好奇和向往。
	遵守基本的行为规范	1.在提醒下，能遵守游戏和公共场所的规则。 2.知道不经允许不能拿别人的东西，借别人的东西要归还。 3.在成人提醒下，爱护玩具和其他物品。	1.感受规则的意义，并能基本遵守规则。 2.不私自拿不属于自己的东西。 3.知道说谎是不对的。 4.知道接受了的任务要努力完成。 5.在提醒下，能节约粮食、水电等。	1.理解规则的意义，能与同伴协商制定游戏和活动规则。 2.爱惜物品，用别人的东西时知道爱护。 3.做了错事敢于承认，不说谎。 4.能认真负责地完成自己所接受的任务。 5.爱护身边的环境，注意节约资源。
	具有初步的归属感	1.知道和自己一起生活的家庭成员及其与自己的关系，体会到自己是家庭的一员。 2.能感受到家庭生活的温暖，爱父母，亲近与信赖长辈。 3.能说出自己家所在街道、小区的名称。 4.认识国旗，知道国歌。	1.喜欢自己所在的幼儿园和班级，积极参加集体活动。 2.能说出自己家所在地的省、市、县（区）名称，知道当地有代表性的物产或景观。 3.知道自己是中国人。 4.奏国歌、升国旗时能自动站好。	1.愿意为集体做事，为集体的成绩感到高兴。 2.能感受到家乡的发展变化并为此感到高兴。 3.知道自己的民族，知道中国是一个多民族的国家，各民族之间要互相尊重、团结友爱。 4.知道国家的一些重大成就，爱祖国，为自己是中国人感到自豪。

（三）幼儿园社会教育目标的价值取向

幼儿园社会教育总目标是社会教育所期望的最终结果，是幼儿园社会教育任务和要求的总和，是其他层次目标的基础和依据。从一定意义上看，“社会”是一个关系系统，可粗略地分为人与人的关系和人与社会的关系。人与人的关系通过交往实现，人与社会的关系则是一个认同与适应的过程。因此，从幼儿的角度出发，社会领域可划分为“人际交往”和“社会适应”两个子领域。幼儿社会领域学习与发展的实质，在于促进幼儿社会化，帮助幼儿形成良好的社会性与个性。而社会化是在社会关系系统中，通过人际交往和社会生活的主动适应进行的。因此人际交往和社会适应既是幼儿社会学习的主要内容，也是社会性和个性发展的基本途径。

1. 人际关系的态度和能力

人际关系的目标主要包括：幼儿与自身的关系（自信、主动、自觉、坚持等）、幼儿与他人的关系（乐群、互助、合作、分享、同情）、幼儿与群体或集体的关系（遵守规则、爱护公物和环境）、幼儿与社会的关系（社会职业、家乡、祖国、世界文化等）四个方面。《纲要》在社会教育总目标中阐明了幼儿与自身关系的目标、幼儿与他人交往的目标、幼儿与集体的关系的目标、幼儿与社会的关系的目标。对幼儿来说，形成积极的交往态度，发展基本的交往能力，与周围的人建立亲密和谐的人际关系，既是当前生存与发展的需要，更是一生发展的重要基础。所以，《指南》将人际交往作为幼儿社会领域学习与发展的一个重要方面。“人际交往”子领域包括四个目标：愿意与人交往；能与同伴友好相处；具有自尊、自信、自主的表现；关心尊重他人。

（1）愿意与人交往。

这个目标反映的是幼儿与人交往的态度。人是一种群体性的动物。要在群体中生存，就必然要与他人交往，因此社会交往是人类生存的一种基本需要，也是人们精神生活的重要内容。幼儿的社会交往是生长发育与个性发展的需要，是完成个体社会化的过程。对幼儿来说，形成积极的交往态度是社会交往的前提。

（2）能与同伴友好相处。

这个目标反映的是幼儿与人交往的能力。社会交往能力是一种综合能力，也是一种实际操作能力，包括合作、分享、移情、谦让、守则等几方面。它对幼儿的学习能力、适应新环境的能力及长大成人后的社会适应能力都具有相当重要的影响。

（3）具有自尊、自信、自主的表现。

这个目标反映的是幼儿人际交往中形成并表现出来的，对自己的认识、态度和相应的行为表现。幼儿的自我意识，即幼儿如何看待自己，是幼儿社会教育的重要组成部分。幼儿期是幼儿自我意识的形成期，处于这一时期的幼儿开始注意别人对自己的评价，处于自尊心的觉醒时期。在这一时期若能保护好幼儿的自尊心，让幼儿有较多的优越感和自豪感，就会有利于幼儿自尊心的发展与增强，进而增强自信心，强化自我评价感，达到自我肯定，促进身心和谐发展。

（4）关心尊重他人。

这个目标反映的是人际交往中形成并表现出来的，对他人的认识、态度和相应的行为表现。关心尊重他人，是衡量幼儿自身社会性是否健康发展的重要指标。当今有的幼儿缺乏对他人的重视和正确对待他人的态度。从社会发展的角度来说，未来的社会需要每个人在得到他人尊重的同时，也能理解他人的需要、接纳他人，进而表现出对他人的尊重与良好的合作态度。幼儿这种社会性发展关系着未来社会成员的整体素质，它能有效地帮助幼儿建立和谐、平等的人际关系。

2. 社会适应能力

社会适应是个体在与社会环境相互作用中，不断地学习或修正各种行为和生活方式，最终达到与社会环境保持和谐与平衡的过程，也是个体逐步接受所在社会群体的生活方式、行为规范和价值观的过程。简单地说，就是幼儿与社会环境建立和谐关系的过程。喜欢并适应群体生活，遵守基本的行为规范，具有初步的归属感，是社会适应的基本内涵。因此，幼儿“社会适应”子领域包括三个目标：积极适应群体生活；初步理解并遵守群体生活的基本行为规范；对所在群体形成初步的归属感。其核心价值在于引导幼儿学会共同生活，形成和谐的社会关系。这也是《纲要》中幼儿社会教育总目标的核心价值之一。

（1）积极适应群体生活。

人一生不可能永远只在一个固定不变的社会环境（如家庭）中生活。有变化就会带来适应的问题，幼儿更是如此，他们总要成长，总要不断地接触、进入一个个新的社会群体（如幼儿园、小学、不同的同伴群体等）。适应不同的社会群体或组织的过程，是幼儿社会化的重要途径。入园适应、入学适应就是比较明显的社会适应。幼儿从家庭走进幼儿园，从幼儿园走进小学，所经历的不仅是生活空间的转换，更是生活方式、角色身份、人际关系、行为准则等诸多方面的变化。例如，在一些独生子女家庭中，幼儿可能是“小太阳”，但到了学校，“小太阳”就会变成和其他幼儿一样的“小星星”，不可能像在家里一样一切以他为中心。所以幼儿必须从心理到行为有所转变，以适应新的群体，与新群体建立和谐关系。因此，每一次社会环境的改变对幼儿都是一次挑战，也都提供了学习与发展的机会。

（2）初步理解并遵守群体生活的基本行为规范。

每个新的社会群体都有不同的组织结构，对其成员都会有不同的角色期望和行为要求。只有很快意识到这些要求和规范，并根据这种认识迅速做出调整，幼儿才能很快融入新环境，情绪安定愉快地生活、学习。

（3）对所在群体形成初步的归属感。

所谓“归属感”是指个体认同所在的群体（团体）并感觉自己也被群体认可和接纳而产生的一种隶属于这个群体的感觉。幼儿的归属感往往来自他们对群体生活的直接感受和体验。家庭是幼儿最早接触的社会群体，父母对幼儿无微不至的照顾会使他们对家庭产生一种归属感。进入幼儿园后，如果这个新群体能像家庭一样带给幼儿温暖、关爱、尊重、支持和鼓励，他就会对这个群体产生归属感。幼儿对社会（家乡、祖国等）的最初看法和感受主要来自父母和其他亲近的成人，如果成人能够用积极的态度看待社会，为自己是其中一员感到满意，那么幼儿就会形成同样的态度，并由此产生对家乡和祖国的归属感。

第二节 幼儿园社会教育的内容

一、《纲要》中社会教育的内容与要求

《纲要》中社会教育的内容与要求如下：

（1）引导幼儿参加各种集体活动，体验与教师、同伴等共同生活的乐趣，帮助幼儿正确认识自己和他人，养成对他人、社会亲近、合作的态度，学习初步的人际交往技能。

（2）为每个幼儿提供表现自己长处和获得成功的机会，增强其自尊心和自信心。

（3）提供自由活动的机会，支持幼儿自主地选择、计划活动，鼓励幼儿通过多方面的努力解决问题，不轻易放弃克服困难的尝试。

（4）在共同的生活和活动中，以多种方式引导幼儿认识、体验并理解基本的社会行为规则，学习自律和尊重他人。

（5）教育幼儿爱护玩具和其他物品，爱护公物和公共环境。

（6）与家庭、社区合作，引导幼儿了解自己的亲人以及与自己生活有关的各行各业人们的劳动，培养其对劳动者的热爱和对劳动成果的尊重。

（7）充分利用社会资源，引导幼儿实际感受祖国文化的丰富与优秀，感受家乡的变化和发展，激发幼儿爱家乡、爱祖国的情感。

（8）适当向幼儿介绍我国各民族和世界其他国家、民族的文化，使其感知人类文化的多样性和差异性，培养理解、尊重、平等的态度。

二、幼儿园社会教育的具体内容

幼儿园社会教育的内容是以幼儿园社会教育的目标为依据的，内容的选择是为目标的实现服务的，是实现社会教育目标的重要保证。根据幼儿园社会教育的目标，可把内容分为四个相互联系的方面，即人际关系、社会环境、社会行为规范和社会文化。

（一）人际关系

人际关系指幼儿在与周围人的交往过程中形成的相互关系。其教育内容主要包括交往态度、交往规则、交往技能，以及交往中形成的自我意识、他人意识和相互关系。

1. 自己

自己的姓名、性别及年龄；自己的身体特征；自己的兴趣、爱好；自己在家里及在幼儿园的不同活动；不说谎，不怕困难；遵守规则，说话算数。

2. 同伴

同伴的姓名、性别及年龄；同伴的外貌特征；同伴的爱好；同伴的优点和缺点；与同伴愉快地从事共同的活动；与同伴友好地讨论和商量事情；同伴间轮流游戏、阅读、玩玩具；同伴间分享食品、玩具、图书及高兴的事；关心有困难的同伴或比自己小的同伴；能用礼貌的语言与同伴交谈，注意倾听同伴的讲话；与同伴产生矛盾或冲突时会讲道理，会寻找解决问题的办法；同伴之间相互学习、相互帮助；会帮助同伴改正缺点。

3. 集体

自己所在的小组、班级及幼儿园的名称；小组成员的姓名、性别及年龄；小组长及值日生的姓名及职责；小组经常进行的集体活动；自己小组的优点和不足；班级的环境特点；幼儿园的环境特点；幼儿园其他班级的名称；幼儿园工作人员的称呼以及他们的活动。

（二）社会环境

社会环境指幼儿生活中经常接触的一些社会组织形态、社会机构和社会角色。

1. 家庭

家庭的住址、电话；有关自我安全保护的知识；家里主要的生活用品、娱乐工具和学习用品；家庭成员与自己、邻里的关系。

2. 幼儿园

幼儿园的名称、地址；幼儿园的环境和设施；集体活动的基本规范；自己的班级和小组，幼儿园的工作人员及其与自己的关系。

3. 社区

社会主要机构（如银行、商店、邮局、政府部门、消防站、体育馆、图书馆、农贸市场、学校、敬老院等）的名称、工作人员、主要活动及其与人们生活的关系；交通设施，包括码头、桥梁、车站、机场等。

4. 行政区划

家庭和幼儿园所在省（自治区、直辖市）、市、县、街道、小区的名称，以及门牌号。

5. 祖国

国名、国旗、国歌、国徽、首都；我国的人种特征；我国的民族；一些主要的风景名胜，如长江、黄河、黄山、长城、故宫等；一些主要的特产，如茶叶、文房四宝等；中国人民解放军各军种等。

6. 重大社会事件

知道一些重大的社会事件及其影响，如抗洪救灾、大型运动会等。

（三）社会行为规范

社会行为规范指幼儿在社会生活和社会交往中需要了解和掌握的各种行为准则。

1. 公共规则

公共惜物规则，如爱护公共财物，节约粮食和水电，保护植物、动物及环境等；公共卫生规则，如不随地乱扔杂物、不随地吐痰等；公共交通规则，如走人行道、看红绿灯等。

2. 集体规则

集体活动的一般规则，如服从集体意见、遵守集体指令、愿为集体服务等；学校活动规则，如保持安静、不影响他人、会同他人合作等。

3. 交往规则

使用礼貌用语；对老师、长辈行鞠躬礼；礼貌待客，礼貌做客；勇于发表意见；注意倾听他人说话，不无故打断他人说话；会合作和谦让。

4. 基本道德准则

知道别人的东西、集体的东西不能占为己有；能分清是非；诚实、守信；能改正自己的缺点和错误等。

（四）社会文化

社会文化指幼儿需要了解的人类在社会历史发展过程中所创造的物质财富和精神财富。

1. 人文景观

我国著名人文景观的名称、特征及有关的故事、传说。

2. 重大节日

如元旦、春节、劳动节、儿童节、教师节、国庆节等，知道它们的名称、时间、意义及庆祝方式。

3. 民间艺术

包括本地的一些主要工艺品，它们的名称、用材及简单的制作方法；本地主要的地方剧种及其韵调；一些健康有益的民间歌谣、故事等。

4. 文化精品

包括本民族的文字，中国书法；我国的 1～2 个主要剧种；有关中国民乐、国画等方面的最基础知识。

5. 世界文化

包括世界主要著名文化遗产，如金字塔、凡尔赛宫等；世界上流传最广的乐器，如钢琴、小提琴等；世界上流传最广的艺术形式，如油画、雕塑等；世界有名的儿童文学作品，如《格林童话》《安徒生童话》等。

第三节　幼儿园社会教育的方法和途径

一、幼儿园社会教育的方法

幼儿园社会教育的方法包括一般教育方法和特殊教育方法。

（一）幼儿园社会教育的一般方法

1. 语言传递法

语言传递法主要包括讲述法、讨论法和谈话法等。

（1）讲述法。

讲述法是指教师用口头语言向幼儿讲述一些简单的道理、规则及其意义，使幼儿明辨是非，懂得应该怎样做和为什么要这样做的一种方法。讲述法是幼儿园社会教育活动中最常用的一种方法。

（2）讨论法。

讨论法是指在幼儿园社会教育活动中，教师指导幼儿就某些社会问题和现象进行相互启发、交换意见以获取社会知识的一种方法。讨论法的形式可以分为两两讨论、小组讨论和全班讨论三种形式。

（3）谈话法。

谈话法是指在幼儿园社会教育活动中，教师有目的、有计划地围绕某个主题，通过与幼儿相互提问、对答交流的方式对其进行教育的一种方法。谈话法可以是一对一地开展活动，也可以是面向小组或集体开展活动。

2. 直观教育法

直观教育法是指教师通过实物材料演示、组织幼儿实地参观等方法，使幼儿形成正确认识的教育方法。直观教育法主要包括演示法、参观法和调查法等。

（1）演示法。

演示法是指教师根据一定的教育目标，向幼儿展示与教育内容相关的实物、教具和情境，使幼儿能够认识和领会相应的知识、情感和行为的一种教育方法。

（2）参观法。

参观法是指在幼儿园社会教育过程中，教师根据一定的教育目标，有目的、有计划、有组织地引导幼儿观察某社会设施或机构，使幼儿在对社会设施或机构的观察和思考中获得相应的社会知识和规范的一种教育方法。

（3）调查法。

调查法是指在幼儿园社会教育活动中，教师通过引导和启发幼儿发现社会现象、社会事物等相关的社会问题，并在对这些社会问题进行调查的基础上，分析和思考这些社会问题存在的原因或事物、现象与问题之间的关系。

3. 行为练习法

行为练习法是指在社会教育活动中，教师依据特定的目的，并创造相应的条件，组织幼儿参与活动并使其获得社会知识、技能和技巧的教育方法。

4. 陶冶熏染法

陶冶熏染法主要是指教师利用环境条件、生活氛围及自身的言谈举止等，对幼儿进行积极的感化和熏陶，发挥潜移默化的影响的一种教育方法。在幼儿园社会教育活动中，陶冶熏染法主要包括环境陶冶法和艺术感染法。

（1）环境陶冶法。

环境陶冶法主要是指教师通过良好的自然环境、社会环境及有意识创设的教育环境，对幼儿进行社会化培养的一种教育方法。

（2）艺术感染法。

艺术感染法是指教师利用文学、音乐、美术、舞蹈等艺术形式，感染、熏陶和激发幼儿情感，并使之转化为幼儿自身行动的一种教育方式。

（二）幼儿园社会教育的特殊方法

1. 移情训练法

移情也叫感情移入，是在特定情境下个体对他人情感体验的理解和分享。移情训练法是指在幼儿园社会教育活动中，教师通过给幼儿讲故事、进行情绪体验，或创设相应的情境进行表演等各种方式，引导幼儿设身处地地站在他人的角度考虑问题，使其理解和分享他人的情绪、情感体验，从而产生共鸣的训练方法。如大班社会活动“他为什么哭？”就是一个生动的实例。教师首先让幼儿观看情景表演并展开讨论：“小明、小华为什么会哭？”进而提出“你什么时候会哭？”“你哭时希望别人怎样对待你？”让幼儿进行回忆、想象，以唤起自己伤心、委屈、不被他人尊重时的情感体验，帮助幼儿理解小明、小华不愉快的感受。然后提出“我们该怎么做？”使幼儿产生愿意关心、帮助别人的社会行为。最后让幼儿分组商量设定情景：“发生了什么事？大家怎么关心、帮助他？结果如何？”以促进幼儿良好社会行为的产生。

2. 角色扮演法

角色扮演法主要是指教师通过创设现实社会生活中的各种情境，让幼儿扮演相应的社会角色，表现与这一角色一致且符合特定角色规范的社会行为，并在此过程中感知角色间的关系，感知和理解他人的感受、行为经验，从而掌握自己扮演的角色所应遵循的社会行为规范和道德要求。如大班社会活动“我是小记者”，就是一个很好的实例。幼儿通过扮演小记者，知道与人交往时要态度诚恳，使用礼貌用语，提出一些他人感兴趣的问题等。幼儿在角色扮演过程中往往十分投入，故而能够体验到新角色应有的情感，学到相应的行为模式。

3. 观察学习法

观察学习法指幼儿通过模仿或观察学习，获得相应的社会行为的方法。

教育有法，但无定法。以上介绍的几种方法，各有不同的特点和作用，但它们之间也有内在联系，是相互配合、互相补充的。教师在运用这些方法时，要考虑到教育对象的不同特点，灵活运用，才能促进幼儿社会性的良性发展。

二、幼儿园社会教育的途径

幼儿社会性的发展是一个综合的、长期的过程。幼儿从一个自然人向一个社会人转变，会受到多方面、多种因素的影响。对幼儿进行社会教育的途径可以概括为三大方面：专门教育活动、随机教育和家园合作教育。这三方面的教育互相联系、互相补充，共同为幼儿的社会性发展提供帮助。

（一）专门教育活动

专门教育活动是指教师根据教育目的和教育计划，以及本班幼儿的身心发展情况和特点，选择合适的教育内容，采取合理的教育方式和方法，对幼儿进行社会教育的教育活动形式。专门教育活动具有比较明确的目的性和计划性，内容也比较系统和集中，教师对幼儿的组织和指导作用更加直接、明显，更具有针对性。幼儿园专门教育活动主要有以下几种形式。

1. 主题教育活动

主题教育活动是教师围绕一个主题，综合运用上课、游戏、参观、劳动等教育形式，发挥各种教育手段的作用，促进幼儿社会性发展的一种教育形式。在主题教育活动中，教师将幼儿的兴趣和需要以及幼儿园的社会教育目标结合起来，使幼儿增进社会认知，产生社会情感，形成良好的社会行为习惯。主题教育活动往往将游戏、情境表演、谈话、欣赏等多种活动形式结合起来运用，使幼儿对某一主题的认识更加系统、全面，教育的效果也更好。例如，“我爱我家”“我们的社区”等都是很好的主题教育活动。

2. 游戏

游戏是幼儿最喜爱、最能发挥主体性的活动，是幼儿认识社会、参与社会生活的一种独特方式。对幼儿社会性发展影响较大的游戏，主要是角色游戏、表演游戏等。在这些游戏中，幼儿必须和同伴协商内容，分配角色，处理纠纷，克服困难，以保证游戏的顺利进行。这就促使幼儿不断地认识自己，协调自己与他人的关系，提高自己的社会交往能力。教师应该重视游戏在幼儿社会化中的教育功能，使游戏真正成为幼儿社会教育的途径。

3. 区域活动

作为集体教育活动的补充，区域活动也是幼儿园社会教育的途径之一。在区域活动中，幼儿可以自主选择，自发地活动，并且以小组活动的形式，有协商、有配合，精神上没有压力。区域活动给幼儿提供了更多的自由交往和自由表现的机会，使幼儿之间增进了解、增长知识，对幼儿的社会性发展起到良好的促进作用。

通过区域活动对幼儿进行社会教育，主要是通过活动材料的投放来实现教育的功能，让幼儿在与活动材料、环境、同伴的互动中实现发展的目标。因此，创设有利于幼儿社会性发展的环境，尤其是投放相应的材料就显得非常重要。首先，应为幼儿提供数量充足的材料。研究表明，在活动面积较大、活动材料丰富的情况下，幼儿的侵犯性和破坏性都低于活动空间小、活动材料缺乏的情况。其次，应根据幼儿的年龄特点和发展需要提供不同种类的材料。尤其应注意投放一些需要幼儿互相合作、互相帮助的材料。例如，在积木区，大型的积木更有利于幼儿之间的共同协商和分工合作，能使幼儿在相互配合中学习处理人际关系、解决矛盾和问题。因此，各区域活动应精心设计，以利于幼儿社会性的发展。

（二）随机教育

幼儿的社会性发展和教育是一个长期的过程。在这个过程中，除了有目的、有计划的社会教育活动以外，幼儿的日常生活、自由活动、突发事件以及其他领域的教育活动等，也可能蕴含着更多社会教育的机会。因此，除了专门的社会教育活动外，教师还应重视各种情况下、各种活动中的随机教育，使幼儿的一日生活都成为社会教育的途径。

1. 日常生活中的随机教育

幼儿的日常生活中蕴含了许多社会教育的因素，如入（离）园、进餐、盥洗、如厕、做操、值日、娱乐等活动，都是渗透社会教育的机会。例如，幼儿入（离）园的时候，可以渗透礼貌教育，教幼儿如何待人接物；进餐时，可以渗透节约粮食以及饮食文化等教育；值日时，可以渗透独立生活、克服困难、为他人服务等教育；散步时，可以引导幼儿观察周围的环境……随机教育可以渗透在幼儿的一日生活之中。

2. 其他领域活动中的随机教育

幼儿园其他领域的活动中同样蕴含着丰富的社会教育契机。科学领域的教育活动，可以培养幼儿对科学积极认知的态度和积极探究的精神；操作性的活动，可以培养幼儿不怕困难、团结合作的精神；美工活动，可以培养幼儿互相欣赏、互相帮助的情感；语言活动，可为幼儿创设能说、会说、敢说的环境与机会，促进幼儿积极、大胆、勇于展示自我的社会品质的发展；健康领域活动，通过“踩高跷”“钻山洞”等活动，可以培养幼儿大胆勇敢、挑战自我、勇于尝试的品质，使幼儿养成不怕苦、不怕累的坚强意志。

除此以外，在节日活动中渗透社会教育也是非常有效的途径。例如，妇女节进行爱妈妈教育；劳动节进行爱劳动教育；国庆节进行爱国主义教育。总之，教师应提高社会教育意识，挖掘各领域活动的社会教育线索，抓住各种教育契机，多管齐下，全面进行社会教育。

（三）家园合作教育

幼儿社会性的发展，是幼儿园、家庭、社会共同教育的结果。幼儿园是实施社会教育的专门机构，有比较良好的教育条件和受过专门训练的保教人员，能够按照国家的教育目标并结合幼儿的特点进行教育。家庭是幼儿生活、学习的主要场所，而且家庭对幼儿社会性的影响是潜移默化的，具有连续性和相对稳定性的特点。家长能够比较细致、系统地了解幼儿，可以根据幼儿的具体表现进行有针对性的教育。同时，家长和幼儿之间的亲缘关系也使得幼儿对家长有一种特别的尊敬和爱戴，容易服从家长的管教，因而家庭教育的效果也更加显著。可以说，家庭对幼儿社会化的影响是其他教育机构不可替代的。因此，幼儿园必须与家长密切联系、相互配合，共同担负教育任务。

第四节　幼儿园社会教育活动设计与指导要点

一、《纲要》中社会教育指导要点

《纲要》中社会教育的指导要点如下：

（1）社会领域的教育具有潜移默化的特点。幼儿社会态度和社会情感的培养应渗透在多种活动和一日生活的各个环节之中，要创设一个能使幼儿感受到接纳、关爱和支持的良好环境，避免单一呆板的言语说教。

（2）与成人、同伴之间的共同生活、交往、探索、游戏等，是幼儿社会学习的重要途径。应为幼儿提供人际交往和共同活动的机会和条件，并加以指导。

（3）社会学习是一个漫长的积累过程，需要幼儿园、家庭和社会密切合作，协调一致，共同促进幼儿良好社会品质的形成。

二、幼儿园社会教育活动的设计

幼儿园社会教育活动设计的一般步骤，包括活动目标的制定、活动内容的选择、活动过程的策划和活动延伸的设计几个部分。

（一）活动目标的制定

1. 活动目标制定的依据

（1）社会的要求。

幼儿园社会教育目标要反映社会的要求和愿望，并关注社会的变化，关注社会的未来和世界的未来。如“对话”“沟通”“融合”已成为当今世界政治格局的新态势；全球科技革命使人们的生活日新月异；人们之间的距离相对缩小，不同国家、不同民族间的相互依赖性、制约性正在加强，人类的命运日益受到一些共同因素的制约，“地球村”“地球公民”等名词反映了人类相互联系、相互依存日益加强。社会的发展突出了“合作”与“分享”的重要性。这些社会的变化，势必要求幼儿园社会教育做出调整，帮助人类的下一代了解这个世界，关注这个世界，进而理解这个世界，适应这个世界，改造这个世界。

（2）幼儿的发展。

幼儿的发展是幼儿教育的前提和基础。幼儿园社会教育必须注重幼儿社会性的发展，一般要考虑幼儿社会认知、社会情感、社会行为技能等几个方面。社会化是一个长期的过程，幼儿期是人生社会化的起始阶段。因此，幼儿社会性的发展，尤其是社会情感的发展，是确定幼儿园社会教育目标的重要依据。

（3）学科的融合。

幼儿园社会教育涉及的学科众多，如历史学、社会学、地理学、人类学、经济学等。每一个学科中的基本目标或启蒙性目标，都将在一定程度上影响幼儿园社会教育目标的选择和确定。如社会学中关于了解和理解一定的社会角色、参与社会交往等目标，都以最基本、最启蒙的形式影响幼儿园社会教育目标的确定。又如人类学中关于不同的民族有不同的文化，理解民族文化的合理性，学会尊重他人的文化等目标，也会以最基本、最启蒙的形式体现在幼儿园社会教育的目标体系中。

总之，幼儿园社会教育活动目标制定的三大依据，互相融合，共同促进，使幼儿发展成为一个“整体的人”。

2. 活动目标的表述

和其他领域的教育活动一样，幼儿园社会教育活动的目标也有三个维度：社会认知维度，即幼儿最需要理解掌握的社会性知识，主要包括有关人物、事件的名称、现象、符号、规则等信息；社会技能维度，也叫能力目标，是幼儿运用所掌握的社会性知识进行社会实践，掌握一定的行为规范；社会情感维度，是幼儿在活动中产生的自我感受、内心体验，以及在此基础上个性和人格的发展。当然，根据具体活动，在目标表述时会有所侧重，有的目标是显性的，有的目标是隐性的。如中班社会活动“我们的国旗”目标的设计，可制定为“让幼儿知道我国的国旗是五星红旗，培养幼儿尊重国旗、热爱祖国的情感”。这里主要表述的是社会认知和社会情感的目标，社会行为的目标则是潜在的，即通过类似主题活动，让幼儿在生活中能做到尊重国旗，升旗时要立正、不讲话，向国旗行注目礼等。

具体地说，在表述活动目标时，还要注意以下几个方面：

（1）目标表述角度要一致。

从教师教的角度，常用“鼓励、引导、帮助、使”等词来表述；从幼儿学的角度，常用“感受、喜欢、理解、能”等词来表述。需要注意的是，前后角度必须要一致，且最好从幼儿的角度来表述。

【案例 4-1】 中班社会活动：“身边的规则”

活动目标：

（1）通过观察、体验，了解日常生活、游戏和学习中应该遵循的规则，认识遵守规则的重要性。

（2）树立遵守规则的意识，并能在生活中自觉遵守规则。

（3）通过竞赛活动，让幼儿体验遵守规则的良好情绪，感受遵守规则的好处。

分析：以上三个目标，（1）和（2）都是从幼儿的角度来表述的，而（3）是从教师的角度来表述的，前后行为主体不一致。

修改目标（3）如下：

（3）通过竞赛活动，体验遵守规则的良好情绪，感受遵守规则的好处。

（2）目标表述要难度适中。

目标的表述要符合幼儿的年龄特点和认知水平。幼儿的接受程度以及教育的必要性是确定活动目标的两个不可或缺的要素。

【案例 4-2】 大班社会活动：“文明礼仪伴我行”

活动目标之一：学习准确使用“谢谢”“你好”“再见”等礼貌用语。

分析：这一目标对于大班幼儿来说太容易了，这些礼貌用语小班幼儿就应该掌握，大班只需加以巩固即可。

修改目标如下：

进一步熟练使用十字文明用语“请、谢谢、对不起、您好、再见”，能用绘画、手工的形式表现出来，发展动手能力和创造能力。

【案例 4–3】 小班社会活动：“美丽的祖国”

活动目标之一：了解有关台湾的基本知识，了解台湾是我国不可分割的一部分。

分析：这一目标对于小班幼儿来说难度过大，既无实现的可能，也无实现的必要。

修改目标如下：

初步了解有关祖国的知识，知道国旗、国歌、国徽是我们祖国的象征。

（3）目标表述要明确、具体，具有可操作性。

【案例 4–4】 大班社会活动：“生活中的标志”

活动目标：

（1）观察周围生活中常见的标志。

（2）学习做力所能及的事。

分析：这两个目标都太笼统，不明确、不具体，可操作性不强。

可修改为：

（1）认识生活中常见的标志，并能用完整、流畅的语言讲述各种标志的含义。

（2）在认识常用标志的基础上，尝试用自己喜欢的方式创造、设计标志，发展想象力、创造力和动手能力。

（二）活动内容的选择

选择和组织幼儿园社会教育内容，应遵循以下原则。

1. 从幼儿的生活经验出发、由近及远的原则

这一原则是指幼儿园社会教育的内容，首先应从幼儿园生活周围的知识开始，选取贴近幼儿生活经验、易于被幼儿理解的内容，挖掘其教育价值；然后再逐步向四周延伸和扩展，以保证幼儿的社会学习有相应的经验支持。这一原则主要运用于幼儿社会环境方面的认知学习，如自己→家庭→幼儿园→社区（城市、农村）→祖国→世界。选择与

组织这样的教育内容，就体现了这一原则。当然，由近及远的内容的广度与深度，应根据幼儿的现实水平灵活把握，尤其是当今信息化的社会，知识的远近显然已大大不同于以前。

2. 由易至难、逐步深入的原则

这一原则是指幼儿园社会教育的内容安排，应从比较简单容易的开始，逐步提高难度和要求，较为困难的内容应该安排在最后。如了解与自己有关的家庭成员间的关系，大致遵循这样一个顺序：父母→祖父母、外祖父母→其他亲属。

3. 关联与系统的原则

这一原则是指不同部分、不同层次的社会教育内容之间应该相互联系，使教育内容形成一个有机的系统，以提高教育的成效。社会教育的内容涉及面很广，与众多的学科相关。这一特点决定了社会教育内容的整合和系统化尤为重要。只有通过整合和系统化，才能使这些来自不同学科的知识成为一个有机的整体，才能使这些知识之间产生多种联系，才能使它们对幼儿产生一致的、整体的影响。如虞永平的《幼儿园课程指导丛书·社会》所列小、中、大班教育活动内容，包括了幼儿社会教育的四个方面，这四个方面相互联系，交替出现，使幼儿深刻理解、牢固掌握，并形成人格力量。

4. 渗透性原则

社会教育是做人的教育。因此，凡是有利于增进幼儿社会认知、培养幼儿社会情感、促进幼儿社会行为技能发展的，均可以看作社会教育的内容。正是从这个角度出发，我们认为，幼儿社会教育的内容应渗透在幼儿日常生活和活动之中，使幼儿在潜移默化中接受教育；渗透在各个领域的学习之中，互相结合，给幼儿的社会性发展以整体的影响。幼儿园社会教育应做到：正规社会课程内容与非正规课程内容协调一致，显性社会课程内容和潜在社会课程内容协调一致。

（三）活动过程的策划

活动过程一般包括导入部分、展开部分和结束部分。

1. 导入部分

幼儿是否对活动感兴趣，是否能积极参与到活动中，都与活动如何导入有密切的关系。一般来说，活动的导入有这样的一些形式：

（1）设疑导入（猜一猜）。疑问可以由教师直接提出，也可以用谜语、儿歌的形式间接提出。

（2）图示导入（看一看）。教师可以利用彩图、标本、实物、课件来导入活动。

（3）故事导入（听一听）。让幼儿听一段短小的故事，导入活动。

（4）情境表演导入（演一演）。创设一定的情景进行模拟表演，把幼儿带到教育活动中。

（5）游戏导入（玩一玩）。以游戏的形式导入。

2. 展开部分

这是社会教育活动的核心部分。这一部分必须体现教师如何引导幼儿积极主动参与到活动中来，并进行积极的感知、体验、表达和交流，使幼儿获得某种具体的社会认知、社会情感、行为习惯。教师可以通过演示、提问等，引导幼儿逐渐深入活动过程，深化思考，积极主动地获得知识经验，发展相应的能力。在活动过程中，教师既要尊重幼儿学习与发展的主体地位，引导幼儿积极主动地参与到活动中来，又要创设相应的环境，调动幼儿的学习兴趣和已有经验，引导幼儿向教育目标要求的方向发展。

3. 结束部分

教师可改变活动方式，通过其他符号系统的参与（如音乐、美术、身体动作等），让幼儿在轻松愉快的情绪中自然而然地结束活动。如要在结束部分对活动进行小结评价，应做到简洁、精练；对幼儿在活动中的表现以宽容积极的态度进行评价；对问题留有一些思考的余地，使得活动能够有效地延伸，幼儿能够保留对活动的兴趣，以企盼的心情和态度等待下次活动的到来。

（四）活动延伸的设计

符合一定社会规范的行为技能的产生，是幼儿社会性发展的关键结果。幼儿园社会教育活动如果只停留在增进幼儿社会认知、激发幼儿情感上是不够的。良好的社会行为技能的产生非一朝一夕之功。为此，社会教育活动延伸的设计是不可或缺的一环。

延伸的方式多种多样。可以把活动延伸到下一个活动，使半日活动或者一日活动成为一个有机联系的整体。还可以把活动延伸到区域活动中，使区域活动成为教学活动的自然延伸，让幼儿继续学习、巩固活动中所了解的社会认知和社会技能。还可以把活动延伸到家庭和社区活动中，真正实现幼儿园与家庭、社会的密切配合，利用家庭、社区条件，帮助幼儿学习社会知识，锻炼社会技能。

三、幼儿园社会教育活动案例评析

【案例 4–5】 中班社会活动：“有朋友真好”

【设计意图】

如今的幼儿自我意识普遍比较强。自我意识强的幼儿一般乐观向上、开朗活泼、富有进取心，对自己的能力充满信心，容易成功。但是如果引导不正确，自我意识强也可能向极端发展，形成专横霸道、以自我为中心、自高自大的性情。只有正确引导，才能使幼儿形成良好的行为个性，使其能对自己做出适当评价，调节自己的行为。开展“有朋友真好”活动，有意识地培养幼儿良好的集体意识，使幼儿积极参与交往、学习交往，在交往中理解自己与集体、与他人的关系。

【活动目标】

（1）通过活动体验“朋友多”的乐趣，并乐意与他人交往。

（2）学习基本的交往技能，如待人和气、友好，相互帮助，不霸道，不欺负人等。

【活动准备】

《小鱼游》和《找个朋友》歌曲；事先请大班幼儿排练三段情景表演。

【活动过程】

1. 朋友多，真好

（1）播放《小鱼游》前奏，让幼儿回忆歌曲及表演动作。

（2）幼儿集体表演《小鱼游》，体验一个人的孤单，感受朋友多的快乐。

2. 看表演，说表演

（1）师：“小朋友们表演得真棒，我们休息一下，来看几个大班哥哥姐姐的表演。”表演情景如下：

1）搭积木时，争抢积木。

2）喝水时，争抢着先喝。

3）他人有困难时，不愿给予帮助。

（2）师提问：“哥哥姐姐们表演的故事里讲了些什么事情？表演中的大哥哥为什么没有朋友？”

（3）讨论：朋友之间应该怎样呢？怎样才会有很多朋友？

（4）请幼儿总结一下交朋友的基本技能（待人和气、友好，相互帮助，不霸道等）。

3. 我也来演一演

（1）师：“现在我们都知道朋友之间应该怎样做了，那如果你是那位大哥哥，你会怎么做呢？请小朋友想一想，再勇敢地来表演一下吧！”

（2）通过表演，体验友好交往带来的快乐。

4. 找个朋友，抱一抱

播放歌曲《找个朋友》，幼儿集体边唱边表演，并和好朋友做抱一抱、亲一亲等亲昵的动作，再次感受有朋友且朋友多的快乐，并增进朋友之间的友谊。

【活动延伸】

想一想，找一找，除了人以外我们还有哪些好朋友？

【案例评析】

这是一节结合表演的社会活动，歌曲《小鱼游》的歌词内容和活动中“与朋友相处”的主题相关，“演一演”“抱一抱”的活动形式能让幼儿充分体验到有朋友和与朋友相处的乐趣。

【案例 4–6】 大班社会活动：“生活中的标志”

【设计意图】

大班的幼儿对发生在自己周边的事物很感兴趣，他们对任何事物都充满了好奇心，什么都想看一看、摸一摸、试一试，然而由于他们缺少生活经验，不能很好地把握什么事情能做、什么事情不能做，对一些有可能造成伤害的事件缺乏防范意识和应对能力，因而在日常生活中常常发生一些意外损伤。本次活动就让幼儿认识生活中各种标志，理解各种标志所代表的意图，从而提高幼儿的自我保护能力。

【活动目标】

（1）认识公共场所中常见的标志，并理解它们的含义，知道标志对人具有指引、约束等作用。

（2）能够完整、简洁地描述生活中看到的标志。

（3）能够在生活中主动关注公共场所中的标志，懂得遵守公共秩序，提高自我保护能力。

【活动准备】

（1）幼儿观察生活中的常见标志。

（2）自制课件、各种标志图（“注意安全”“人行横道”“禁止烟火”“当心触电”“禁止触摸”等）。

【活动过程】

1. 观看录像，导入活动

教师引导幼儿观看录像，就其中的交通安全小故事鼓励幼儿探索“根据什么标志过马路？”

提问：你都看到了什么？录像中有哪些交通标志？除了注意信号灯标志，还要注意哪些标志？

小结：交通标志给行人、车辆提供了指引，提醒人们遵守交通规则、注意安全。

2. 围绕“标志”，展开活动

（1）请幼儿说一说在什么地方见过什么标志。

师：除了马路上的交通标志，我们的生活中还有哪些标志？标志在我们的生活中随处可见，我们一起来看看吧！

（2）认识生活中常见的标志。

1）出示“禁止烟火”标志。

提问：这是什么标志？标志上有什么图案？你在哪里见过这个标志？它告诉我们什么？

小结：这是“禁止烟火”标志，它告诉我们附近有容易燃烧的物品。一般在加油站、图书馆、仓库等地方会看到这个标志。禁止人们使用明火，以免引起火灾。

2）出示“当心触电”标志。

提问：这是什么标志？你在哪里见过这个标志？它表示什么意思？

小结：“当心触电”标志警告我们要远离电厂、高压电线杆、变压器等有电的地方，在家不要玩有电的物品，因为电是很危险的。

3）依次出示“注意安全”“当心滑跌”“紧急通道”“当心中毒”“禁止吸烟”“禁止游泳”“禁止触摸”等常见标志，引导幼儿认识。

（3）请幼儿讨论标志的用途。

提问：生活中为什么有这么多的标志？它们对我们有什么用？

小结：标志通常出现在人口较密集的公共场所，它可以规范人们的行为，提醒大家遵守公共秩序。

（4）引导幼儿从图案、颜色、形状、意义等方面加以比较，区别三种性质的标志。

提问：那么多的标志，我们怎么能把它们都记住呢？请小朋友仔细看一看，它们的颜色、形状一样吗？如果请你给它们分分类，你觉得应该怎样分？

小结：标志通常分为三类。黄色的三角形标志，是提醒或警告我们要当心注意的，叫作“警告标志”；蓝色或绿色的标志，提示我们应该怎样做，叫作“提示标志”；红色标志，禁止我们做某些事情，叫作“禁止标志”。

（5）通过游戏，巩固对标志的认识，初步学会运用标志。

出示生活中的场景，请幼儿找出这些地方需要的标志。

师：小朋友认识了那么多的标志，老师来考考你们吧。一会儿请小朋友分成六组，每组六个不同的标志，每个小朋友选一个标志拿在手中，当大屏幕上出现画面时，你认为应该出现什么标志，请拿这个标志的小朋友迅速到前面来，哪一组的小朋友反应最快，而且答对了，就为你们组争得一颗小星星。

小结：每种标志都有不同的意义，放在适合的场所才能起到作用。

3. 教师总结，结束活动

教师小结：今天小朋友们表现得都很好，不但认识了日常生活中常见的标志，了解了它们的作用，还学会了运用。希望你们从小就做一个遵守公共秩序、讲文明的好孩子。小朋友，你们瞧，在我们的教室里还有各种各样的标志呢，一会请每个小朋友选一个标志，互相说一说你拿的是什么标志吧！

【活动延伸】

教师带领幼儿在寝室、活动室、教学楼内走动观察，请幼儿根据手中标志的意义寻找适当的位置粘贴。

【案例评析】

本活动目的在于引导幼儿熟悉日常生活中常见的标志，在认识一些标志的基础上了解其不同类别和作用，并尝试运用。在导入环节，请幼儿观看一段录像，激发幼儿的活动兴趣。展开部分共有五个环节：第一，根据幼儿的生活经验，请幼儿说一说在什么地方见过什么标志；第二，教师出示课件，和幼儿一起熟悉生活中常见的标志；第三，请幼儿讨论标志的用途；第四，教师引导幼儿给标志进行分类；第五，通过游戏，巩固幼儿对标志的认识，初步学会运用标志，完成了本次活动的目标任务。

【案例 4–7】 大班社会活动："认识姓名"

【设计意图】

姓氏是一个人的标志之一，同时也象征着血缘关系，更蕴含着中国几千年独特的文化内涵。大班幼儿的自我意识明显增强，从对自己身体的关注慢慢过渡到对自己社会角色的关注。幼儿对自我的认识处于从"主观自我"到"社会自我"的转化过程中。同时大班幼儿对书面语言有更浓厚的兴趣，他们不再满足于了解表面现象，而喜欢寻根问底。让幼儿了解中国传统的姓氏文化，有利于幼儿进一步认识自我，理解人的社会属性，树立正确的家庭观。

【活动目标】

（1）认识自己的姓氏，会正确认读姓氏，懂得区分姓和名。

（2）了解姓氏的由来以及一定的姓氏文化，知道姓氏与家庭的关系。

（3）激发探索姓氏文化的兴趣，培养热爱家庭的情感。

【活动准备】

（1）幼儿分成三组收集有关姓氏的资料，教师帮助幼儿整理成图或其他书面形式，以备活动中交流：中国十大姓氏、中国姓氏数量统计、西方人和中国人姓氏的异同。

（2）幼儿对"百家姓"有一定的了解。

（3）姓名树及全班幼儿的姓名卡、"姓氏统计表"一张、剪刀、笔、《百家姓》VCD 一张。

【活动过程】

1. 区分姓和名

（1）出示姓名树（上面贴着全班幼儿的姓名卡），请幼儿找到自己的姓名卡。

（2）教师提问："知道自己的名字是怎么来的吗？"引导幼儿区分名字中的姓和名，并正确认读自己的姓，说说自己是随父姓还是随母姓，自己的名字是谁取的，有什么含义。

（3）幼儿将自己的姓名卡剪下。

2. 班级姓氏统计

（1）出示"姓氏统计表"，请幼儿将自己的姓贴在统计表上（同时，也将三位教师的姓贴在表上），相同的姓贴在一个格里。

（2）全班幼儿一起统计各个姓的数量。

3. 小组展示与交流

各小组向大家展示自己收集的资料，并做介绍：

（1）中国人数较多的姓氏：张、王、李、赵、杨、陈、吴、刘、黄、周。

（2）中国姓氏数量统计：共有 5 600 多个，其中单姓 3 400 多个、复姓 2 000 多个、三字姓 140 多个。（结合本班的姓氏，帮助幼儿理解以上各种姓）

（3）西方人和中国人姓氏的异同：如西方人的姓在名的后面等。

4. 礼仪教育

（1）与幼儿讨论：要了解别人的姓时，应如何表达？

（2）知道怎样用姓氏称呼他人，如年龄大的人可以称呼：× 爷爷、× 奶奶；年轻的人可以称呼：× 叔叔、× 阿姨；根据职业可以称呼：× 老师、× 医生……

5. 欣赏 VCD

师生一起欣赏“百家姓”图谱，并进行姓氏朗诵。

【活动延伸】

（1）发放亲子作业单：请家长与幼儿共同制作家族树：祖父母→父母→子女，分别贴上照片，写上姓名；统计出家族中有几个姓，并帮助幼儿理解姓氏的遗传关系。家长与幼儿共同收集资料，了解本姓的由来和本姓中（或家族中）的名人。

（2）在区域材料中投放“百家姓”图谱，请幼儿找出自己的姓氏，并写上自己的姓名，贴在相应的位置上。

【案例评析】

通过幼儿园、家庭的共同配合，对幼儿进行初步的姓氏文化启蒙，使幼儿对自己的姓氏及与家庭的关系有更进一步的了解，培养幼儿探索姓氏文化的兴趣，帮助幼儿理解自己的家庭角色，增强幼儿的家庭责任感，激发幼儿对汉字文化的兴趣。

【案例 4–8】 中班社会活动：“大家一起学规则”

【活动目标】

（1）知道比赛、游戏都需要规则，共同制定比赛、游戏规则。

（2）理解规则是为了集体活动更公平、更有序，培养自觉遵守规则的意识。

（3）能在游戏中自觉遵守规则。

【活动准备】

（1）人手一个塑料圈：自制“羊羊游戏棋”和相应的标记；人手一个“表情”牌。

（2）刘翔比赛录像等。

（3）经验准备：认识刘翔；进行跑步比赛、拍球比赛。

【活动过程】

1. 观看录像

通过观看刘翔的比赛录像，初步了解运动员比赛中有规则。

师："这个运动员是谁？他参加的是什么比赛？我们来看看刘翔参加的跨栏比赛。"

（1）看第一次比赛：有人因为故意抢跑而被取消资格。

除了不能抢跑，跨栏比赛还可能有什么规则呢？让我们仔细地找找看。

（2）看第二次比赛：完整看完比赛。

小结：大家不能抢跑，在自己的跑道上跑，跨完所有的栏，第一个冲过终点的为冠军。只有运动员们都遵守了规则，才是一场公平的比赛。

2. 套圈比赛

在套圈比赛中，幼儿亲历制定和遵守规则的过程，懂得小朋友在比赛中也要遵守规则。

（1）今天我们来举行一次套圈比赛。怎么比才公平呢？让我们也制定一下规则。

（2）鼓励幼儿讨论比赛规则。

（3）幼儿开始比赛套圈，教师观察幼儿比赛的过程后进行统计。

小结：大家都遵守了规则，所以我们的比赛很公平。

3. 制定游戏规则

制定"羊羊游戏棋"的规则，懂得游戏也有规则。

师："今天老师还带来了一副棋，瞧，青青草原上的羊羊们也在举行比赛呢，看谁先从青青草原第一个回到羊村。"

（1）出示3个棋子：这副棋有几个人玩？（幼儿观看视频）

（2）大家争抢骰子：有什么办法解决？（3人轮流玩）

（3）不看点数随便走："应该怎么走？"

小结：原来这副棋是3个人玩的，要轮流掷骰子，掷到几就走几步。要是大家都能按规则来玩这副棋，一定会玩得很开心。

4. 做小裁判——举牌评规则

游戏："小裁判"——举牌评规则，拓展集体活动中需要遵守的规则。当一回小裁判，看看小朋友们在活动中有没有遵守规则。图片内容有：

（1）倒爬滑梯。

（2）排队等候玩。

（3）两人合看一本书。

（4）看信号灯、走斑马线过马路。

请幼儿举牌，说理由。

【活动延伸】

“按照我们刚才学到的规则来玩你喜欢的游戏”，幼儿可以任选套圈、下棋、赛跑等活动，进一步巩固对规则的掌握。

【案例评析】

社会规则的学习，不仅要求幼儿认知上达标，还要求幼儿行为上达标。教师应帮助幼儿在认同教师所要求的行为规范的基础上，要和自己的实际行动建立联系，即社会规范的内化。案例中的教师通过让幼儿观看刘翔的比赛片段，让幼儿先从认知上接受规则的客观存在。在此基础上，让幼儿在各种游戏中体验规则的作用，明白遵守比赛规则，比赛才公平；如果不遵守规则，很多游戏根本无法进行。活动进行到此，规则对于幼儿来说还是外在的约束。接下来的设计就让幼儿体验裁判的角色，拓展集体活动中需要遵守的规则，让幼儿能从公平比赛的角度理解规则存在的意义。

经典习题

一、单项选择题

1. 创造良好的社会环境来发展幼儿的潜能，这种环境不直接影响幼儿，而是通过各种文化逐渐地改变幼儿。这表明幼儿社会教育具有（　　）的特点。

A. 计划性　　B. 整合性　　C. 强制性　　D. 潜移默化性

2. 幼儿园社会教育的核心在于发展幼儿的（　　）。

A. 人际关系　　B. 社会行为规范　　C. 社会性　　D. 社会文化

3. 关于幼儿园社会教育的论述，以下不正确的是（　　）。

A. 幼儿园社会教育就是品德教育在幼儿园中的体现

B. 幼儿园社会教育就是幼儿社会性发展的需要

C. 幼儿园社会教育应该从幼儿的社会经验出发

D. 幼儿园社会教育要在幼儿日常生活和活动中进行

4. 下列不属于幼儿园社会教育内容指导要点的是（　　）。

A. 幼儿园社会教育目标必须通过系统上课的方式实现

B. 幼儿社会态度和社会情感的培养应渗透在多种活动和一日生活的各个环节中

C. 应为幼儿提供人际交往和共同活动的机会和条件，并加以指导

D. 幼儿园、家庭和社会密切合作，协调一致，共同促进幼儿良好社会品质的形成

5. 能显著提高幼儿的角色承担能力和社会行为水平的学前教育的基本方法是（　　）。

A. 角色扮演法　　B. 语言法　　C. 讨论法　　D. 移情法

6. 幼儿园老师带幼儿到郊区小农场参观，让城里的幼儿看到了真正的猪、牛、羊，这种教学方法是（　　）。

A. 直观教育法　　B. 实践操作法　　C. 行为练习法　　D. 情感体验法

7. 下列说法不符合幼儿园社会教育原则的是（　　）。

A. 幼儿园社会教育的内容安排应从比较简单容易的开始，逐步提高难度和要求

B. 幼儿园社会教育的内容首先应从幼儿生活周围的知识开始，逐步向四周延伸和扩展

C. 选择和组织社会教育内容要做到具有时代感，即使是民族传统文化方面的内容，也要使之符合现代先进的价值观

D. 幼儿园社会教育的内容应把幼儿学习起来较为困难的内容安排在前面

8. 幼儿在生活中经常接触到的一些社会组织形态、社会机构和社会角色是指（　　）。

A. 人际关系　　B. 社会环境　　C. 社会行为规范　　D. 社会文化

9. 幼儿园里开展的“你怎么了”“就让我来帮你”等活动，其内容所属的领域是（　　）。

A. 科学领域　　B. 社会领域　　C. 健康领域　　D. 语言领域

10. 幼儿园促进幼儿社会性发展的主要途径是（　　）。

A. 人际交往　　B. 操作练习　　C. 学科知识　　D. 集体教学

11. 下列不属于幼儿与他人的关系的是（　　）。

A. 自信　　B. 乐群　　C. 分享　　D. 互助

12. 利用《小猫钓鱼》的故事，可以教育幼儿做事不要三心二意，应该坚持到底，体现的是（　　）。

A. 渗透在日常生活中的社会教育　　B. 渗透在语言活动中的社会教育

C. 渗透在艺术活动中的社会教育　　D. 渗透在游戏活动中的社会教育

13. 下列不属于“社会适应”子领域目标的是（　　）。

A. 喜欢并适应群体生活　　B. 遵守基本的行为规范

C. 具有初步的归属感　　D. 愿意与人交往

14.《指南》中“具有自尊、自信、自主的表现”阐明了各年龄段幼儿与（　　）关系的典型表现。

A 自身　　B. 他人　　C. 社会　　D. 家庭

15. 人与人的关系通过社会交往实现，人与社会的关系是一个（　　）的过程。

A. 认同与同化　　B. 同化与顺应　　C. 适应与调整　　D. 认同与适应

16. 幼儿园社会教育评价内容包含对幼儿（　　）的评价和社会教育活动组织的评价两个部分。

A. 人际关系　　B. 社会交往能力　　C. 社会性发展　　D. 社会认知

二、简答题

简述幼儿园社会教育的指导要点。

三、论述题

（2017 年上半年真题）如何在一日生活中实施社会领域的教育目标？

四、活动设计题

1. 以“难忘的端午节”为主题，设计一个大班社会教育活动方案，要求有活动目标、活动准备、活动过程和活动延伸。

2.（2019 年下半年真题）中班下学期，陈老师发现，班上仍有一些幼儿会抢别人的玩具，他们的理由是：“我喜欢这玩具，我要玩。”请设计一个教育活动，解决上述问题，要求写出活动名称、活动目标、活动准备及活动过程。

学习资料包

第五章　幼儿园科学教育活动设计与指导

【考纲要求】

- 考查方式：在近年的教师资格考试中以活动设计题为主。
- 考查内容：掌握科学教育的基本知识和相应的教育方法，能够设计并开展科学教育活动。

【思政园地】

思政目标：

（1）贯彻素质教育，提升基本素养和对幼儿教育事业的热爱度。

（2）尊重和珍惜生命，热爱和保护自然环境，知道中国式现代化是人与自然和谐共生的现代化。

（3）培养工匠精神、奉献精神、创造精神和科学素养。

【知识结构】

- 幼儿园科学教育活动设计与指导
  - 幼儿园科学教育的内涵和目标
    - 幼儿园科学教育的内涵
    - 幼儿园科学教育的目标
  - 幼儿园科学教育的内容和方法
    - 《纲要》中科学教育的内容与要求
    - 幼儿园科学教育的具体内容
    - 幼儿园科学探究教育的方法
    - 幼儿园数学认知教育的方法
  - 幼儿园科学教育活动设计与指导要点
    - 《纲要》中科学教育指导要点
    - 观察型科学活动的设计与指导
    - 操作型科学活动的设计与指导
  - 幼儿园数学认知教育活动设计与指导
    - 感知集合的教育活动设计与指导
    - 认识10以内“数”的概念的教育活动设计与指导
    - 认识量、形、时间、空间方位的教育活动设计与指导

第一节 幼儿园科学教育的内涵和目标

一、幼儿园科学教育的内涵

幼儿园科学教育是指幼儿在教师指导下，通过自身的活动，对周围物质世界进行观察、感知、操作、发现，以及提出问题、寻找答案的探索过程。幼儿园科学教育活动的宗旨是对幼儿进行科学素质的早期培养。

幼儿园科学教育是幼儿探索世界的过程，并在过程中体验快乐与成功。爱因斯坦曾把科学定义为“探求意义的经历”。意思是科学不仅是已经获得的知识体系，更是一种通过亲身经历探求自然事物的意义，从而理解这个世界的过程。科学教育最重要的价值是使幼儿知道如何去获取知识、如何去学习。

幼儿认识事物的特点决定了幼儿科学教育不应要求幼儿掌握严格的科学概念，而应引导、支持幼儿通过自身与周围物质世界的相互作用，获得真正内化的经验。

二、幼儿园科学教育的目标

（一）《纲要》中幼儿园科学教育的总目标

《纲要》明确提出了幼儿园科学教育的总目标：

（1）对周围的事物、现象感兴趣，有好奇心和求知欲。

（2）能运用各种感官，动手动脑，探究问题。

（3）能用适当的方式表达、交流探索的过程和结果。

（4）能从生活和游戏中感受事物的数量关系并体验数学的重要和有趣。

（5）爱护动植物，关心周围环境，亲近大自然，珍惜自然资源，有初步的环保意识。

（二）《指南》中科学教育各年龄段学习与发展目标

《指南》明确列举了幼儿园科学教育各年龄段学习与发展目标（见表 5-1）。

表 5-1　幼儿园科学教育各年龄段学习与发展目标

子领域	目标	3～4岁	4～5岁	5～6岁
科学探究	亲近自然，喜欢探究	1.喜欢接触大自然，对周围的事物和现象感兴趣。 2.经常问各种问题，或好奇地摆弄物品。	1.喜欢接触新事物，经常问一些与新事物有关的问题。 2.常常动手动脑探索物体和材料，并乐在其中。	1.对自己感兴趣的问题总是刨根问底。 2.能经常动手动脑寻找问题的答案。 3.探索中有所发现时感到兴奋和满足。

续表

子领域	目标	3～4岁	4～5岁	5～6岁
	具有初步的探究能力	1.对感兴趣的事物能仔细观察，发现其明显特征。 2.能用多种感官或动作去探索物体，关注动作所产生的结果。	1.能对事物或现象进行观察比较，发现其相同与不同。 2.能根据观察结果提出问题，并大胆猜测答案。 3.能通过简单的调查来收集信息。 4.能用图画或其他符号进行记录。	1.能通过观察、比较与分析，发现并描述不同种类物体的特征或某个事物前后的变化。 2.能用一定的方法验证自己的猜测。 3.在成人的帮助下能制订简单的调查计划并执行。 4.能用数字、图画、图表或其他符号记录。 5.探究中能与他人合作与交流。
	在探究中认识周围事物和现象	1.认识常见的动植物，能注意并发现周围的动植物是多种多样的。 2.能感知和发现物体和材料的软与硬、光滑与粗糙等特性。 3.能感知和体验天气对自己生活和活动的影响。 4.初步了解和体会动植物与人们生活的关系。	1.能感知和发现动植物的生长变化及其基本条件。 2.能感知和发现常见材料的溶解、传热等性质或用途。 3.能感知和发现简单物理现象，如物体形态或位置变化等。 4.能感知和发现不同季节的特点，体验季节对动植物和人的影响。 5.初步感知常用科技产品与自己生活的关系，知道科技产品有利也有弊。	1.能察觉到动植物的外形特征、习性与生存环境的适应关系。 2.能发现常见物体的结构与功能之间的关系。 3.能探索并发现常见的物理现象产生的条件或影响因素，如影子、沉浮等。 4.感知并了解季节变化的周期性，知道变化的顺序。 5.初步了解人们的生活与自然环境的密切关系，知道尊重和珍惜生命、保护环境。
数学认知	初步感知生活中数学的有用和有趣	1.感知和发现周围物体的形状是多种多样的，对不同的形状感兴趣。 2.体验和发现生活中很多地方都用到数字。	1.在指导下，感知和体会有些事物可以用形状来描述。 2.在指导下，感知和体会有些事物可以用数字来描述。对环境中各种数字的含义有进一步探究的兴趣。	1.能发现事物简单的排列规律，并尝试创造新的排列规律。 2.能发现生活中许多问题都可以用数学的方法来解决，体验解决问题的乐趣。

续表

子领域	目标	3～4岁	4～5岁	5～6岁
	感知和理解数、量及数量关系	1.能感知和区分物体的大小、多少、高矮、长短等量的特点，并能用相应的词表示。 2.能通过一一对应的方法比较两组物体的多少。 3.能手口一致地点数5个以内的物体，并能说出总数，能按数取物。 4.能用数词描述事物或动作，如“我有4本图书”。	1.能感知和区分物体的粗细、厚薄、轻重等量的特点，并能用相应的词语描述。 2.能通过数数比较两组物体的多少。 3.能通过实际操作理解数与数之间的关系，如5比4多1、2和3合在一起是5。 4.会用数词描述事物的排列顺序和位置。	1.初步理解量的相对性。 2.借助实际情境和操作（如合并或拿取）理解加和减的实际意义。 3.能通过实物操作或其他方法进行10以内的加减运算。 4.能用简单的记录表、统计图等，表示简单的数量关系。
	感知形状与空间关系	1.能注意物体较明显的形状特征，并能用自己的语言描述。 2.能感知物体基本的空间位置与方位，理解上下、前后、里外等方位词。	1.能感知物体的形体结构特征，画出或拼搭出该物体的造型。 2.能感知和发现常见几何图形的基本特征，并能进行分类。 3. 能使用上下、前后、里外、中间、旁边等方位词描述物体的位置和运动方向。	1.能用常见的几何形体有创意地拼搭和画出物体的造型。 2.能按语言指示或根据简单示意图，正确取放物品。 3.能辨别左右。

（三）幼儿园科学教育目标的价值取向

《纲要》科学教育目标清晰地表明，幼儿科学教育的价值取向不是注重静态知识的传授，而是注重幼儿的情感态度、探究能力、解决问题的能力及与周围的人和环境的积极交流、和谐相处。科学教育的目标紧紧围绕激发探究兴趣和认识兴趣，体验探究过程和解决问题的过程，发展初步的探究能力和解决问题的能力，凸显“探究和解决问题”这一令幼儿终身受益的核心价值。

《指南》把科学领域分为“科学探究”和“数学认知”两个子领域。“科学探究”指的是幼儿对自然界中的事物和现象进行探索并形成解释的过程；“数学认知”指对自然界中事物和现象的认识并形成的对其逻辑关系的理解。科学探究有助于幼儿更好地认识和解释客观世界，数学认知有助于幼儿发现客观世界的有序和规律。

1. 探究是科学学习的核心价值

《指南》明确指出：“幼儿的科学学习是在探究具体事物和解决实际问题中，尝试发现事物间的异同和联系的过程。”“幼儿科学学习的核心是激发探究兴趣，体验探究过程，发展初步的探究能力。成人要善于发现和保护幼儿的好奇心，充分利用自然和实际生活机会，引导幼儿通过观察、比较、操作、实验等方法，学习发现问题、分析问题和解决问题；帮助幼儿不断积累经验，并运用于新的学习活动，形成受益终身的学习态度和能力。”由此可以看出探究的重要性，探究是科学学习的核心，既是科学学习的目标，也是科学学习的方法。

幼儿园科学教育是科学启蒙教育，重在培养幼儿的探究兴趣和探究能力。《纲要》中科学教育总目标阐明，对幼儿探究兴趣的培养，应通过科学教育，不是让幼儿掌握一些科学概念，而是培养幼儿对科学的热爱，即幼儿探究学习的原动力和内驱力的培养。这将使幼儿永远保持探究学习的热情，获得终身积极主动学习的强大动力；总目标还强调了幼儿探究能力的培养，引导幼儿在探究过程中运用各种感官，动手动脑，探究问题，提高表达与交流能力。在幼儿亲历探究的过程中，学会学习、学会探究，并获得初步的科学探究能力。在“科学探究”子领域，《指南》从“亲近自然，喜欢探究”“具有初步的探究能力”“在探究中认识周围事物和现象”三个方面明确了该子领域不同年龄阶段的典型表现，这些典型表现指明了幼儿科学探究的核心目标——探究态度和探究能力的培养。

2. 解决问题是幼儿数学认知的核心价值

解决问题是数学认知的核心。发现问题、分析问题和解决问题，是幼儿数学学习的重点，也是幼儿数学学习的基本途径。《纲要》中科学教育总目标指出，在生活中、在游戏中和解决问题的真实过程中，幼儿可以体会数学与自然及人类社会的密切联系，幼儿逐步形成数学感知和数学意识，感受到数学的价值和意义；在不断成功地解决问题的过程中，幼儿可以增进对数学的理解和应用数学的信心，体验其中的乐趣，进而形成勇于探索、勇于创新的科学精神，获得数学活动经验、数学事实和必要的应用技能。幼儿思维的具体形象性特点，更加突出了直接感知、亲身体验和实际操作在数学认知中的重要性。幼儿的数学学习，应该突出在做中学、在生活中学、在游戏中学。

《指南》中数学认知子领域包含“初步感知生活中数学的有用和有趣”“感知和理解数、量及数量关系”“感知形状与空间关系”三个方面的目标。把“初步感知生活中数学的有用和有趣”目标放在首位，让幼儿在运用数学解决生活实际问题的过程中初步感知数学的有用和有趣，激发和保持幼儿对数学学习的兴趣和持久动力，喜欢数学，愿意学习数学，并具有运用数学解决实际问题的意识和能力。这凸显幼儿数学认知的核心价值，有利于幼儿的后续学习和终身发展。

（四）科学探究的过程

探究是幼儿科学学习的核心，幼儿科学教育活动要以幼儿为主体，让幼儿亲历探究过程，形成积极的科学态度，获得丰富的科学经验，具有初步的探究能力。要实现这一目的，教师就要谙熟幼儿科学探究和发现的过程，真正成为幼儿探究活动的支持者、引领者和帮助者。

幼儿科学探究的过程包括发现和提出问题、猜想和假设、实验和验证、记录和整理信息、得出结论、交流和讨论等基本环节。

1. 发现和提出问题

爱因斯坦指出："提出问题往往比解决问题更重要，因为解决问题也许仅是一个数学上或实验上的技巧而已。而提出新的问题，新的可能性，从新的角度去看旧问题，却需要有创造性的想象力，而且标志着科学的真正进步。"发现和提出问题是科学探究的起点。幼儿是天生的提问者，他们由于好奇，会提出很多值得思考和研究的科学问题。教师要以多种方式给予幼儿提出问题的时间与机会，鼓励幼儿提出问题，认真倾听幼儿的各种问题，并迅速记录下来，对这些问题进行价值判断和选择，形成有探究价值的问题，作为幼儿科学探究的起点。

2. 猜想和假设

幼儿面对遇到的问题或提出的任务，运用已有的经验猜想和假设可能的情况、将要发生的事情或可能的结果，是幼儿主动建构知识的前提。幼儿的猜想和假设需要教师的支持、鼓励和引导。教师要耐心、真诚地倾听幼儿的想法，接纳、支持幼儿不同于成人的想法。对幼儿错误的想法，不要急于评判；对正确的想法，也不急于表扬，应给幼儿提供一种能自由表达真实想法的氛围。面对问题，教师应充分调动幼儿的已有经验，促使其分析和猜想事物及现象的成因，探讨、设计解决问题的方案。这是科学探索的重要环节，也是幼儿真正动脑、深入思考、解决问题的一个重要过程。

3. 实验和验证

教师应和幼儿共同确定实验对象，制订实验计划，讨论实验步骤和方法，也可与幼儿一起用图画、箭头等标志，呈现实验计划，结论的得出要以观察和实验中的事实为依据。教师要为幼儿提供丰富的实验材料，鼓励和引导幼儿按照设定的计划进行客观细致地观察、实验和验证，告诉幼儿尊重事实、重视证据。教师要给幼儿充足的时间和空间，让他们进行反复观察、实验和验证，发现真相，巩固或调整自己的认识，主动建构知识与经验。教师应观察记录幼儿的实验过程、遇到的问题、所有的发现，还要通过提问、建议等途径引导幼儿理解科学概念和原理。

4. 记录和整理信息

教师要支持和引导幼儿记录和整理获得的信息，培养幼儿记录的意识与能力。考虑到幼儿的年龄特点和发展水平，教师应鼓励幼儿用符号、表格、照相、绘画、做标本等多种方法，记录观察和探究的过程与结果，切忌整齐划一地记录和记录形式小学化。

5. 得出结论

得出结论是幼儿根据观察、实验和调查的结果，形成解释的过程。在这个阶段，幼儿需要回顾和思考探究的过程、发现的现象，并初步给出合理的解释。这是一个需要思维与语言高度参与的过程。

6. 交流和讨论

幼儿的交流讨论对科学知识与经验的产生起重要作用。在交流和讨论中，教师要注意，无论观点对与错，都要让幼儿充分表达。要让幼儿知道每个人都可以对同伴和教师提出质疑，这种质疑有助于澄清问题，引出新的实验，但讨论必须以观察到的事实为依据。当幼儿陈述自己的结论、解释，在与同伴交流的过程中，教师需要综合他们的观点，以他们的实验和经验为背景，使用准确的、幼儿能够理解和接受的语言表述概念和原理。

（五）幼儿园科学教育活动目标的表述

通过《纲要》中科学教育总目标和《指南》中阶段目标表述，我们可以找出科学领域常用的行为动词，如“亲近”“喜欢”“爱护”“关心”“珍惜”“认识”“感知”“探究”“能”“具有”等。这些行为动词基本对应情感态度目标、认知目标、技能目标，即科学教育活动的三维目标。幼儿科学教育活动目标要具有领域独特性，必须与具体活动的内容与过程相结合，一看目标就知道活动的大概内容，略知活动过程与形式。活动目标表述一般方法：“通过……活动，体验……”“在……过程中，感知……”。

【案例 5-1】 小班科学活动：“认识昆虫”

活动目标之一：认识几种比较特别的昆虫，感知昆虫的多样性。

分析：目标指向学习，重在知识的获得。

修改后的活动目标：能正确说出几种常见的昆虫及其典型特征，能喜欢昆虫。

分析：关注幼儿已有的生活经验，重视科学教育活动的情感体验。

【案例 5-2】 大班科学活动：“不用手也行”

活动目标之一：能有规划、有策略地探索不直接用手运皮球的多种方法。

分析：目标关注学习的结果，重在目标的达成。

修改后的活动目标：能充分利用各种材料，探索不直接用手运皮球的方法，尝试合作统计。

分析：不但注重结果，而且关注过程中的体验。

【案例 5-3】 中班科学活动：“豆荚里的秘密”

活动目标：

（1）在剥豆荚和计数活动中，体验统计表格的形成和作用。

（2）提高幼儿在活动中主动探究的意识。

（3）加强幼儿在生活中主动与同伴相互学习的意识。

分析：目标（1）明确、具体、可操作性较强；目标（2）（3）太笼统、宽泛，放到任何一个科学教育活动中都适用。目标的普适性越强，针对性、具体性就越差。

修改目标（2）（3）如下：

（2）在观察、操作、分类过程中，提高主动探索的意识。

（3）通过两人共同记录卡片和相互验证，体验同伴间合作学习的快乐。

【案例 5-4】 小班数学活动："数字宝宝排排队"

活动目标：

（1）引导幼儿理解"5"的概念。

（2）激发幼儿学习数学的兴趣，体验成功的喜悦，培养合作意识。

分析：第一，行为主体不一致，目标（1）的行为主体是教师；目标（2）中间一句的行为主体是幼儿，其余句子的行为主体是教师。第二，目标（1）不具体，可操作性不强。

修改为：

（1）通过手口一致地点数苹果，初步理解"5"的概念，认识数字"5"。

（2）初步感受用不同方法数数，能对"5"以内数量的物体按一定的顺序排序。

（3）在与同伴合作中，体验学习数学的乐趣。

以下是表述比较好的科学教育活动目标设计案例。

【案例 5-5】 中班数学活动："小剧场"

【活动目标】

（1）观察花环，感知"AABB"的排列规律。

（2）在装饰剧场的活动中，熟练应用"AABB"的排列规律，发展观察推理能力。

（3）通过操作练习，提高动手能力，并体验数学的有趣。

【案例 5-6】 大班科学活动："变化的月亮"

【活动目标】

（1）在欣赏《望着月亮吃大饼》的故事中，了解月亮是在不断变化的，并且变化是有自然规律的。

（2）通过观察月亮，能够发现月亮的形状会有规律地变化。

（3）萌发对月亮变化现象的好奇心和探究愿望。

第二节　幼儿园科学教育的内容和方法

一、《纲要》中科学教育的内容与要求

《纲要》中科学教育的内容与要求如下：

（1）引导幼儿对身边常见事物和现象的特点、变化规律产生兴趣和探究的欲望。

（2）为幼儿的探究活动创造宽松的环境，让每个幼儿都有机会参与尝试，支持、鼓励他们大胆提出问题，发表不同意见，学会尊重别人的观点和经验。

（3）提供丰富的可操作的材料，为每个幼儿都能运用多种感官、多种方式进行探索提供活动的条件。

（4）通过引导幼儿积极参加小组讨论、探索等方式，培养幼儿合作学习的意识和能力，学习用多种方式表现、交流、分享探索的过程和结果。

（5）引导幼儿对周围环境中的数、量、形、时间和空间等现象产生兴趣，建构初步的数的概念，并学习用简单的数学方法解决生活和游戏中某些简单的问题。

（6）从生活或媒体中幼儿熟悉的科技成果入手，引导幼儿感受科学技术对生活的影响，培养他们对科学的兴趣和对科学家的崇敬。

（7）在幼儿生活经验的基础上，帮助幼儿了解自然、环境与人类生活的关系。从身边的小事入手，培养初步的环保意识和行为。

二、幼儿园科学教育的具体内容

（一）科学探究的内容

我们把科学探究的内容分为以下六个方面：常见的动植物、常见的物体和材料、常见的物理现象、天气与季节变化、科技产品与生活的关系、自然环境与生活的关系。

1. 常见的动植物

（1）认识常见动植物及其特征。

（2）知道动植物的多样性。

（3）了解动植物之间的关系。

（4）了解动植物的多样性与环境的关系。

（5）了解动植物生长与环境的关系。

2. 常见的物体和材料

常见的物体和材料包括自然物和人造物两大类。最常见的材料包括：空气、水、沙、石、纸、木、土壤和各种金属物体等。

（1）认识物体和材料的颜色、纹理、质地、硬度等特性。

（2）认识物体和材料的溶解性、传热性等性质和用途。

（3）认识常见物体的结构与功能之间的关系等。

3. 常见的物理现象

常见的物理现象主要包括声、光、电、热、力、磁等。

（1）了解物体和材料的形态或位置及其变化条件，如风力、水力、机械、平衡、斜面与物体的运动等。

（2）了解常见物理现象及其产生的条件或影响因素等，如声音、温度、磁力、沉浮、光和影子等。

4. 天气与季节变化

了解天气与季节的特点和变化，重点在于感知、发现和体验其与动植物和人们生活的关系。

5. 科技产品与生活的关系

感知和了解生活中常用的科技产品及其作用，知道科技产品有利也有弊，如感知和了解各种通信工具、交通工具、家用电器、电子玩具等带来的生活方便和造成的不利影响。

6. 自然环境与生活的关系

（1）感知、了解和体会人们的生活与自然环境的密切关系，良好的自然环境对人们生活的好处，人类活动对自然环境造成的不良影响。

（2）懂得尊重和珍惜生命，保护自然环境，并为此做力所能及的事。

（二）数学认知的内容

幼儿园数学认知教育内容包括：感知集合、数、形、量、空间和时间等。

1. 感知集合

（1）感知集合及其元素，进行物体的分类。

（2）认识“1”和“许多”及其关系。

（3）用对应的方法比较两组物体数量的相等与不等。

（4）按照物体的特征或规律进行排序。

（5）初步感知集合间的并集、差集关系和包含关系。

2. 数

（1）学习“10”以内的基数（包括数的实际含义、认数、数的守恒、相邻数和 10 以内自然数列的等差关系等）。

（2）学习“10”以内的序数。

（3）学习“10”以内数的组成。

（4）计数，手口一致地点数实物，并能说出总数。

（5）认读和书写“10”以内的阿拉伯数字。

（6）学习“10”以内的加减运算，理解加、减的含义，并能用加减法解决日常生活中的简单问题。

3. 形

（1）认识和说出常见的平面图形（正方形、长方形、三角形、圆形、半圆形、椭圆形、梯形）及其特点。

（2）认识和说出常见的立体图形（正方体、长方体、球体、圆柱体）及其特点。

（3）了解图形之间的简单关系。

4. 量

（1）能进行“大小”“多少”“高矮”“长短”“粗细”“厚薄”“轻重”等量的比较。

（2）了解量的正、逆排序。

（3）了解量的守恒。

（4）了解量的相对性和传递性。

（5）了解自然测量。

5. 空间

（1）能理解和说出空间方位（“上下”“前后”“里外”“中间”“旁边”“远近”“左右”等）。

（2）理解空间运动方位（“向上”“向下”“向前”“向后”“向左”“向右”等）。

6. 时间

（1）能区分和说出“早晨”“晚上”“昨天”“今天”“明天”“白天”“黑夜”及一星期七天的名称，理解其顺序。

（2）认识时钟的长、短针及其功用，认识半点和整点，了解计时工具。

三、幼儿园科学探究教育的方法

（一）观察

观察是一种有目的、有计划的知觉活动。它可以保证幼儿在直接接触事物的过程中，运用多种感官直观、具体、生动地认识事物，提高幼儿感官的综合活动能力，培养他们运用感官探索周围环境的习惯，为发展他们的抽象思维能力提供丰富的感性经验。在幼儿科学探究教育中，观察是认识事物的主要方法。

1. 个别物体的观察

个别物体的观察是指幼儿对特定的某一（或一类）物体及自然现象进行观察。幼儿通过有目的地运用多种感官与周围某一事物直接接触，了解它的外形、特征、属性和习性。对个别物体的观察，是最基本的观察技能，是其他各种观察的基础。

2. 比较性观察

比较性观察指幼儿同时对两种或两种以上的物体或自然现象进行观察比较。这种观察能使幼儿更正确地认识物体和自然现象，并进行分析、比较，为概括、分类奠定基础。各年龄班进行比较性观察时要求不同：小、中班比较物体明显的不同点；大班比较物体的不同点和相同点，并比较相似点，最后分类。

3. 长期系统性观察

长期系统性观察是指幼儿对某一自然物或自然现象进行较长时间的系统观察。该观察主要用于观察动植物的生长过程、气象的变化，以直观地了解自然界各种因素间的相互关系、因果关系和自然界的发展规律。

（二）科学小实验

科学小实验是指教师和幼儿按照预设的目标，利用一些材料，通过简单演示或操作，对周围常见的科学现象加以验证的一种活动。幼儿科学小实验不同于研究自然科学的实验方法，只是重复前人的实验，不要求有新的科学发现。实验内容和操作应简单易行，在较短时间内就能看到结果。实验形式多采用游戏，幼儿可在轻松有趣的活动中进行科学探究。可分为幼儿操作实验和教师演示实验。教师进行演示实验时，要做到操作熟练，放慢动作速度；边演示边用简洁明了的语言进行提示和讲解；幼儿座位、仪器大小和位置，要便于幼儿观察，以保证每个幼儿都能看清楚。

（三）测量

幼儿科学探究教育活动中的测量，是指通过观察或运用简单的测量工具，对物体进行简单的初级测定，包括测量物体的大小、高矮、长短、轻重、粗细等内容。

（四）分类

幼儿科学探究教育活动中的分类是指幼儿把具有某一个或几个共同特征的物体聚集在一起，也叫归类。它是获取和分析信息、鉴别信息的经济、有效的方法，是幼儿学习科学的重要方法。

（五）信息交流

信息交流是指幼儿运用言语或非言语的形式表达自己在科学探究活动中的发现，交流使用的方法、探究的过程以及认识和情感体验。信息交流有师幼间的，也有幼儿间的，包括交流讨论、体态姿势和图画记录。其中图画记录是幼儿运用表格、数字和绘画形式，记录自然现象和科学活动的内容。

（六）科学游戏

科学游戏是指运用自然物质（沙、土、石、树叶、贝壳等）和有关图片、玩具等，进行有游戏性质的操作活动。游戏可用于科学教育活动的各个环节。

（七）早期科学阅读

早期科学阅读是指幼儿阅读寓有科学知识的作品，包括儿歌、故事、谜语、科学童话、幼儿科技读物等。

（八）劳动与实践

主要有饲养、种植、科学小制作和协助成人的劳动活动。

四、幼儿园数学认知教育的方法

（一）比较法

比较法是通过对两个或两个以上物体的比较，让幼儿找出它们在数、量、形等方面的相同和不同的一种方法。具体包含三种方式：

（1）重叠式比较：把一个（组）物体重叠在另一个（组）物体上，形成两个（组）物体一个（组）对一个（组）的对应关系，进行比较。

（2）并放式比较：把一个（组）物体并排放在另一个（组）物体的旁边，形成两个（组）物体一个（组）对一个（组）的对应关系，进行比较。

（3）连线式比较：将图片上面的物体和有关的物体、数字或形状等，用线连接起来，进行比较。

（二）操作法

操作法是指提供给幼儿合适的学具、材料、环境，让幼儿在操作中进行探索，获得数学感性经验和逻辑知识的一种方法。

运用操作法，教师须注意以下几点：

（1）明确操作目的。

（2）创设操作条件。

（3）理解操作规则。

（4）观察、引导操作过程。

（5）评价、交流操作结果。

（6）照顾个别差异。

（三）游戏法

游戏法是指将抽象的数学知识寓于幼儿喜欢的游戏中，让幼儿在游戏活动中学习数学的一种方法。它是幼儿教育活动中十分重要的方法，它能充分调动幼儿的学习积极性，激发幼儿的学习兴趣。

（四）发现法

发现法也称启发探索法，是指在教育活动中，教师不是向幼儿直接讲解数学的初步知识和概念，而是启发幼儿依靠已有的知识和经验去发现和探索，并获得初步数学知识的一种方法。这种方法能激发幼儿的学习兴趣和探究欲望，提高幼儿独立解决问题的能力。

（五）讲解演示法

讲解演示法是教师运用语言和直观教具对抽象的数学知识加以解释和说明，具体地呈现出来的一种方法。它是讲解与演示相结合的方法，因为抽象的数学概念不能单纯依靠口头讲解，而演示也离不开口头语言的讲解和说明。

（六）寻找法

寻找法是让幼儿从周围生活环境和事物中寻找数、量、形及其关系的一种方法。寻找法包括三种形式：一是在已准备好的环境中寻找；二是在自然环境中寻找；三是运用记忆表象来寻找。寻找法有利于培养幼儿的观察力、注意力和综合分析能力。

第三节 幼儿园科学教育活动设计与指导要点

一、《纲要》中科学教育指导要点

《纲要》中科学教育指导要点如下：

（1）幼儿的科学教育是科学启蒙教育，重在激发幼儿的认识兴趣和探究欲望。

（2）要尽量创造条件让幼儿实际参加探究活动，使他们感受科学探究的过程和方法，体验发现的乐趣。

（3）科学教育应密切联系幼儿的实际生活进行，利用身边的事物与现象作为科学探索的对象。

二、观察型科学活动的设计与指导

（一）观察型科学活动过程设计

观察型科学活动是指幼儿运用多种感官了解客观事物与现象的特点，获取感性经验，培养科学情感，学习科学方法与技能的科学活动。观察型科学活动，在开始部分要明确本次观察活动的任务。在基本部分要根据不同的观察对象的特点设计活动过程，落实活动目标。同时，活动过程中应有幼儿交流观察结果的交流过程。结束部分对活动要有小结。根据观察对象的不同特点，观察型科学活动的设计思路要点如下。

1. 物体、现象观察活动

设计思路：出示观察对象→幼儿自由观察→表达与交流→教师引导幼儿观察→表达、交流、讨论→教师总结。物体观察活动适用于个别物体观察、同类物体观察和比较观察。教师可引导幼儿在观察的基础上表达和交流，并通过指向性问题引导认识个别物体、现象的显著特征，或总结同类物体、现象的共同特征，或比较两个物体、现象间的异同。

2. 展示观察活动

设计思路：收集物体→布置展览→共同参观→表达交流→教师总结（或开放性结束）。展示观察活动一般适用于观察、认识物体的多样性。

3. 系统观察活动

系统观察活动以主题教育活动的形式进行，或者与日常生活中的教育活动结合起来进行。设计此类观察活动时，教师应引导幼儿养成定时、定点观察的习惯，并做好观察记录。如观察季节特征的变化、观察动植物的生长过程等。

（二）观察型科学活动的指导要点

1. 利用各种方式激发幼儿对观察对象的兴趣

在观察活动开始前，教师要利用各种方式吸引幼儿对观察对象的注意，激发幼儿观察的兴趣。如可用生动简洁的儿歌、谜语、故事、问题和启发性谈话等方式开始，也可用出示实物、图片、视频，听该物发出的声音，游戏等方式开始观察活动。

2. 引导幼儿运用多种感官感知事物的特征，获取全面的观察信息

通过观察，一般可获得有关物体和现象的如下信息：

（1）观察物体的外部特征、结构和功能及它们之间的关系。

（2）观察物体的存在与周围世界的关系。

（3）观察物体的运动状态。

3. 通过提问引导幼儿发现和思考，掌握观察事物的方法

教师通过提问，引导幼儿全面、有序、系统地观察。如"它像什么？""它是什么样的？""它们相同吗？哪儿不同？"等，启发幼儿描述探索对象的特征，比较不同对象的特征，每个幼儿都可以从自己的角度来观察和思考。

教师在指导时，既要引导幼儿学习有顺序地观察物体和用比较的方法观察物体，也要给幼儿留下自由观察的空间，以免造成幼儿被动学习的局面。

4. 将观察活动和操作活动结合起来

要尽可能地让幼儿有动手操作的机会，让幼儿在自己的操作中全面观察事物，了解观察对象的变化。

5. 指导幼儿学习用各种方法记录观察结果

记录是幼儿观察活动中的一个方面，也是一种表达的方式，同时也是重要的幼儿评价资料。可用绘画、表格、泥塑、剪纸、粘贴（树叶）、搜集制作标本等方式记录下观察的结果。

6. 要鼓励幼儿用语言表达交流观察中的发现

表达可以帮助幼儿回忆观察的过程，整理观察的结果，还可以促进师幼、幼儿间的交流。教师既要鼓励幼儿用自己的语言来表达，发现幼儿观察的独到之处，又要注意纠正幼儿语言表达与观察不符的地方。

（三）观察型科学活动案例及评析

【案例 5–7】 中班科学活动："认识豆宝宝"

【活动目标】

（1）通过观察、比较、讨论、记录，了解蚕豆、黄豆、赤豆三种豆子的特征及用途。

（2）认识各种豆类食品，知道多吃豆类食品对身体有好处。

（3）在合作中、游戏中体验探究过程，发展初步探究能力。

【活动准备】

幼儿每人一个豆罐（装蚕豆、黄豆或赤豆），每组一份记录表格、相对应的豆制品及图片，"豆宝宝"介绍自己的豆制品的录音，投影仪。

【活动过程】

1. 导入：猜猜我是谁

（1）摇摇、听听、猜猜我是谁。

1）今天，我们这里有很多的“豆宝宝”，你们愿意和它们一起玩吗？

2）请你轻轻地把小椅子下面的豆罐罐拿出来，轻轻地摇一摇、听一听、猜一猜里面藏了哪位“豆宝宝”？

（2）打开罐子，验证猜想。

2. 自由探索三种“豆宝宝”的特征

（1）观察、比较三种“豆宝宝”的不同。请每组的小朋友把你们的“豆宝宝”都倒在同一个盘子里，认真观察盘子里的“豆宝宝”。

1）盘子里一共有几种“豆宝宝”？

2）它们都是什么颜色的？

3）它们又是什么形状的？

4）用手摸一摸“豆宝宝”，有什么样的感觉？

（2）表格记录三种“豆宝宝”的特征。

1）幼儿观察记录。教师巡视幼儿的活动情况，并给予适当指导。

2）教师把幼儿的观察记录放在投影仪上，让幼儿对照小组的记录向大家介绍本组的观察结果。幼儿在记录方法上会有所不同，教师在引导幼儿介绍观察结果时，可顺便引导幼儿说说本组的记录方法。

3. 讨论、交流、了解“豆宝宝”的用途

提示语：“豆宝宝”的本领可大了，它能变成很多好吃的食品。现在，我们就去参加一个豆制品展览会，看看“豆宝宝”变成了什么。

（1）把豆制品送到相应的“豆宝宝”那里。

（2）看图片，请“豆宝宝”检查（听录音）。

小结：“豆宝宝”很开心，要谢谢你们。“豆宝宝”不仅可以变成这么多好吃的食品，而且都有很高的营养价值，所以我们要多吃、常吃豆制品，让我们身体长得棒棒的！

4. 游戏活动

（1）制作“豆宝宝”音乐罐。

选择自己喜欢的一种“豆宝宝”，装进罐子，但不能装满，装半罐左右。

（2）猜猜我的“豆宝宝”。

幼儿有节奏地晃动自己的音乐罐，让其他小朋友猜猜里面是哪种“豆宝宝”。

【活动延伸】

回家与爸爸妈妈一起制作一个“豆宝宝”沙包。

【案例评析】

活动目标的制定全面而具体，既结合了幼儿的实际需要，又有利于幼儿的长远发展。教学内容的选择来自幼儿的生活实际。在导入环节，幼儿通过摇摇、听听、猜猜，一下子激起了探究的兴趣，为下面的活动做了铺垫。在自由探索环节，幼儿在轻松愉快的氛围中讨论、记录“豆宝宝”的特征，不是教师一味地灌输给幼儿知识，是他们自己找到的、自己发现的，因此他们也玩得很开心，同时自己也得到了想要的知识。在讨论环节，幼儿自由选择，并根据自己的生活经验自由匹配豆制品和“豆宝宝”，再看图片、听录音，幼儿自己检查、自己发现错误。同时在集中注意力看、听时，对豆制品已经有了一定的认识。在游戏环节，通过幼儿的自主游戏，把活动引向高潮，在玩中加深了对“豆宝宝”的感知。整个活动以幼儿为中心，培养了他们的科学探究能力。

三、操作型科学活动的设计与指导

（一）操作型科学活动过程设计

操作型科学活动是指幼儿通过动手操作仪器和材料，发现客观事物关系及其变化，学习和使用科技产品，掌握某些工具的操作方法或技能的科学活动。操作型科学活动是幼儿科学学习中比较重要的一种活动类型。它可以分为实验操作型活动和技术操作型活动，设计思路如下。

1. 实验操作型活动

设计思路：提出问题→猜想假设→实验验证→得出结论→交流讨论。这一设计思路能让幼儿了解科学探究的基本过程和方法，学习做科学记录，形成实事求是的科学态度。这种活动比较适合探究幼儿已有类似生活经验而答案不太明确的问题。

2. 技术操作型活动

技术操作型活动是指使用科技产品或进行科技小制作的活动。设计思路：观察→设计→操作→交流讨论→正确操作或展示分享。通过观察了解操作对象的结构，然后设计操作或制作的步骤、方法等，接下来根据设计进行操作或制作，交流讨论操作过程中各自的经验或错误，并调整、修正，最后完成正确操作或作品。

（二）操作型科学活动的指导要点

1. 创设宽松、和谐的心理氛围

要使幼儿的操作活动收到预期的效果，教师必须为幼儿创设宽松、温馨的心理氛围，如尊重和接纳每一个幼儿的想法、探索发现和解释，甚至是错误；理解幼儿的探究行为，给予每一个幼儿真诚、积极、激励性的评价和具体的反馈，激发幼儿内在的探究动机，使他们乐于探索。

2. 提供适当、充足、多样的操作材料

操作活动是幼儿与材料相互作用的过程。给幼儿提供的材料要适当、充足、丰富；科技小制作的材料尽量是半成品，还应具有选择性、代表性和安全性。在幼儿与材料反复作用的过程中，鼓励他们去发现、判断、探索，找出问题的答案或完成作品，获得丰富的科学经验。

3. 引导幼儿积极设计活动、主动参与活动

在活动中教师要与幼儿共同理清实验或制作的步骤和方法，给幼儿充足的操作时间，引导幼儿动手实验操作，发现问题，思考问题，使操作活动成为幼儿主动探索的活动。当幼儿有新的发现和想法时，应支持幼儿的探究行为，鼓励幼儿大胆尝试。

4. 引导幼儿仔细观察

注意实验材料在操作过程中的变化，学习实验操作技能及记录实验结果。

5. 鼓励幼儿提出问题，并和幼儿共同探究问题

在幼儿操作过程中，教师要鼓励幼儿大胆提问、质疑；教师也可通过适当提示和提问，引导幼儿深入探索。如可以提出以下问题："这样做会发生什么？""你在操作过程中发现了什么？""你是怎么知道的？""你还能用别的办法来说明发生的事吗？"等。

6. 鼓励幼儿对实验或制作的过程及结果用语言进行表述

活动中，幼儿需要在教师指导下进行交流与讨论，提出不同见解，表述活动中的发现。当幼儿的解释出现错误时，教师不要急于纠正，可与他们一起讨论解决。教师还应尽量帮助幼儿总结发现，获得新的经验。

（三）操作型科学活动案例及评析

【案例 5-8】 小班科学活动："'水娃娃'不见了"

【活动目标】

（1）通过实验操作，发现生活中有些东西是可以吸水的。

（2）能将自己的探索结果应用在实际生活中。

（3）在活动中能实事求是地记录，积极主动探究，体验探究乐趣。

【活动准备】

（1）海绵、棉花、石头、塑料袋、餐巾纸等材料人手一套。

（2）毛巾一条、开口的饮料罐 2 个。

（3）瓶盖，笑脸娃娃贴和哭脸娃娃贴若干，实验记录表人手一份。

【活动过程】

1. 创设情景，激发探究兴趣

（1）教师出示 2 个饮料罐，其中一个塞入毛巾。

开场语：今天，老师给小朋友们变个魔术，请大家认真观察。

（2）教师用瓶盖将等量的水分别倒进 2 个罐子，然后再把水从罐子里倒出来。

1）为什么这个罐子的水没有倒出来?

2）幼儿观察 2 个罐子，讨论、猜测：放毛巾的罐子里的水为什么不见了?

小结：原来毛巾有吸水性，把罐子里的水吸走了，所以里面的水倒不出来了。

2. 实验操作，体验探究过程

（1）提出问题。

1）除了毛巾能吸水，生活中还有哪些东西也有相同的本领呢？

2）请小朋友们观察海绵、棉花、石头、塑料袋、餐巾纸，你认为哪种材料可以吸水，哪种材料不吸水呢？（配班教师分发实验材料）

（2）猜想记录。

教师引导幼儿猜想、讨论，并记录幼儿的猜想。详细说明怎样使用实验记录表记录自己的假设。如果认为表中材料吸水，就在它后面的格子里贴笑脸娃娃；若认为表中材料不吸水，就在它后面的格子里贴哭脸娃娃。

（3）实验操作。

1）教师讲解实验步骤及注意事项。

2）幼儿操作：每位幼儿有6个瓶盖，实验时，幼儿分别将海绵、棉花、石头、塑料袋、餐巾纸放入瓶盖中，然后拿剩下的空瓶盖舀水依次倒入装有材料的瓶盖中，观察哪个瓶盖中的水不见了或变少了。

3）幼儿记录自己的实验结果，教师巡回指导。

提示：幼儿记录时必须根据自己看到的实验情况如实记录，强调记录的真实性。

（4）交流结果。

1）鼓励幼儿将自己的观察记录结果与他人分享、交流。

2）请幼儿说说，自己的实验结果与假设是否一样。

小结：通过实验操作，我们发现：毛巾、海绵、棉花、餐巾纸是可以吸水的，石头、塑料袋是不吸水的。

3. 游戏活动

提示语：小朋友在做实验的时候，有一只小花猫不小心碰倒了水杯，水流到桌子上了，请你们拿着能吸水的东西来帮帮它，把桌上的水吸干净吧。

结束：整理好实验器材和桌面。

【活动延伸】

结合生活经验，说说有吸水性和无吸水性的物品在生活中的应用。如雨伞防水、毛巾擦脸等。

【案例评析】

由于小班幼儿的思维仍然处于直觉行动阶段，所以他们常常停留于游戏的表面，而忽略实验内在的教育价值。本案例创设的情境容易引起幼儿的兴趣，教师的引导给了幼儿积极大胆参与和猜想假设的空间。

小班幼儿记录的意识还未建立，记录能力相对较弱。案例中提供的实验记录表为幼儿提供了可以参考的框架。鼓励幼儿尊重与倾听他人的观点，帮助他们学会互相学习。

【案例 5–9】 大班科学活动：好玩的陀螺

【活动目标】

（1）通过动手操作，积累经验，尝试能让陀螺平稳旋转的方法。

（2）能积极动手动脑，探索陀螺夹上不同个数夹子的平衡转动方式，并与同伴分享交流，提高动手能力、分析判断能力。

（3）在玩陀螺的过程中，体验探索发现的乐趣。

【活动准备】

陀螺（每人 1 个）、夹子若干。

【活动过程】

1. 游戏导入，激发兴趣

（1）出示陀螺，让幼儿自己转一转、玩一玩，初步感知陀螺的玩法。

（2）启发幼儿思考：怎么才能让陀螺转得平稳且时间长？

小结：转动陀螺前要把陀螺放平，转动时用的力气要大些。

2. 体验夹上 1 个夹子的陀螺玩法

今天我们尝试一个特别的陀螺玩法，把 1 个夹子夹在陀螺上转动，看看会发生什么情况。

（1）猜一猜：夹上 1 个夹子后，陀螺还会稳稳地转起来吗？

（2）做一做：亲自动手去试一试。

（3）说一说：交流、分享发现。（陀螺会歪倒，转不起来，夹子会磨到地面）

（4）想一想：为什么会这样呢？

1）探究原因：一边重，一边轻，失去了平衡。

2）启发思考：怎么让陀螺恢复平衡，让它平稳地转起来？

3）幼儿大胆猜想：可以在陀螺上再夹上更多的夹子。

3. 探索陀螺夹上 2～4 个夹子的平衡转动方法

（1）在陀螺上夹上 2 个或 3 个夹子。

幼儿自由选择 2 个或 3 个夹子，探索陀螺平稳转动的方法。

1）幼儿实验。

2）交流分享探索的结果和发现。

3）得出结论：2 个夹子与转轴呈“1”字形时，陀螺转得平稳；3 个夹子夹成间距相等的“△”时，陀螺转得平稳。

（2）在陀螺上夹上 4 个夹子。

继续探索夹上 4 个夹子后，陀螺转得平稳的方法，并与同伴分享、交流探索的过程和结果，逐步积累经验。

4. 游戏：我的陀螺最棒

选一种自己觉得能转得时间较长的夹夹子方式，可以用 2～4 个夹子的陀螺参加比赛。玩一玩、比一比，看看谁的陀螺转动时间最长。

规则：同时转动陀螺；比赛时只能转动一次；转动陀螺后后退，静静观看，不得拿回陀螺。

【活动延伸】

自制陀螺，在不同的接触面（玻璃、布）上玩陀螺，并分享交流。

第四节　幼儿园数学认知教育活动设计与指导

一、感知集合的教育活动设计与指导

（一）感知集合的教育内容及设计思路

把一组对象看成一个整体，就形成了一个集合。集合里的每个对象叫作这个集合的元素。集合是现代数学的一个最基本的概念，可以说，整个数学都建立在它的基础之上。在幼儿数学教育中渗透集合教育，是幼儿形成“数”的概念和学习加减运算的感性基础。对幼儿进行感知集合的教育包含三个方面：学习分类、认识“1”和“许多”、比较两组物体数量的相等和不等。

1. 学习分类

分类是把相同的或具有共同特征（属性）的东西归并在一起。幼儿将一个个物体加以区分和归并，是计数的必要前提，也是形成“数”的概念的基础。幼儿进行分类时，要经过区别和归类这两个步骤。

设计思路如下：

（1）让幼儿感知和辨认分类对象的名称、特征和差异。

（2）向幼儿说明分类的含义和分类要求。

（3）按范例或口头指示，启发幼儿思考、探索如何分类。

（4）对不同年龄幼儿提出不同的分类干扰条件，以逐步提高分类的难度。

（5）发动幼儿讨论分类的结果，巩固“类”的概念和对类的包含关系的理解。

2. 认识“1”和“许多”

“1”是自然数的基本单位，“许多”表示集合中有两个以上元素。在小班幼儿学数前教幼儿认识“1”和“许多”，可以为正确学习逐一计数和认识 10 以内的数奠定基础。

设计思路：

（1）多种感官感知，区别“1”和“许多”。可以通过开展“看一看”“摸一摸”“听一听”“跳一跳”等活动，让幼儿运用视觉、触觉、听觉等，感知物体是“1”个还是“许多”个，从而理解“1”和“许多”都可以表示物体的数量。

（2）分合操作，理解“1”和“许多”的关系。提供材料让幼儿进行分与合的操作活动，使幼儿初步理解“1”和“许多”的关系。

（3）寻找活动，在生活中学会运用“1”和“许多”。

3. 比较两组物体数量的相等和不等

比较两组物体数量的相等和不等，就是不用数数，而是用一一对应的方法，比较两个集合中元素的数量是一样多还是不一样多。具体方法见第二节的“比较法”。

（二）活动案例及评析

【案例 5-10】 小班数学活动：“帮积木宝宝回家”

【活动目标】

（1）能按积木颜色进行分类，并能用简练的语言说明分类原因。

（2）乐于参与数学操作活动，学习帮助和关心别人，喜欢和大家一起游戏。

【活动准备】

（1）小花猫布偶一个。

（2）红、黄、蓝、绿色积木若干个，总数目要多于班上幼儿数，标有不同颜色标记的收纳盒（分类盒）4个。

（3）背景音乐：《找朋友》。

（4）幼儿已有初步的认识红、黄、蓝、绿四种颜色的经验。

【活动过程】

1. 创设情境，激发兴趣

开场语：小朋友们，今天我们班来了一个新朋友，大家想不想看看是谁啊？（出示小花猫布偶）新朋友的名字叫“淘气”。“淘气”是第一天来我们幼儿园，大家想不想和它一起玩呀？

2. 观察积木，熟悉颜色

引导语：“淘气”给我们带来了好多积木宝宝，但它来得匆忙，积木宝宝都被它混在一起了，请你先观察，看看这里有几种颜色的积木宝宝？（红、黄、蓝、绿）

3. 操作练习，学习分类

（1）小朋友们，“淘气”把积木宝宝的家也带来了，我们再来认认积木宝宝的家，请你们说一说积木宝宝的家有几种颜色？

小结：“淘气”带来了四种颜色的积木宝宝的家，有红、黄、蓝、绿。

（2）“淘气”想请我们班小朋友帮帮忙，把积木宝宝送回家。小朋友们，你们愿意帮助“淘气”吗？

（3）了解分类方法。

引导语：你们看，有四种颜色的积木宝宝，它们的家也有四种颜色，红色的积木宝宝的家是哪个？你是从什么地方看出来的？（引导幼儿观察盒子上的颜色标记与积木的颜色）

小结：我们要把红色积木宝宝送回红色盒子里，黄色积木宝宝送回黄色盒子里，蓝色积木宝宝送回蓝色盒子里，绿色积木宝宝送回绿色盒子里。

（4）幼儿操作。

请你们按颜色把积木分别放入盒子里。（幼儿操作时，放背景音乐，教师观察并指导，如教师提问："你们为什么把这些积木都放在这个盒子里？"引导幼儿说出"把 × 颜色放在一起""它们都是 × 色的"）

4. 游戏巩固，分享快乐

（1）游戏："送礼物"。

"淘气"太感谢你们了，帮积木宝宝回了家！它想把这些积木宝宝送给小朋友，只要小朋友说出自己想要的积木颜色，如"我想要一个红色的积木"，它就把那个颜色的积木宝宝送给你。

（2）游戏："找朋友"。

1）让幼儿说说自己得到的是什么颜色的积木宝宝，然后按颜色玩"找朋友"的游戏。

2）放音乐《找朋友》，幼儿游戏。

3）提问：你们是怎样找到自己的朋友的？你拿的积木颜色和好朋友的一样吗？你们拿的是什么颜色的积木？

【活动延伸】

（1）在区域活动中，教师可以利用幼儿常见的实物让幼儿进行归类活动。例如：瓶盖、纽扣、树叶等。

（2）让家长指导幼儿对自己的物品或家中的小物品进行分类摆放。

【案例评析】

该活动以布偶玩具"淘气"激发幼儿参与活动的兴趣，用"淘气"送礼物自然导入活动。让幼儿学会逐一辨认（区分）颜色，这是学习分类的第一步；然后是对积木与它们的家进行分析，找出共同点；幼儿通过帮助积木宝宝回家，在辨认颜色的基础上学会将同类颜色的积木放在一起，这是活动的难点。教师通过示范、口头指示，让幼儿操作并用简练的语言说出分类的原因，帮助幼儿掌握分类的方法。最后的游戏活动，有助于幼儿复习巩固，将活动推向高潮。在整个活动中，激发幼儿与人、与物互动，充分发挥幼儿的主观能动性，有助于培养幼儿感知和比较的能力。此外，幼儿整理物品的能力和习惯也能得到很好的提升。

二、认识 10 以内"数"的概念的教育活动设计与指导

（一）认识 10 以内"数"的概念的设计思路

幼儿"数"的概念的形成，包括以下几个部分：掌握 10 以内基数的实际意义；10 以内序数；10 以内相邻数及等差关系；10 以内数的守恒；读写 10 以内数字；10 以内

数的组成和10以内的加减法。而计数活动是幼儿初步形成“数”的概念的基本活动，即手口一致（口说着数字、手点着实物）使每个数字与集合内的每一元素建立起一一对应的关系。幼儿计数能力的发展一般经历口头数数、按物取数、说出总数和掌握数的守恒这几个阶段。

1. 认识10以内基数的设计思路

（1）按物点数。

（2）运用各种感官计数。

（3）理解数的形成。

（4）按物取数，按数取物。

（5）理解数的守恒。

（6）倒数和接数。

2. 认识10以内序数的设计思路

（1）借助讲解演示，让幼儿理解序数的含义。

（2）运用计数的方法确定序数。

（3）说明确定序数的方向。

（4）通过操作和游戏活动进行练习。

（5）结合其他领域教育活动和日常生活练习。

3. 认识10以内相邻数的设计思路

（1）借助讲解演示，让幼儿理解相邻数的含义。

（2）探索相邻数的规律。

（3）游戏活动。

4. 认识10以内数的组成的设计思路

（1）让幼儿操作并学会做记录。

（2）让幼儿探索数的组成规律。

（3）巩固活动。

5. 认读和书写阿拉伯数字的设计思路

（1）运用多种教具，结合数数，讲解数字的意义。

（2）用比喻法让幼儿记住字形。

（3）用比较法让幼儿区分形近数字、读准字音。

（4）用游戏法让幼儿体验数字与物体数量的关系。

（5）示范、讲解书写姿势。

（6）让幼儿进行书写练习。

6. 10以内的加减法的设计思路

（1）让幼儿学习自编口述应用题。

（2）让幼儿学习实物加减。

（3）让幼儿学习列式运算。

（4）让幼儿认识零和得数是零的运算。

（二）活动案例及评析

【案例 5-11】 大班数学活动："仿编 4 以内的加法应用题"

【活动目标】

（1）能看图片尝试仿编 4 以内的加法应用题，理解加法的含义。

（2）初步感知加法应用题，为学习加法运算做准备。

（3）在看、听、想、说、做中感受合作与竞争的氛围，体验数学的魅力。

【活动准备】

（1）设置超市的场景：有水果店、服装店、菜市场和书店。物品均为卡片，每种物品的数量都是 4 个以内。

（2）设置玩具店场景：有玩具汽车 4 辆。其中 3 辆卡车、1 辆小轿车；2 辆红色的、2 辆黄色的。

【活动过程】

1. 创设情境，激发兴趣

今天老师要和小朋友玩"超市"的游戏，你们看，老师这个水果店里有哪些水果？（苹果、梨子、香蕉等）

（1）介绍游戏玩法。

教师当售货员，请一个幼儿当顾客，选定一种水果，买两次。

（2）提问：刚才 ×× 小朋友先买了 1 个红苹果，又买了 3 个青苹果，他一共买了几个苹果？（4 个苹果）

2. 初步学编加法应用题

（1）刚才老师给小朋友提了一个什么问题？（"一共有几个苹果？"）

（2）小朋友们是怎么回答的？（"一共有 4 个苹果。"）

（3）你们怎么知道一共是 4 个苹果？（因为老师告诉我们：×× 先买了 1 个红苹果，又买了 3 个青苹果，一共就有 4 个苹果）

（4）小结。

分别把两次买的苹果用数卡表示，问题用问号表示，并出示在黑板上。

1）刚才老师告诉大家 ×× 小朋友先买了 1 个红苹果。（出示数字 1）

2）后来又买了 3 个青苹果。（再出示数字 3）

3）老师告诉你们几个数字？（"2 个。"）对，2 个数字。

4）然后老师问了一个什么问题？（"一共买了几个苹果？"）

3. 尝试仿编加法应用题

师："刚才老师给小朋友提了问题，也请小朋友给大家提问题，好不好？"（教师出示教具，让幼儿编题）

（1）出示 4 辆汽车，提问："这是什么？这些汽车有什么地方不一样？谁会用这些玩具汽车编加法应用题？"并请幼儿回答。

（2）鼓励幼儿用这4辆汽车编出和别人不一样的应用题。如按不同种类编、按不同颜色编、按不同大小编，并请幼儿回答。

（3）小结：刚才这两个小朋友编题的时候也同样告诉别人两个数字，最后也提一个问题请别人回答。

4. 独立自编口述应用题

（1）这么多的小朋友都想编题，那么今天老师给小朋友准备了很多东西，请小朋友玩“超市”的游戏，有的扮演售货员，有的扮演顾客。小朋友买完了物品，就编题目问大家，看看谁编得最好。

（2）幼儿分组，教师巡回观察，了解幼儿编题情况，强调最后一句话不能说出答案，而是要提出一个问题，考考其他小朋友。

（3）教师请2～3个幼儿向大家展示自己买的物品，并说出自己编的应用题。其他幼儿集体讨论，鼓励编得好的幼儿，帮助编得不正确的幼儿纠正错误。讨论中应强调题目的重点是最后要提出一个问题。

【活动延伸】

家长带幼儿逛超市，让幼儿实际参与购物活动，并编应用题，然后计算一下自己的花费，让幼儿真切地感知加法运算与我们生活的关系。

【案例评析】

本次活动以“超市”作为幼儿的学习环境，以仿编4以内的加法应用题为主线，幼儿充分运用自己的经验进行仿编活动。在整个活动中，教师用问题的形式引导幼儿掌握应用题的结构，以直观教具帮助幼儿尝试仿编应用题，让幼儿学习独立仿编口述应用题。教师与幼儿一同参与游戏，巧妙地将幼儿设在不同发展水平层次上，每个层次都有新的挑战。使幼儿在愉悦的氛围中玩学合一，获得新的知识、技能和经验，体验成功的快乐。

三、认识量、形、时间、空间方位的教育活动设计与指导

（一）量、形、时间、空间方位的教育活动的设计思路

1. 认识量的教育活动的设计思路

（1）量的比较设计思路：运用各种感官，感知物体的量；运用重叠法、并放法、比较物体的量；运用寻找法，描述物体的量；运用游戏法区别物体的量。

（2）量的排序设计思路：示范讲解→动手操作→探索物体序列中的规律。

（3）量的守恒设计思路：运用单个物体量的变式→运用同等量的两份物体进行比较→运用数表述量的守恒→渗透整体与部分关系的思想。

（4）自然测量设计思路：讲解示范，教幼儿学习自然测量→实际操作→幼儿自己动手学习测量→探索和初步理解测量工具与测量结果之间的关系。

2. 认识形的教育活动的设计思路

（1）运用多种感官感知图形，认识图形的基本特征。

（2）通过图形间的比较，掌握图形的基本特征。

（3）通过操作或游戏等多种活动，巩固对图形的认识。

3. 认识时间的教育活动的设计思路

（1）通过日常谈话或日常活动，帮助幼儿认识时间。

（2）游戏活动。

（3）看图说话。

（4）多种方法认识时钟，学会看整点和半点。

4. 认识空间方位的教育活动的设计思路

（1）以自身为中心认识“上下”“前后”“左右”。

（2）以客体为中心认识“上下”“前后”“左右”。

（3）在操作活动中认识“上下”“前后”“左右”。

（4）在一日活动或游戏中认识“上下”“前后”“左右”。

（二）活动案例及评析

【案例 5-12】 大班数学活动：“教你来分左和右”

【活动目标】

（1）在“贴红花”“听口令”活动中，以自身为中心区别并说出“左右”方位的物体。

（2）两两合作，在“蝴蝶飞”游戏中尝试以客体为中心区分“左右”。

（3）通过游戏，感受数学就在身边，并从中获得积极的情感体验。

【活动准备】

小红花贴纸若干、工艺品小蝴蝶一只。

【活动过程】

1. 情景导入

开场语：小朋友们，老师为你们每人准备了一个漂亮的小红花，请你们把它贴在自己的右手上，好吗？

引导语：小朋友们，现在你们哪只手上贴了小红花？哪只手上没有？（引导幼儿正确区分自己的左右手，对判断准确的幼儿进行表扬）

2. 区分左右手

（1）谈话：我们都有一双手，一只左来一只右，哪只是右手？哪只是左手？请你举手告诉我。

（2）讨论：左手和右手都有哪些本领？

引导幼儿从多角度讨论左右手的作用，例如：你吃饭的时候右手拿什么？（碗、筷子或勺子）你写字用哪只手？拍球用哪只手？

3. 游戏："听口令"

（1）举举。教师指示："举起你的右（左）手。"幼儿边举起右（左）手边说："举起我的右（左）手。"

（2）捏捏。用右手捏右耳，用左手捏左耳；用右手捏左耳，用左手捏右耳。

（3）拍拍。用右手拍右腿，用左手拍左腿；用右手拍左腿，用左手拍右腿。

4. 区分客体的左右

（1）小朋友们都能分清自己的左右，谁能来帮老师找找，哪只是我的右手？哪只是我的左手？（请一个幼儿给教师右手贴上小红花）

（2）教师出示左手，请幼儿出示左手；教师出示右手，请幼儿出示右手。（引导幼儿发现：原来当老师和小朋友面对面的时候，左右手是相反的）

（3）游戏："我说，你做"。

1）示范游戏。教师请一个幼儿和自己面对面站立，教师指示："拍拍我的右手"，幼儿拍拍教师右手。

2）请幼儿两两合作，面对面进行游戏，相互为对方找出左右手。

（4）游戏："蝴蝶飞"。

一幼儿手拿"小蝴蝶"，听教师指令："请让小蝴蝶飞到 ×× 小朋友左肩上。"幼儿学蝴蝶飞，并按指令放置"小蝴蝶"。

【活动延伸】

（1）语言活动中，说一说：我的左手和右手能干什么？

（2）可在日常生活中随机进行区分左右手的活动。

【案例评析】

能以自身为中心和以客体为中心区别并说出物体的"左右"方位，是对大班空间方位的教学要求。本次活动以情景导入，通过找出自己的右手、讨论左手和右手"有哪些本领"来以自身为中心区分左手和右手。第三个环节玩游戏"听口令"，让幼儿在动作操作中分辨左手和右手，熟悉、掌握左边和右边。第四个环节是本活动的重点和难点环节，通过找出与自己面对面站立的教师的右手来区分以客体为中心的"左右"。后面用方位游戏加强幼儿对以客体为中心的"左右"方位的认识和理解。活动环节安排紧凑、层次分明，运用循序渐进的多种游戏形式让幼儿快速掌握相关知识，在愉快的游戏中体验空间方位学习的快乐。

经典习题

一、单项选择题

1. 下列各项中，（　　）不是幼儿科学学习的核心。

A. 激发探究兴趣　B. 体验探究过程
C. 掌握科学知识　D. 发展初步的探究能力

2. 幼儿科学教育是（　　）。
A. 科学知识教育　B. 科学基础教育　C. 科学启蒙教育　D. 科学奠基教育

3. 幼儿科学教育的核心是（　　）。
A. 好奇心　B. 求知欲　C. 亲近自然　D. 探究

4. 下列各项中，（　　）不是幼儿科学教育的目标。
A. 对周围的事物、现象感兴趣，有好奇心和求知欲
B. 掌握扎实的科学基础知识
C. 能运用各种感官，动手动脑，探究问题
D. 能从生活和游戏中感受事物的数量关系并体验到数学的重要和有趣

5. 幼儿科学领域的学习与发展目标主要包含两个子领域，它们是（　　）。
A. 科学探究和数学认知　B. 亲近自然和数学认知
C. 科学探究和数量关系　D. 科学探究和空间关系

6. 下列哪一项不属于《指南》倡导的幼儿学习方式？（　　）
A. 强化练习　B. 直接感知　C. 实际操作　D. 亲身体验

7. “为幼儿的探究活动创造宽松的环境，让每个幼儿都有机会参与尝试，支持、鼓励他们大胆提出问题，发表不同意见，学会尊重别人的观点和经验。”这体现了幼儿教育中（　　）领域的内容与要求。
A. 健康　B. 语言　C. 社会　D. 科学

8. 科学活动中，教师观察到某幼儿能用数字、图表来记录和整理自己观察到的现象，该幼儿最可能的年龄是（　　）。
A. 6 岁左右　B. 5 岁左右　C. 4 岁左右　D. 3 岁左右

9. 在科学活动中，可以引导幼儿通过（　　）等方法，学习发现问题、分析问题和解决问题。
A. 推理、比较、操作、实验　B. 观察、想象、操作、实验
C. 观察、比较、操作、实验　D. 观察、比较、讨论、实验

10. 下列哪项不是幼儿科学探究的目标？（　　）
A. 在探究中获得科学概念　B. 亲近自然，喜欢探究
C. 具有初步的探究能力　D. 在探究中认识周围的事物和现象

11. 幼儿学科学的内在动机和原动力是（　　）。
A. 受表扬　B. 好奇心　C. 学本领　D. 活动身体

12. “能辨别自己的左右”这一目标适合的年龄班是（　　）。
A. 小班　B. 中班　C. 大班　D. 学前班

13. 由于幼儿是以自我为中心辨别左右方向的，教师在动作示范时应该（　　）。
A. 背对幼儿，采用镜面示范　B. 面对幼儿，采用镜面示范
C. 面对幼儿，采用正常示范　D. 背对幼儿，采用正常示范

14. “能对事物或现象进行观察比较，发现其相同与不同”，这一目标涉及的年龄段

是（　　）。

A. 3～4 岁　　B. 4～5 岁　　C. 5～6 岁　　D. 6～7 岁

15. 下列哪项不是幼儿数学认知的目标？（　　）

A. 初步感知生活中数学的有用和有趣

B. 感知和理解数、量及数量关系

C. 掌握基本的加减运算方法

D. 感知形状与空间关系

16. 幼儿数学认知的核心是（　　）。

A. 获得数概念　　B. 获得时间概念　　C. 获得空间概念　　D. 解决问题

17.（2018 年上半年真题）在引导幼儿感知和理解事物"量"的特征时，恰当的做法是（　　）。

A. 引导幼儿感知常见事物的大小、高矮、粗细等

B. 引导幼儿识别常见事物的形状

C. 和幼儿一起手口一致点数物体，说出总数

D. 为幼儿提供"按数取物"的机会

18.（2018 年下半年真题）小班幼儿观察植物时，下列哪条目标最符合他们的发展水平？（　　）

A. 能感知到周围植物多种多样

B. 会观察记录植物生长变化过程

C. 能察觉到植物外形特征与生存环境的反应关系

D. 能发现不同种类植物之间的差异

19.（2019 年下半年真题）下列不宜作为幼儿科学领域学习方式的是（　　）。

A. 直接感知　　B. 实际操作　　C. 亲身体验　　D. 概念解释

20.（2019 年下半年真题）下列幼儿行为表现中数的概念发展最低的是（　　）。

A. 按数取物　　B. 按物说数　　C. 唱数　　D. 默数

二、简答题

1. 简述《纲要》中幼儿科学教育的总目标。

2. 简述《纲要》中幼儿科学教育的指导要点。

3. 茵茵已经上中班了，她知道把 2 个苹果和 3 个苹果放在一起，就有 5 个苹果。但是问她"2 加 3 等于几？"茵茵直摇头。请结合此案例简述中班幼儿数学学习的思维特点及对教师教育的启示。

三、论述题

（2018 年上半年真题）为什么要让幼儿通过直观感知、实际操作和亲身体验的方式进行学习？请结合实例分别说明。

四、材料分析题

1. 阅读下列材料，回答问题。

材料：

在"认识电"的科学教育活动中，教师为每组幼儿提供了一个线路板，让幼儿把两节

电池的正负极连接起来，使小灯泡发亮。结果，幼儿很快获得了成功，并且操作得很熟练。

问题：

分析该案例中教师的做法。

2.（2017 年上半年真题）教师为了帮助大班幼儿了解春天的季节特征，同时在其中渗透数学教育，专门制作了一套“春天”的拼图（如下图），拼图底板是若干道 10 以内计算题，每一小块图形的正面是春天景色的一部分，背面是计算题的得数，教师希望幼儿根据计算题与得数的匹配找到拼图的相应位置。然而，材料投放后，教师却发现许多幼儿不用做计算题就能轻松完成拼图，也未对图片中的季节特征产生观察与探究的兴趣。

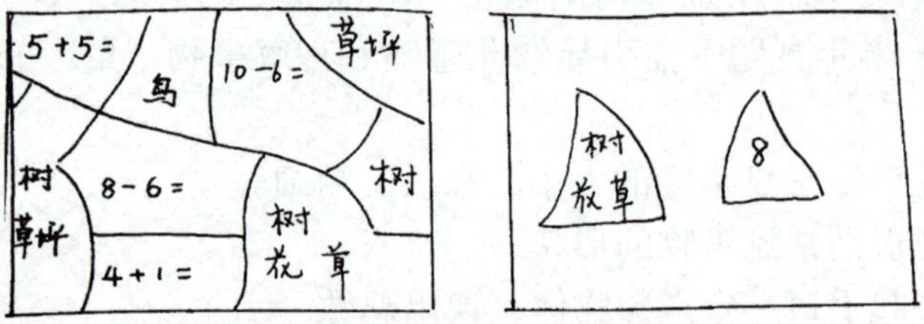

问题：

（1）请从幼儿获得科学经验的角度，分析这一拼图材料的投放对达成教学目标是否适宜及其原因。

（2）该材料在设计上存在什么问题？请提出改进建议。

五、活动设计题

请根据下列材料设计一个大班科学活动，要求写出活动名称、活动目标、活动准备、活动过程。

材料：

大班的胡老师为幼儿提供了各种吹泡泡的工具，有吸管、铁丝绕成的圈，塑料吹泡泡棒等（如下图），让幼儿在户外活动时吹泡泡玩。幼儿在吹泡泡的时候，有的能吹出很大的泡泡，有的只能吹出小泡泡；有的能一次吹出好多个泡泡，有的一次只能吹出一个泡泡。结果有的幼儿得意，有的幼儿沮丧。针对上述现象，胡老师打算组织一个科学教育活动，以引发幼儿深入探究的兴趣，并使幼儿了解不同吹泡泡工具与吹出的泡泡之间的关系。

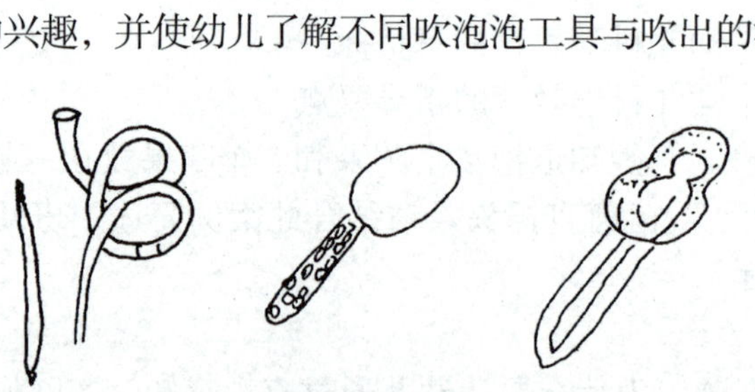

学习资料包

第六章　幼儿园艺术教育活动设计与指导

【考纲要求】

- 考查方式：在近年的教师资格考试中以活动设计题为主。
- 考查内容：掌握艺术教育的基本知识和相应教育方法，能够设计并开展艺术教育活动。

【思政园地】

思政目标：

（1）尊重人的个性与个人选择，树立发挥人的主观能动性的人本管理理念，坚持守正创新。

（2）善于发现美、欣赏美、创造美，提升生活品位和审美修养。

【知识结构】

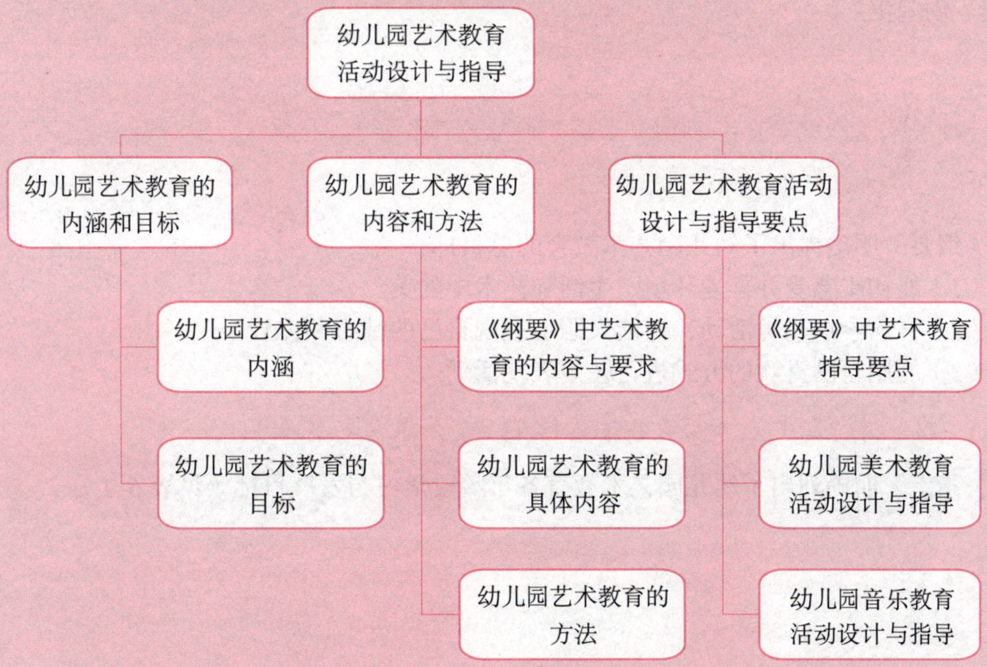

第一节　幼儿园艺术教育的内涵和目标

一、幼儿园艺术教育的内涵

艺术是人类感受美、表现美和创造美的重要形式，也是表达自己对周围世界的认识和情绪态度的独特方式。艺术是实施美育的主要途径。幼儿园艺术教育是指教育者遵循学前教育的总体要求，根据幼儿身心发展的规律，有目的、有计划、有组织地通过艺术欣赏和艺术表现活动感染幼儿，并培养幼儿的审美能力和艺术表现能力，促进幼儿人格和谐发展的一种审美教育活动；是以幼儿艺术为媒介和主要手段，以审美为核心的艺术启蒙教育活动。

《指南》指出："每个幼儿心里都有一颗美的种子。幼儿艺术领域学习的关键在于充分创造条件和机会，在大自然和社会文化生活中萌发幼儿对美的感受和体验，丰富其想象力和创造力，引导幼儿学会用心灵去感受和发现美，用自己的方式去表现和创造美。"幼儿园艺术教育应该顺应幼儿发展的需要和特点，寓教育于美的享受之中，始终把对幼儿的个性、情感的尊重放在首位，强调在幼儿精神获得满足和愉悦的同时，培养其对美的感受能力，提高他们的审美情趣，以帮助幼儿形成完整与和谐发展的人格为终极目标。

幼儿园艺术教育主要包括幼儿园音乐教育和幼儿园美术教育。幼儿园音乐教育是指有目的、有计划地培养幼儿音乐情感与音乐素养的实践过程。幼儿园美术教育是指以幼儿为主体进行的美术造型活动和欣赏活动。幼儿园艺术教育的核心是让幼儿感受美、表现美、创造美。

二、幼儿园艺术教育的目标

（一）《纲要》中艺术教育的总目标

《纲要》明确提出了幼儿园艺术教育的总目标：

（1）能初步感受并喜爱环境、生活和艺术中的美。

（2）喜欢参加艺术活动，并能大胆地表现自己的情感和体验。

（3）能用自己喜欢的方式进行艺术表现活动。

（二）《指南》中艺术教育各年龄段学习与发展目标

《指南》明确列出了幼儿园艺术教育各年龄段学习与发展目标（见表 6-1）。

表 6-1 幼儿园艺术教育各年龄段学习与发展目标

子领域	目标	3～4岁	4～5岁	5～6岁
感受与欣赏	喜欢自然界与生活中美的事物	1.喜欢观看花草树木、日月星空等大自然中美的事物。 2.容易被自然界中的鸟鸣、风声、雨声等好听的声音所吸引。	1.在欣赏自然界和生活环境中美的事物时，关注其色彩、形态等特征。 2.喜欢倾听各种好听的声音，感知声音的高低、长短、强弱等变化。	1.乐于收集美的物品或向别人介绍所发现的美的事物。 2.乐于模仿自然界和生活环境中有特点的声音，并产生相应的联想。
	喜欢欣赏多种多样的艺术形式和作品	1.喜欢听音乐或观看舞蹈、戏剧等表演。 2.乐于观看绘画、泥塑或其他艺术形式的作品。	1.能够专心地观看自己喜欢的文艺演出或艺术品，有模仿和参与的愿望。 2.欣赏艺术作品时会产生相应的联想和情绪反应。	1.欣赏艺术作品时常常用表情、动作、语言等方式表达自己的理解。 2.愿意和别人分享、交流自己喜爱的艺术作品和美感体验。
表现与创造	喜欢进行艺术活动并大胆表现	1.经常自哼自唱或模仿有趣的动作、表情和声调。 2.经常涂涂画画、粘粘贴贴，并乐在其中。	1.经常唱唱跳跳，愿意参加歌唱、律动、舞蹈、表演等活动。 2.经常用绘画、捏泥、手工制作等多种方式表现自己的所见所想。	1.积极参与艺术活动，有自己比较喜欢的活动形式。 2.能用多种工具、材料或不同的表现手法表达自己的感受和想象。 3.艺术活动中能与他人相互配合，也能独立表现。
	具有初步的艺术表现与创造能力	1.能模仿学唱短小歌曲。 2.能跟随熟悉的音乐做身体动作。 3.能用声音、动作、姿态模拟自然界的事物和生活情景。 4.能用简单的线条和色彩大体画出自己想画的人或事物。	1.能用自然的、音量适中的声音基本准确地唱歌。 2.能通过即兴哼唱、即兴表演或给熟悉的歌曲编词来表达自己的心情。 3.能用拍手、踏脚等身体动作或可敲击的物品敲打节拍和基本节奏。 4.能运用绘画、手工制作等表现自己观察到或想象的事物。	1.能用基本准确的节奏和音调唱歌。 2.能用律动或简单的舞蹈动作表现自己的情绪或自然界的情景。 3.能自编自演故事，并为表演选择和搭配简单的服饰、道具或布景。 4.能用自己制作的美术作品布置环境、美化生活。

（三）幼儿园艺术教育目标的价值取向

《纲要》和《指南》中幼儿园艺术教育的目标表明了幼儿艺术教育目标的价值取向，主要包括以下两个方面。

1. 幼儿园艺术教育重在艺术兴趣的培养

《纲要》中艺术教育目标共三句话，用了一个“喜爱”、两个“喜欢”。《指南》的两个子领域有四个目标，其中有三个目标都用了“喜欢”。这充分表明了幼儿园艺术教育重在艺术兴趣的培养。《指南》中各年龄段的典型表现，正是我们用来观察幼儿是否具有艺术兴趣的一些表现特征。长期以来，在幼儿艺术教育领域存在这样的误区：重视艺术模仿教育，把技能、技巧的训练放在首位，忽视幼儿的情趣与愿望。事实上，只要在教学和评价中强调了“技能技巧”，即“教幼儿如何画画，而没有教幼儿喜欢画画”，那幼儿的兴趣基本上就丧失了。教幼儿什么，幼儿就不喜欢什么——这就是幼儿艺术教育的负效应。幼儿积极的艺术学习兴趣是开展艺术活动的内在动力，是幼儿感受美、欣赏美、表现美和创造美的前提。幼儿生来就具有艺术潜能，自由哼唱、涂鸦活动和手舞足蹈，几乎发生在每个幼儿身上。在幼儿园艺术教育活动中，教师要把激发幼儿的艺术潜能、培养幼儿的艺术兴趣放在首位。

2. 幼儿园艺术教育的核心价值是感受美、表现美与创造美

（1）感受美。

《纲要》在幼儿艺术教育总目标中提出“能初步感受并喜爱环境、生活和艺术中的美”，明确了“感受美”这个艺术教育目标的价值取向，突出强调幼儿对美的感受和体验，淡化了技能知识的习得。《指南》将幼儿艺术学习与发展划分为“感受与欣赏”和“表现与创造”两个子领域。“感受与欣赏”子领域重在感受，因为欣赏也是一种感受，是更深入的感受。“表现与创造”子领域重在表现，而创造也是一种表现，是更独特的表现。感受美是表现美的前提，艺术教育就应该从感受美入手，在此基础上来表现美。

幼儿是用感官来探索世界的，是通过声音、颜色和形状来认识事物并激发情感的，教育就是要通过幼儿对美好事物的感受和体验，来培养他们感官的敏锐。为什么同样面对周围的美景，有的人会特别敏感，并有强烈的情感体验，而有的人则视而不见或无动于衷呢？这就与他是否从小接受过审美熏陶，即“感受美”的培养有关。为什么同样被要求画一幅意愿画，有的人能够一挥而就，而有的人却脑袋空空、一片茫然？这就与他的感知经验和头脑中的表象是否丰富有关。幼儿时期对美的感知，会深深地根植于一个人的心中，对他以后的人生产生至关重要的影响。

（2）表现美与创造美。

《纲要》在幼儿艺术教育目标中提出“喜欢参加艺术活动，并能大胆地表现自己的情感和体验”，“能用自己喜欢的方式进行艺术表现活动”，明确了艺术教育目标“表现美与创造美”的价值取向。艺术是幼儿的一种语言，当他们还不能或不善于运用口语和书面语言的时候，他们天生会用声音、图画和肢体动作来表达自己的意愿和感受；艺术也是幼儿的游戏，艺术的材料和工具是幼儿的玩具，他们用把玩这些玩具时的声音、图画和肢体动作进行想象，反映他们的所见、所闻、所思和所感，象征性地实现在现实中不能实现的愿望。所以，幼儿感兴趣的是过程，而不是结果。幼儿的艺术创造能力就是

在大量游戏化的表现机会中发展起来的。呵护最纯真的天性，培养艺术表现的兴趣，是幼儿艺术教育的重点。

《纲要》反复指出：艺术是幼儿“表达自己的认识和情感的重要方式”，要使幼儿“大胆地表达自己的情感、理解和想象”；这种艺术表达是“自由表达”，是“创造性表达”。这就从幼儿艺术的表达功能、表达内容和表达方式三个方面阐述了幼儿自我表达的意义。《指南》在“表现与创造”子领域目标“具有初步的艺术表现和创造力”中指明了表现和创造美的具体目标。由此可见，艺术教育不但要关注幼儿艺术活动实际呈现出来的作品，而且要更加关注艺术创造中幼儿的艺术思维过程、形式，语言使用过程，以及对艺术工具和材料探索的过程。艺术教育应以培养幼儿的创造意识、创造能力和创造个性为中心任务。

（四）幼儿园艺术教育活动目标的表述

1. 认知目标

初步了解不同的艺术名称、种类及其表现形式，能初步感受或欣赏艺术作品中艺术语言的基本特征；认识有关艺术的材料、工具、动作及其操作技能；从艺术活动中获得和积累实践经验或审美经验，并能够迁移到非艺术活动中；初步体验艺术作品中线条、色彩、节奏、韵律等所表达的情感，从而发现或初步感受美的丰富性；了解艺术活动中艺术规则的建立，并在活动中自主遵守。

2. 动作技能目标

能对应不同艺术形式和内容，正确把握形状、线条、色彩、节奏、韵律、速度等；能用与艺术形式相匹配的表情、动作等表达自己的情感体验；能够自主选择某种艺术语言表达自己的感受和想象；能用各种象征性符号或工具材料重构、组合，创编、创造出新形象；能用简单的艺术标准和艺术直觉评价艺术活动或艺术作品，能对美丑做知觉或直觉判断；能将获得的艺术能力迁移，解决生活中遇到的实际问题。

3. 情感态度目标

产生对艺术活动的兴趣，喜爱不同风格的艺术作品和不同艺术形式及表达方式；积极投入欣赏、评价自身或他人的艺术活动或艺术作品中去，初步形成健康的审美态度；在活动中学会与同伴合作交往，养成积极自信、热情开朗的性格特征和文明、优雅的气质，形成良好的个性心理品质。

【案例 6–1】 大班歌唱活动：“猫的新娘”

【活动目标】

（1）培养幼儿音乐知识和技能。

（2）启发幼儿创造性表演、大胆演唱。

（3）培养幼儿遵守常规，提高幼儿自我表达能力。

【案例分析】

目标（1）中，音乐知识和技能范围很广，在一次活动中，幼儿得到的知识技能是点滴的，所以该目标“大”而“空”，无法操作。目标（2）中，教师无法知道要通过什么方法和手段实施和落实，所以该目标也是不具体的。目标（3）中，幼儿遵守常规无法靠一次活动完成，需要靠平时长期的培养才能形成。虽然三个目标均以教师的“教”这一角度作为出发点，但是表述都没有行为化的概念，内容非常笼统，无法具体操作和落实。我们通常把这种“大”而“空”的目标称为“无法检查”“无法落实”的“万金油”目标。可改为：

（1）感受新疆歌曲诙谐、幽默的特点，运用图示与教师表演，理解歌词内容。

（2）学会用连贯的演唱方法演唱歌曲。

（3）体验歌唱中不断猜“猫的新娘是谁”的乐趣。

【案例 6-2】 中班美术活动：“烟花”

【活动目标】

（1）欣赏烟花图片，感受烟花的色彩美、造型美。

（2）能用棉签画出由各种点、线组合的烟花，大胆表现自己心中的烟花。

（3）能对自己和他人的作品做出积极评价，感受绘画活动的乐趣。

【案例 6-3】 中班韵律活动：“惊愕”

【活动目标】

（1）了解 2/4 拍的节奏特点，熟悉乐曲旋律，感受前后两段音乐的不同风格。

（2）能听音乐想象画面，创编不同的动作。

（3）能跟随音乐表演，感受乐曲优美的旋律。

【案例 6-4】 大班手工活动：“蝉”

【活动目标】

（1）掌握用纸折蝉的方法。

（2）通过观察和讨论，加深、巩固对折叠符号的理解，尝试独立看图折叠完成作品。

（3）感受合作拼画的乐趣。

案例 6-2 至案例 6-4 的活动目标，行为主体均为幼儿，目标具体、明确、可操作，不仅为活动内容、方法的选择及活动的组织实施指明了正确方向，也为活动结束后的教育评价提供了依据。

第二节 幼儿园艺术教育的内容和方法

一、《纲要》中艺术教育的内容与要求

《纲要》中艺术教育的内容与要求如下：

（1）引导幼儿接触周围环境和生活中美好的人、事、物，丰富他们的感性经验和审美情趣，激发他们表现美、创造美的情趣。

（2）艺术活动面向全体幼儿，针对他们的不同特点和需要，让每个幼儿都得到美的熏陶和培养。对有艺术天赋的幼儿要注意发展他们的艺术潜能。

（3）提供自由表现的机会，鼓励幼儿用不同艺术形式大胆表达自己的情感、理解和想象，尊重每个幼儿的想法和创造，肯定和接纳他们独特的审美感受和表现方式，分享他们创造的快乐。

（4）在支持、鼓励幼儿积极参加各种艺术活动并大胆表现的同时，帮助他们提高表现的技能。

（5）指导幼儿利用身边的物品或废旧材料制作玩具、手工艺品等来美化自己的生活或开展其他活动。

（6）为幼儿创设展示自己作品的条件，引导幼儿相互交流、相互欣赏、共同提高。

二、幼儿园艺术教育的具体内容

（一）幼儿园美术教育的内容

幼儿园美术教育的内容一般可分为绘画活动、手工活动、美术欣赏活动三大方面。

1. 绘画活动

幼儿绘画教育活动是幼儿园美术教育中最主要的活动内容，是教师引导幼儿学习运用各种纸、笔等绘画材料和工具，通过线条、色彩、造型、构图等手段，创造可视的形象，来表达幼儿审美感受的一种美术教育活动。它对发展幼儿的感知力、想象力和创造力都有很大帮助。

2. 手工活动

幼儿手工活动是指在教师指导下，幼儿运用简单的工具和材料，通过剪、折、撕、贴、塑等手段进行的造型活动。它对幼儿的操作协调能力、动手能力和耐心细致的工作习惯都是一种锻炼和培养。

3. 美术欣赏活动

幼儿美术欣赏活动是幼儿通过感受和欣赏美术作品、自然景物及周围环境中的美好事物，体验其内容美和形式美，增强幼儿审美情趣和审美能力的活动。它对形成幼儿良

好的艺术素养和健康的人格具有重要意义。

（二）幼儿园音乐教育的内容

幼儿园音乐教育的内容包括歌唱活动、韵律活动、打击乐器演奏活动和音乐欣赏活动四个方面。

1. 歌唱活动

歌唱活动是指运用嗓音进行的艺术表现活动，它是幼儿园音乐教育的主要内容。幼儿园常用的歌唱形式有独唱、齐唱、对唱、接唱、轮唱、合唱、歌曲表演等。

2. 韵律活动

韵律活动是指在音乐伴奏下进行的以身体运动和身体造型为表达媒介的一种艺术活动。它包括舞蹈、律动、音乐游戏和其他节奏动作。它们的共同之处是音乐和动作相结合，要求动作符合音乐的情绪、情感，跟随节奏、速度、力度的变化，而且要正确、协调，有表现力。

3. 打击乐器演奏活动

所谓打击乐器，是指靠碰撞和打击而发声的乐器。幼儿园中常见的打击乐器有串铃、碰铃、三角铁、锣、双响筒、木鱼等。

打击乐器演奏是指在音乐声中有节奏地敲打某些打击乐器的活动。它包括练习演奏已经配置好的器乐曲和声乐曲，为其他的唱歌、舞蹈活动伴奏。打击乐器演奏活动是培养幼儿节奏感的重要途径。

4. 音乐欣赏活动

在幼儿园音乐教育活动中，音乐欣赏是指学习怎样听音乐、怎样感受音乐和怎样表达音乐效果。幼儿音乐欣赏活动的主要内容有：倾听周围环境中的声音、欣赏音乐作品、学习音乐欣赏的简单知识和技能。

三、幼儿园艺术教育的方法

（一）幼儿园美术教育的方法

1. 观察欣赏法

观察欣赏法是指在教师的引导下，幼儿有意识、有目的地感知和欣赏事物的色彩、造型、结构等审美特征，动脑思考，进行比较的一种方法。其目的在于帮助幼儿深化表象，积累内在图式，使幼儿获得完整、鲜明、深刻的感性认识，学会欣赏，并能从观察中提问，培养观察能力和思考能力。

观察欣赏时，要有重点、有规律、有系统，注意观察的顺序：由易到难、由简到繁、由整体到部分或由部分到整体。要充分利用各种感官感知，如眼看、手摸、鼻子闻及动作模仿等。如绘画活动“可爱的小兔”，教师可以在饲养区组织幼儿喂养小兔，观察、抚摸小兔，模仿小兔一蹦一跳地走路等，丰富对小兔的认知，激发幼儿表达、创作的欲望。

2. 示范与范例法

示范是指教师把美术教育活动过程中的重点、难点分解，操作演示，让幼儿在直接模仿中学习关键的、必要的技能。

示范法一般在幼儿学习新的技能时使用。如小班手工活动“雪娃娃”，教师分步骤讲解示范，引导幼儿用自己喜欢的毛线，从上到下、从局部到整体有序粘贴：先粘帽子，再依次粘头、眼睛、嘴巴、身体。教师示范时，动作应缓慢、准确，让每位幼儿都能看清楚。视具体活动内容，教师可采取蹲下或走到幼儿面前示范等方式。

范例是指教师提供给幼儿观察、欣赏的直观教具，它可以是实物、模型、图片等，也可以是教师的范画。好的范例可以充实幼儿的视觉形象，丰富幼儿的创作内容，还可以扩大幼儿的视野，帮助幼儿体验多种艺术手法和形式，提高审美能力。

示范与范例的运用，在一定程度上会限制幼儿的想象力和创造力，因此在美术教育活动中，教师应谨慎地、有条件地使用它。

3. 游戏练习法

游戏练习法是在游戏中进行美术教育活动，让幼儿自然、轻松、愉快地反复练习和操作，获取知识技能，提高手眼协调能力，培养幼儿对美术教育活动的兴趣。

对小班幼儿来说，教师在安排游戏练习时，应注意主题的兴趣性，在“做做”“玩玩”“想想”中进行美术技能的练习和美术创作的表达。到了中大班，则更多地将幼儿的美术作品用于游戏之中。如教师在引导幼儿学习用泥塑团圆的技能时，利用过元宵节，与幼儿一起玩“团元宵”游戏，在游戏中学会团圆的技能。

4. 启发探索法

启发探索法是教师在活动中利用幼儿已有的知识经验，启发他们去探索并获得新的知识和操作经验的方法。它是幼儿在教师引导下进行创造性美术活动的重要方法。如在泥塑活动中，当幼儿用团圆和搓长的技能制作出鸡蛋的造型后，教师可以启发幼儿观察，分析鸡蛋和企鹅形象的关系，探索出在鸡蛋的两边用剪刀剪出两个翅膀，企鹅的基本形象就制作出来了。

5. 丰富联想法

丰富联想法是指教师在幼儿的美术活动中引导他们以感知事物为基础，根据自己的所见、所闻、所思、所想，围绕活动主题回忆、联想与之有关的人、事、物，不断丰富自己的作品内容的方法。对事物的大胆联想是创新的起点。如在画飞机时，教师充分启发幼儿从天空、地面等不同角度联想与飞机有关的情景和物体：天空中漂浮的云彩、飞翔的小鸟，地面上的高山、森林、湖泊、城市、忙碌的人们等，使画面生动活泼起来。

（二）幼儿园音乐教育的方法

1. 语言法

语言法是指在音乐教育活动中，以语言为主要教学方法。语言法包括：讲解、说明、提问、描述、提示、谈话等。适当地运用语言能帮助幼儿感受和理解音乐表演，但语言在音乐教育活动中只起辅助作用，不可替代音乐本身。

教师在运用语言时，应力求明确、精练，将具体形象与幼儿的生活经验结合起来。

2. 示范法

示范法是指在音乐教育活动中借助教师的演唱、演奏和动作表演，使幼儿通过直接感受获得清晰的音乐表象的方法。教师演唱和演奏音乐作品应正确运用各种表现手段及表情。示范时表情要恰当，感情要真挚，面对全体幼儿。

3. 练习法

掌握音乐技能、技巧离不开系统地练习。练习时，教师应注意要求明确，突出练习重点，提高幼儿练习的兴趣和积极性。同时，应把练习活动组织得丰富、生动、有趣，注意循序渐进。

4. 多感官参与法

在音乐教育活动中，教师要调动幼儿的多种感觉器官协同参与，更好地丰富和强化幼儿对音乐的感受和理解，体验并享受音乐艺术的美。这种方法不仅能够有效地提高幼儿感知、理解和表现音乐的能力，同时更能调动和激发幼儿参与活动的积极性、主动性和创造性。

以上四种方法是幼儿园音乐教育必不可少的基本方法。教师要根据音乐教育活动的目标、内容，认真、科学地选择方法。在运用方法时应适时、适度、机智和灵活。在活动过程中，要善于观察幼儿兴趣、情绪的变化，并采取相应的措施。

第三节　幼儿园艺术教育活动设计与指导要点

一、《纲要》中艺术教育指导要点

《纲要》中艺术教育指导要点如下：

（1）艺术是实施美育的主要途径，应充分发挥艺术的情感教育功能，促进幼儿健全人格的形成。要避免仅仅重视表现技能或艺术活动的结果，而忽视幼儿在活动过程中的情感体验和态度的倾向。

（2）幼儿的创作过程和作品是他们表达自己的认识和情感的重要方式，应支持幼儿富有个性和创造性的表达，克服过分强调技能、技巧和标准化要求的偏向。

（3）幼儿艺术活动的能力是在大胆表现的过程中逐渐发展起来的，教师的作用主要在于激发幼儿感受美、表现美的情趣，丰富他们的审美经验，使之体验自由表达和创造的快乐。在此基础上，根据幼儿的发展状况和需要，对表现方式和技能、技巧给予适时、适当的指导。

二、幼儿园美术教育活动设计与指导

（一）绘画活动

幼儿绘画教育活动过程包括创作引导、作业辅导、作品评价和活动延伸四个部分。

1. 创作引导

创作引导环节，教师的引导主要体现在用语言讲解启发、帮助幼儿了解此次活动的要求，围绕主题开展活动层面。创作引导环节大致分为以下几个步骤：

（1）导入。引导幼儿回忆或感知，提取与本次活动相关的经验。导入活动应注意精练、有趣、游戏化，最好能在最短的时间内调动起幼儿的积极性，激发幼儿创作的欲望。

（2）讲解示范。让幼儿了解此次活动的重点和难点。讲解的语言要精练，富有启发性。示范的步骤要清楚，让幼儿能掌握此次活动的基本技能。在讲解示范中，教师应注意为幼儿留下思维的空间，不要限制幼儿的想象和创作。

（3）明确具体要求。在幼儿绘画前，教师要明确地提出具体要求，讲授绘画程序，提出技能要求，如均匀涂色、色彩搭配、合理布局等。同时提醒幼儿养成良好的绘画习惯，如采用正确的作画姿势，恰当使用工具、摆放物品、专心作业等。

创作引导在绘画活动中是最关键的环节。要求教师仔细推敲，在最短的时间内完成并达到相应的效果，留下充足的时间供幼儿进行绘画创作。

2. 作业辅导

作业辅导包括如何构思、如何造型、如何使用色彩、如何构图等几方面的内容。教师在了解每位幼儿构思、造型、色彩、构图方面处于不同发展水平的基础上，针对每位幼儿的特点因材施教，有针对性地进行辅导，让每位幼儿在自己已有的发展水平上提高一步。

3. 作品评价

教师对幼儿绘画作品评价的标准和态度，直接影响幼儿参与美术活动的兴趣与积极性，也影响幼儿对作品的态度和审美能力。一般从以下几个方面来评价：有童趣、符合同龄幼儿的一般水平、有自我表现、有一定的艺术性（表现为线条准确流畅，结构紧凑合理，图形、形象清晰完整，色彩鲜艳明快，内容丰富充实）。

教师的评价应以肯定、鼓励为主，结合不同幼儿的发展水平，以发展的眼光来对待幼儿的作品。在组织作品评价时，小班幼儿作品以教师评价为主，中大班幼儿作品可采取教师评价、幼儿自评和幼儿互评相结合的方法。

4. 活动延伸

活动延伸是指在活动后围绕活动的主题、目标，在游戏或区域活动中，适当安排一些相关的内容来巩固幼儿新学的绘画知识与技能。在活动延伸的设计方面，教师要有意识地安排专门的幼儿交流讨论时间，让幼儿把自己的画介绍给同伴或家长。可通过游戏练习、巩固技能，还可提供手工制作材料，在美工区里让幼儿通过动手制作来反映对绘画主题的感受，等等。除此之外，活动延伸还可把绘画活动与幼儿园其他领域的教育活动结合起来，促进幼儿的全面发展。

【案例 6-5】 中班美术活动：“好看的围巾”

【活动目标】

（1）了解围巾花饰的多样及色彩的丰富。

（2）能大胆运用简单、变化的点、线或几何图形及喜欢的颜色装饰围巾。

（3）体验美术创作的乐趣，并善于发现生活中的美。

【活动准备】

（1）颜色鲜艳、带图案的围巾若干条，PPT。

（2）彩笔、蜡笔、画有围巾的硬卡纸（幼儿人手一张）。

【活动过程】

1. 参观导入

开场语：冬天到了，天气冷了，活动室里举办了一个围巾展览，我们一起去看看。

2. 了解围巾的装饰图案和色彩

（1）看一看，这些围巾上面有哪些形状？哪些图案？

（2）和好朋友说一说，你最喜欢哪一条，为什么？（选出展览中有代表性的3～4条围巾作为素材制作PPT，一起欣赏这些围巾）

（3）这些围巾上面有哪些图案？这些图案是什么颜色的？

（4）小朋友都是带着围巾来幼儿园的，你的围巾是什么颜色的？有什么样的图案？你喜欢它吗？

（5）刚才我们看了那么多漂亮的围巾，你想自己设计一条围巾吗？

3. 引导幼儿装饰围巾

（1）教师明确装饰要求。

1）装饰围巾：在白色的围巾上用彩笔画出各种图形或线条，根据自己的喜好，可以是直线、折线，可以是圆形、长方形，也可以是小花、小动物等。

2）画好图案后，再用蜡笔在空白处涂色，涂色时要按一定的顺序进行，从左到右、从上到下，或从中间向四周，均匀涂开；色块与色块间要注意颜色搭配，可以由浅入深，也可以对比鲜明等。

（2）幼儿自主创作，教师观察指导。

4. 分享作品，师幼共同欣赏与评价

（1）布置“围巾展览会”，展示幼儿作品。

（2）参观欣赏，说一说自己最喜欢哪一条围巾，原因是什么。

【活动延伸】

将围巾放到“超市”出售。

（二）手工活动

幼儿园手工教育活动包括泥工、粘贴、纸工和综合制作活动，注重对材料性质的探索体验和对制作技巧与程序的学习，追求较为完整的作品形式。

1. 纸工活动的要求

小班：对齐、抹平；中班：看图折纸；大班：组合、折叠。

2. 泥工活动的设计

（1）导入，激发兴趣，引出泥工活动内容。

（2）讲解示范，讲解泥工制作的方法。

（3）作业辅导，教师引导、帮助、支持、鼓励幼儿操作。

（4）评价作品，引导幼儿互相交流、讨论、欣赏、评价作品。

3. 手工教育活动的指导

（1）注意活动安全，认真检查幼儿使用的工具材料。

（2）提供足够的操作材料，满足幼儿的不同需求。

（3）提供和创设宽松、良好的活动环境。

（4）教师清楚地讲解、示范制作的基本技巧。

（5）教师要注意调动幼儿审美积极性，准备精美有趣的范例。

【案例 6-6】 小班手工活动：“海底的小鱼”

【活动目标】

（1）知道鱼有各种形状、颜色、大小，并初步了解鱼的基本结构。

（2）练习用团、捏、压等方法制作橡皮泥小鱼。

（3）萌发对小鱼的喜欢和爱护之情。

【活动准备】

（1）视频《海底世界》、各种鱼的图片。

（2）操作材料准备：各种颜色的橡皮泥、硬卡纸、小木棍若干。

【活动过程】

1. 视频导入，激发兴趣

（1）海底都有哪些小动物呢？

（2）小鱼长得一样吗？今天我们就用橡皮泥来捏海底的小鱼。

2. 出示各种鱼的图形，了解鱼的基本结构

（1）你看到小鱼身上有什么？

（2）小鱼的嘴巴长在哪儿？

（3）小鱼的眼睛长在哪儿？是什么形状的？

（4）小鱼的尾巴长在哪儿？是什么形状的？

小结：小鱼身体主要由鱼身、鱼尾和鱼鳍组成，嘴巴和眼睛长在小鱼的头部，身上有鱼鳞，小鱼的身体是扁扁的。

3. 教师示范，幼儿制作小鱼

（1）将橡皮泥团成椭圆形，两手揉搓橡皮泥，强调“团”的要领。

（2）团好后，用手掌压平，作为鱼身，贴在硬卡纸上。

（3）用同样的方法做出小鱼尾巴。

（4）用小木棍在头部划出眼睛和嘴巴，在鱼身上划出鱼鳞。

（5）幼儿自由制作小鱼，教师巡回指导。

4. 幼儿展示、介绍自己的作品

（1）幼儿相互交流自己的创作想法，如：制作了哪些形态的小鱼、选用了哪些颜色、为什么这么搭配等。

（2）教师点评幼儿作品，并表扬有创意的作品。

【活动延伸】

幼儿选用不同颜色的橡皮泥自由制作不同形态的小鱼、海草和石头等。

（三）美术欣赏活动

1. 美术欣赏活动的设计

（1）导入，激发兴趣，引出美术欣赏的内容。

（2）引导幼儿欣赏作品的色彩美、造型美和构图美。

（3）教师与幼儿讨论、总结审美感受。

（4）创作活动，调动幼儿的想象力和创造力。

2. 美术欣赏活动的指导

（1）做好物质上的准备，包括环境、教具等。

（2）做好有关知识的资料准备，比如作品的时代背景。

（3）活动目标的制定和教学方法的使用，要依据幼儿的年龄特点和审美经验来进行。

（4）启发引导，循序渐进，通过谈话、自由讨论等多种方法帮助幼儿理解作品的意境。

【案例 6-7】大班美术欣赏活动：“青花瓷”

【活动目标】

（1）欣赏青花瓷的美丽花纹及色彩，了解纹样装饰特点，感受独特的纹样美和色调美。

（2）尝试利用线条、图案装饰物品，制作一件含有青花瓷相关元素的作品，养成耐心、细致的操作习惯。

（3）知道青花瓷是中国特有的瓷器，增强民族自豪感。

【活动准备】

（1）青花瓷盘视频、古典音乐。

（2）幼儿创作所需工具材料：一次性纸圆盘、蓝色勾线笔（人手一份）。

【活动过程】

1. 感受青花瓷盘的装饰纹样与色彩特点

播放视频，观赏青花瓷盘。

（1）请仔细观察这两只青花瓷盘，上面有哪些颜色？

（2）你觉得青花瓷盘上的装饰花纹有什么特点？

小结：这两只瓷盘上的花纹是用同一种青蓝颜色绘制出来的。这些白底蓝花的图案称为青花，绘制在白瓷上就被称为青花瓷。青花瓷产生于唐代，是我们中国特有的瓷器。青花瓷只有青、白两种颜色，上面的装饰花纹简洁、干净，非常美丽。

（3）这些美丽的花纹都装饰在盘子的什么部位？

小结：盘心的花纹一般都是各种漂亮的大图案，也称主题花纹。盘边往往以花边装饰，我们称为盘边花纹。装饰盘边花纹的目的是烘托盘心的主题花纹，让这只青花瓷盘看起来更美丽。所以，这些瓷盘不仅具有实用价值，而且具有欣赏价值和收藏价值。

（4）这些花纹的排列有什么规律？

提示：引导幼儿发现中心对称、二方连续等排列规律。

2. 讨论青花瓷盘的绘制顺序与装饰要点

（1）绘制青花瓷盘时应该先画什么，再画什么？

（2）画盘心主题花纹的时候要注意什么？

（3）画盘边花纹的时候要注意什么？

3. 尝试运用烘托主题的花纹装饰方法，设计并制作青花瓷盘

（1）明确操作要求。

1）主题花纹的设计可以选择自己最喜欢的动物、花草、人物等图案，图案可稍大一些。盘边花纹的设计尽量选择简单一点的花边纹样，以起到烘托主题花纹的作用。

2）先画盘心的主题花纹，再画盘边花纹。盘边花纹的设计要求是纹样清晰、简单重复，注意单个花纹的方向要有一定的规律，排列要整齐。

（2）幼儿创作，教师巡回指导。

4. 评价作品，相互欣赏与交流

（1）展示幼儿的作品，请个别幼儿介绍自己的作品。

（2）采用幼儿互评、教师点评等形式进行评价，重点围绕主题花纹设计、盘边花纹排列、整体布局、艺术审美等展开。

【活动延伸】

布置展示区，展览幼儿作品。

三、幼儿园音乐教育活动设计与指导

（一）歌唱活动

（1）导入。

（2）学唱新歌。1）欣赏歌曲。可以是教师范唱，也可以播放音频或视频。2）理解、记忆歌词。可通过教具提示、启发式提问、节奏朗读等方式帮助幼儿熟悉、理解、记忆歌词，体验歌曲情感。3）学唱歌曲。有整体教唱和分句教唱两种形式。

（3）复习歌曲。可采用变换演唱形式、边唱边演、用教具唱、绘画、游戏、伴奏等多种方式练习、巩固。

（4）创造性演唱。包括为歌曲创编动作、创编歌词、创编伴奏、创编歌唱形式等。

【案例 6-8】 小班歌唱活动："小鼓响咚咚"

【活动目标】

（1）欣赏、理解儿歌内容，会唱歌曲。

（2）通过敲鼓感知节奏，并能创编简单的动作表达儿歌内容。

（3）感受儿歌欢快活泼的情绪，体验关心他人的情感。

【活动准备】

音乐《小鼓响咚咚》、布娃娃、小床、小被子、小枕头、录音机和有娃娃哭声的录音、小鼓和鼓槌（幼儿人手一份）。

【活动过程】

1. 导入：游戏"猜声音"，激发兴趣

（1）发声练习：《我爱我的小动物》。

（2）教师躲在幼儿看不见的地方敲鼓，请幼儿猜猜是什么声音，并试着模仿。

2. 理解儿歌内容，学唱儿歌

（1）我和小鼓玩得真开心。

1）出示布娃娃，引导幼儿与布娃娃打招呼。

2）教师敲鼓。（请幼儿说敲几下，教师就敲几下，表示小鼓真听话）

3）幼儿敲鼓。（教师下指令让幼儿敲鼓）

（2）完整欣赏歌曲。

1）幼儿随教师按节奏分句跟读第一段歌词。

2）幼儿按节奏齐读第一段歌词。

3）体验理解关心娃娃的思想情感。

放娃娃哭声的录音，引导幼儿猜猜、讲讲娃娃为什么会哭。（可让幼儿先自由讲，最后引导幼儿讲出：是小娃娃要睡觉了）

哄娃娃睡觉，师幼共同把小娃娃送到小床上睡下。（教师用轻轻地哄、轻轻地走、轻轻地说话等言行和情绪来感染幼儿，使关爱娃娃的情绪得到扩散，从而使幼儿产生“娃娃睡觉了，我们不能影响她”的思想情感）

幼儿与小鼓说悄悄话，如“小鼓你别响了，娃娃睡觉了”等。

4）幼儿按节奏齐读第二段歌词。

（3）学唱儿歌。

1）师幼一起清唱，同时用拍手的形式伴奏。

2）幼儿跟着音乐演唱。

小结：第一段是活泼、快乐、神气的小鼓，我们要唱得响亮一些；第二段是懂事的小鼓，我们要唱得轻一点。

3. 创造性演唱儿歌

（1）幼儿学会儿歌后，可创编动作，边做边唱。

（2）幼儿跟着节奏敲鼓，练习演奏。

4. 结束

幼儿轻轻走出教室。（“娃娃睡觉了，我们一起去操场上玩吧。”幼儿模仿小猫走路，轻轻离开）

【活动延伸】

在表演区放置小鼓，播放《小鼓响咚咚》音乐，供幼儿演奏、表演。

（二）韵律活动

（1）导入。可选择观察导入、回忆导入、故事导入、情景表演导入、复习歌曲导入、游戏导入等。

（2）教师示范动作。

（3）模仿。教师分解动作，幼儿模仿学习。教师在教练动作时，要面对幼儿做反方向的示范，也称“镜面示范”，让幼儿看清动作的每个步骤；还应背向幼儿做正面示范，必要时还要有侧面示范。

（4）练习。

（5）创编。

【案例 6–9】 大班艺术活动：“鸵鸟”

【活动目标】

（1）了解鸵鸟的身体特征，能用自己的身体做出鸵鸟造型。

（2）创编各种鸵鸟舞步，并能用图谱记录创编的舞步。

（3）体验肢体创造的快乐，具有用图谱记录的意识。

【活动准备】

欢快的音乐一段、紧张急迫的音乐一段、小鼓 1 个、毛裙若干。

【活动过程】

1. 了解鸵鸟的身体特征

（1）音乐导入。

听到音乐你想到了什么动物？为什么会想到这种动物？

小结：这段欢快、跳跃的音乐让人想到的是一只鸵鸟。

（2）观察图片，说出鸵鸟身体特点。

鸵鸟长什么样？（长长的脖子、椭圆的肚子、小小的头、尖尖的嘴巴、长长的腿）

（3）做出鸵鸟造型。

你能不能变成鸵鸟的样子？

教师启发，幼儿用两只胳膊做出鸵鸟造型。

2. 创编舞步，图谱记录

播放音乐，用两条腿创造各种各样的舞步，教师强调想怎么跳就怎么跳。找出有特色动作的“明星鸵鸟”，教师用小鼓敲节奏，“明星鸵鸟”做动作，其他“鸵鸟”说出动作，并用图谱记录。

（1）单脚踩，图片：一只脚，脚尖朝下。（教师贴图片）

（2）双脚跳，图片：两只脚。（幼儿贴图片）

（3）剪刀步，幼儿自己创造符号记录。

（4）双脚跑，教师用汉字“跑”记录。

3. 跟随音乐，记忆舞步

（1）简化动作。

1 号代表单脚踩，2 号代表双脚跳，3 号代表剪刀步，4 号代表双脚跑。

（2）记忆舞步。

1）教师按顺序说序号，幼儿说出代表的动作。

2）教师打乱顺序说序号，幼儿说出代表的动作。

3）教师按顺序说动作，幼儿做出动作。

4）教师说序号，幼儿做出动作。

（3）练习舞步。

播放音乐。

1）教师说序号，幼儿做动作，后面的动作想怎么跳就怎么跳。

2）教师打乱序号，幼儿做动作，后面的动作想怎么跳就怎么跳。

4. 装扮鸵鸟，表演游戏

（1）教师拿出准备好的道具，幼儿装扮，打造鸵鸟造型，随着音乐表演。

（2）变换音乐风格。

音乐风格突变，小朋友惊慌失措，教师提问：你们怎么啦？你们觉得出现了什么问题？鸵鸟遇到危险会怎么做？（把头埋到沙子里或快速奔跑）我们表演把头埋进沙子里。（教师启发，小朋友把头钻到小椅子下面）

（3）情景表演：鸵鸟和狮子。

【活动延伸】

在表演区听《小雨哗哗哗》，创编动作。

【案例评析】

本教学活动打破了传统教学思路，幼儿在观察鸵鸟图片的基础上，总结出鸵鸟的身体特征，根据自己的经验，在与同伴互相学习、相互启发的基础上变出了鸵鸟造型。脚步的动作从一开始的一点不会，到教师启发下创造出四个典型动作，充分说明每个幼儿都是有能力的学习者。幼儿们在创造自己的动作过程中，体验了肢体创造的快乐。

有音乐，幼儿就会不由自主地跳，但跳过就忘了。学会图谱记录，幼儿个体的经验就会变成全体的经验，他们用自己理解的图片、符号、文字等记录自己的创造，在这个过程中，习得学习方法，提升创造能力，体现了艺术教育的宗旨，用自己的方式表现和创造美。

（三）打击乐器演奏活动

1. 导入，引起兴趣

击打乐器发出各种声音，吸引幼儿的注意力，或者以游戏的方式导入，激发幼儿的兴趣。

2. 欣赏打击乐曲

告诉幼儿乐曲的名称、主要内容后，引导幼儿欣赏音乐。欣赏音乐是打击乐活动的重要一环。该环节可以激发幼儿的兴趣，使其感受音乐的内容、风格、性质、曲式结构、情绪、节奏、节拍、旋律等。

3. 练习基本节奏型

帮助幼儿尽快掌握基本节奏型，以便在较短的时间内过渡到使用乐器演奏。在正式操作打击乐器之前，教师也可以先进行分声部徒手练习。如用拍手的动作模仿敲击铃鼓的动作；用双手食指轻轻相碰模仿敲碰铃的动作；右手五指并拢，轻敲左手手心，模仿圆舞板的演奏动作等。

练习重点：要求互相倾听、相互配合，共同创造出心目中已经初步建立的整体音响效果。在这一步骤中，应要求幼儿开始学习看教师如何指挥。教师指挥时所做的动作，开始应与幼儿所做的动作一致；熟练以后，教师可改用击拍法，但仍要把节奏型打出来。徒手练习的时间不宜过长，以免打击幼儿操作乐器的积极性。

4. 正式演奏

使用乐器练习时，演奏的速度可稍慢，由教师指挥并做语言指导。指挥的动作要清楚、利落。持相同乐器的幼儿应集中坐在一起，高音乐器一般排在前面，中音、低音乐器依次排在后面。

（四）音乐欣赏活动

（1）导入。

（2）完整欣赏音乐，初步感受和理解音乐。

（3）分段欣赏，感知和体验音乐作品的结构和细节。根据音乐本身的特点，教师选取合适的途径，引导幼儿多维、全面感知音乐。如：动觉参与，主要是与打击乐演奏活动和韵律活动的结合；视觉参与，主要是与美术领域的结合，欣赏与音乐风格相似的图片等；听觉参与，主要是与语言相结合，也可以是欣赏与曲目相关的其他音乐。无论使用何种参与方法，引导幼儿融入音乐是最重要的。

（4）以游戏或表演的形式再次完整欣赏音乐作品。

【案例 6–10】 大班音乐欣赏活动："百鸟朝凤"

【活动目标】

（1）能在教师的帮助下辨别乐曲中不同鸟类的声音，了解民间乐曲和唢呐，体会乐曲所表达的欢快喜庆的情感。

（2）通过"说一说"、"做一做"、游戏等形式，表达对乐曲的感受，养成大胆表现和创造的良好习惯。

（3）体验音乐欣赏活动的快乐，萌发对民间音乐的喜爱之情。

【活动准备】

（1）百鸟朝凤图片、乐曲《百鸟朝凤》演奏视频、唢呐图片、鸟的头饰及彩绸若干。

（2）活动前欣赏乐曲《百鸟朝凤》演奏视频。

（3）在语言活动中了解百鸟朝凤的传说。

【活动过程】

1. 图片导入

我们已经听过百鸟朝凤的故事了，现在观察百鸟朝凤图片，说说图中有什么，它们在干什么。

2. 欣赏乐曲

感受乐曲的喜庆气氛，尝试用语言表述自己对音乐的感受。

（1）初步欣赏一小段乐曲。

1）听了这首乐曲，你感觉到了什么？

2）你喜欢这首乐曲吗？（幼儿自由表述）

3）这是什么乐器演奏的？

4）你在哪里见过这种乐器？（出示唢呐图片）

（2）完整欣赏乐曲，感受乐曲的旋律及情绪。

过渡语：我们刚才听的曲子是唢呐演奏的，唢呐不仅能模仿鸟叫和其他小动物的叫声，还可以模仿人的声音。这是一首节奏欢快、旋律富有变化的乐曲。我

们再来听听，乐曲中百鸟和凤凰在干什么？（邀请个别幼儿讲述）

小结：这首乐曲表现的是百鸟向百鸟之王凤凰拜寿的故事，它是中国的一首民间乐曲，名字叫《百鸟朝凤》。

3. 分段欣赏乐曲，尝试用语言和动作表达对音乐的感受

（1）欣赏引子，感受唢呐的音色特点。

1）你仿佛来到了什么地方？

2）你看到了什么？

3）你听到了什么？

小结：这段用唢呐吹出的长音，呈现百鸟齐鸣的场景。

（2）欣赏主题。

1）听了这段乐典你有什么样的感觉？

2）你仿佛又看到了什么样的景象？

3）你听到了哪些鸟的叫声？你能模仿它们的声音吗？

4）你能想象它们的动作吗？你能把想象的鸟的动作表演给大家看吗？

小结：我们听到了好多种鸟叫声，小朋友们的表演太生动、太有趣了！欢快、喜庆的拜寿场面好像就在眼前，真热闹呀！

（3）欣赏旋律。

1）你能听出它模仿的是什么小动物的叫声吗？

2）连“蝉”也来凑热闹了，好一幅百鸟争鸣的场景！

4. 分组活动，感受表演、游戏的乐趣

第一组：做吹唢呐的姿势，表现满足、激动的情绪。

第二组：佩戴鸟的头饰，舞动彩绸表演欢快的小鸟。

教师和幼儿一起表演百鸟朝凤，在欢乐的乐曲中结束活动。

【活动延伸】

（1）在律动区准备《百鸟朝凤》的音频和播放器，让幼儿听音乐、做游戏，进一步体验表演的乐趣。

（2）在阅读区投放关于鸟类的图书，引导幼儿阅读。

经典习题

一、单项选择题

1.《纲要》提到的五个领域，每个领域都可以提炼出一个关键能力，艺术领域提炼出的是（ ）。

A. 感受能力　　B. 表现能力　　C. 创造能力　　D. 思维能力

2. 下列不属于幼儿园艺术教育培养目标的是（　　）。

A. 能初步感受并喜爱环境、生活和艺术中的美

B. 喜欢参加艺术活动，并能大胆地表现自己的情感和体验

C. 能用自己喜欢的方式进行艺术表现活动

D. 能掌握较好的美术、音乐技能

3. 从教育角度来说，儿童绘画的真谛是（　　）。

A. 内心的表现　　B. 直观的表现

C. 艺术性的表现　　D. 创造性的自我表现

4. 下列不属于幼儿艺术教育的方法的是（　　）。

A. 引导幼儿接触周围环境和生活中美好的人、事、物，丰富他们的感性经验和审美情趣，激发他们表现美、创造美的情趣

B. 要让幼儿都得到美的熏陶和培养，对有艺术天赋的幼儿要注意发展他们的艺术潜能

C. 让幼儿多看、多听、多说、多练

D. 在支持、鼓励幼儿积极参加各种艺术活动并大胆表现的同时，帮助他们提高表现的技能

5. 在“秋天的树”美术活动中，教师不适宜的做法是（　　）。

A. 让幼儿按照教师的范画绘画

B. 组织幼儿观察秋天的树

C. 提供各种树的照片，组织幼儿讨论

D. 引导幼儿观察有关树的名画

6. 艺术教育的核心是让幼儿感受美、表现美、（　　）。

A. 发现美　　B. 体验美　　C. 寻找美　　D. 创造美

7. 幼儿艺术教育的终极目标是使幼儿获得（　　）。

A. 音乐感的发展　　B. 学习能力的发展

C. 个性、社会性的发展　　D. 完整和谐发展的人格

8. 专门的幼儿音乐教育活动不包括（　　）。

A. 歌唱活动　　B. 韵律活动

C. 音乐创作活动　　D. 打击乐器演奏活动

9. 引导幼儿使用各种手工工具和材料，运用剪、撕、贴、折、塑等手段，制作出平面或立体的物体形象的美术活动是（　　）。

A. 手工活动　　B. 听觉艺术

C. 美术欣赏活动　　D. 泥塑活动

10. 幼儿喜欢花草树木，所体现的艺术领域目标是（　　）。

A. 具有初步的艺术表现与创作能力

B. 喜欢欣赏多种多样的艺术形式和作品

C. 亲近自然，大胆表现

D. 喜欢自然中美的事物

11. “能模仿学唱短小歌曲”这一目标适合的年龄班是（　　）。

A. 小班　　B. 中班　　C. 大班　　D. 学前班

12. 你认为对幼儿绘画的评价应更重视以下哪一方面？（　　）

A. 画得像真的一样　　B. 画得和老师的范画一样

C. 涂色均匀　　D. 作画自由、大胆、有感情

13. 以各种器械，如小铃、三角铁、双响板、沙球、鼓等为主要材料，组织幼儿音乐教育活动，强调配器要讲究艺术性。它属于（　　）。

A. 歌唱活动　　B. 打击乐器演奏活动

C. 韵律活动　　D. 音乐欣赏活动

14. 幼儿园美术教育开展玩泥塑、纸工、拼贴、染纸等活动，属于美术活动类型中的（　　）。

A. 绘画活动　　B. 美术欣赏活动

C. 国画活动　　D. 手工活动

15.（2017 年下半年真题）小彤画了一个长了翅膀的妈妈，教师合理的应对方式是（　　）。

A. 让小彤重新画，以使其作品更符合实际

B. 画一个妈妈的形象，让小彤照着画

C. 询问小彤画长翅膀的妈妈的原因，接纳她的想法

D. 对小彤的作品不予评论

16.（2018 年上半年真题）教师在组织中班幼儿歌唱活动时，合理的做法是（　　）。

A. 要求幼儿用胸腹式联合呼吸法唱歌

B. 鼓励幼儿用最响亮的声音唱歌

C. 鼓励幼儿唱八度以上音域的歌曲

D. 要求幼儿用自然声音唱歌

17.（2018 年上半年真题）幼儿园艺术教育的主要目标是（　　）。

A. 发展幼儿的艺术技能

B. 培养幼儿的艺术感受和表达能力

C. 丰富幼儿的艺术知识

D. 拓展幼儿的逻辑思维能力

18.（2019 年上半年真题）下列关于幼儿美术教育的做法中，不正确的是（　　）。

A. 支持幼儿表达自己对美术作品的独特感受

B. 出示范画让幼儿模仿

C. 鼓励幼儿用自己的方式表现美

D. 为幼儿的美术创作提供丰富的材料

19.（2018 年上半年真题）教师在区角中投放了多种发声玩具，小班幼儿在摆弄这些玩具时（　　）。

A. 能概括不同声音产生的条件
B. 对声音产生兴趣，感受不同的声音
C. 能描述出玩具是怎么发声的
D. 能描述出不同玩具发声的特点

二、简答题

1. 简述《纲要》中幼儿园艺术教育的总目标。
2. 简述《纲要》中幼儿园艺术教育的指导要点。
3. 简述幼儿园音乐教育活动的基本类型。

三、材料分析题

1. 阅读下列材料，回答问题。

材料：

在一堂音乐课中，教师播放钢琴曲《牧童短笛》，让幼儿两两扮演牧童与牛，并让他们自己寻找“笛子”的替代品进行表演。教师在幼儿熟悉乐曲的基础上，让他们听音乐，做出表现乐曲情境的动作与表情。第一次，幼儿的表演仅限于骑在牛背上走，于是教师及时地用问题做引导：“牧童非常爱牛，他带牛到河边，除了骑着它，还会做什么？”“哪一段是表现牛不听话、牧童生气的？”第二次，幼儿的表现就丰富了许多：和牛说悄悄话、抚摸牛、围着牛跳舞、吹笛子……幼儿体验到了乐曲的内涵与快乐。

问题：

这则材料说明了什么道理？

2. 根据下面的图片材料，回答问题。

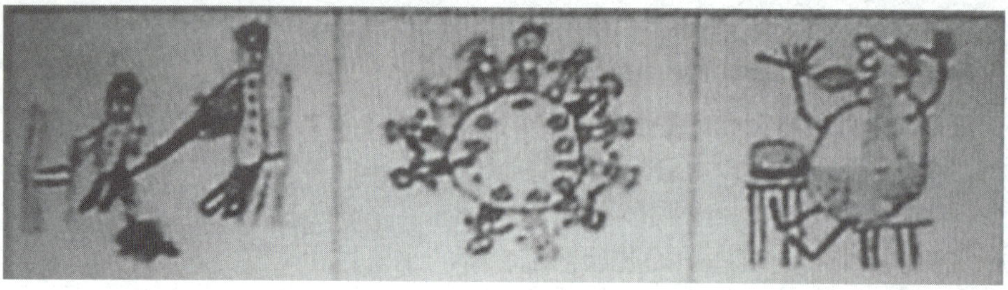

打针　　聚餐　　吃饭

问题：

（1）上述三幅画各反映出幼儿绘画的哪种表现方式？

（2）怎样理解幼儿的绘画？

（3）评价幼儿绘画作品时应注意什么问题？

3.（2018 年上半年真题）主题活动中，中班幼儿对画汽车产生了兴趣，为了提升幼儿的绘画能力，郭老师提供了“面包车”的绘画步骤图（如下图所示），鼓励每个幼儿根据步骤图画出汽车。

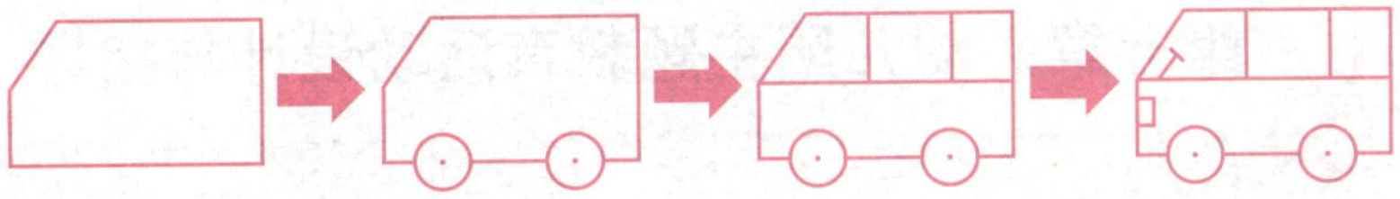

图1　图2　图3　图4

问题：

（1）郭老师是否应该投放“绘画步骤图”？为什么？

（2）如果你是郭老师，你会怎么做？

四、活动设计题

围绕“中国京剧脸谱”的主题，设计一个幼儿园大班艺术教育活动方案，具体要求如下：

（1）活动方案结构完整。

（2）制定目标全面，符合该年龄班幼儿的发展特点。

（3）活动过程完整，体现该类活动的设计组织思路。

（4）列出活动过程中每一个环节的要点（包括拟提问的问题）。

学习资料包

第七章　幼儿园主题教育活动设计与指导

【考纲要求】

- 考查方式：在近年的教师资格考试中以活动设计题为主。
- 考查内容：理解、整合各领域教育活动的意义和方法，能够综合地设计并开展主题教育活动。

【思政园地】

思政目标：

（1）能将中华优秀传统文化和社会主义核心价值观贯穿于幼儿园主题教育活动内容的选择和实施的全过程。

（2）形成既有国际视野又有本土情怀和胸怀天下的职业价值观。

【知识结构】

- 幼儿园主题教育活动设计与指导
  - 幼儿园主题教育活动概述
    - 幼儿园主题教育活动的概念
    - 幼儿园主题教育活动的特点
    - 幼儿园主题教育活动的意义
  - 幼儿园主题教育活动设计
    - 幼儿园主题教育活动主题的选择
    - 幼儿园主题教育活动设计的内容

第一节 幼儿园主题教育活动概述

一、幼儿园主题教育活动的概念

《纲要》指出："教育活动内容的组织应充分考虑幼儿的学习特点和认识规律，各领域的内容要有机联系，相互渗透，注重综合性、趣味性、活动性，寓教育于生活、游戏之中。"幼儿园教育活动的综合化、整合性是幼儿园课程改革与发展的必然趋势。主题教育活动就是适应幼儿整体学习特点的一种课程形式，也是幼儿园课程综合化的具体体现。

幼儿园主题教育活动就是在某段时间内围绕一个主题组织的系列教育活动。主题教育活动整合教育的主体、客体、中介，整合幼儿园、家庭及社会等各种教育要素，以幼儿的已有经验和实际生活为基础，围绕一个主题，有目的、有计划地开展一系列教育活动。主题所包含的不同领域的教育活动之间具有一定的联系，每一领域的教育活动都指向主题，从而使幼儿获得与主题有关的整体经验。

二、幼儿园主题教育活动的特点

幼儿园主题教育活动是针对各领域教育互相割裂的现状而提出的，更多地考虑了各领域教育之间的相互联系。正是幼儿园主题教育活动对"整合"和"联系"的强调，使得幼儿园主题教育活动具有整体性、集中性和联系性的特点。

（一）整体性

《规程》规定，幼儿园的任务是"贯彻国家的教育方针，按照保育与教育相结合的原则，遵循幼儿身心发展特点和规律，实施德、智、体、美等方面全面发展的教育，促进幼儿身心和谐发展"。

《规程》和《纲要》的规定，蕴含着课程整体性的精神与理念。幼儿园主题教育活动就是从幼儿发展的整体性出发，在具体的教育活动中强调"整合"理念，重视教育活动的整体性，以客观世界的整体性和系统性为依据，按照一定的关系将各领域要素有机组合起来，形成多维联系的整体教学体系。

（二）集中性

幼儿园主题教育活动可以相对集中地在一个阶段开展某方面的系列活动，让幼儿获得的信息相对集中，既便于幼儿在学习过程中对信息的编码、储存和运用，也有利于幼儿知识经验的积累、思考、提炼和归纳。如大班主题教育活动"神奇的海底世界"，就集中展示了海底世界的神奇，给幼儿以整体体验。首先，幼儿通过参观、阅读、视频、游戏等方式了解、感知各种各样的海底生物，激发对海底世界的探索兴趣；其次，运用画、折、剪、贴等技能，发挥想象，进行个性化的海底生物的创作；再次，在欣赏音乐的基础上，创编、表演自己喜欢的海底生物的动作，随着音乐协调律动；最后，通过举办“海底世界展览会”，帮助幼儿整理已有的知识，对已有经验进行系统加工、处理和提炼，有效实现主题活动的教育价值。

（三）联系性

《纲要》指出：“幼儿园应与家庭、社区密切合作，与小学相互衔接，综合利用各种教育资源，共同为幼儿的发展创造良好的条件。”幼儿园主题教育活动应贯彻《纲要》精神，十分重视各领域教育间的联系，相关教育因素的联系，幼儿园、家庭与社会间的联系，充分发挥各教育因素的整合功能。

在主题教育活动中，既要保证不同领域间经验、内容的横向联系，还要注意教学内容纵向的联系，强调把每一个后继经验建立在前面经验的基础之上，由近及远、由浅入深。如关于认识“水”的内容，在每个年龄段都可以进行，但教育目标应由易到难、由浅入深：从小班“能感受水的无色、无味、透明”，到中班“能探索一些与水有关的物理现象”，再到大班“能探索固态、液态和气态的水及其相互变化的现象”。各年龄段目标既体现了学科知识的层次性，又体现了内容之间的联系性。

三、幼儿园主题教育活动的意义

（一）有利于提高幼儿的学习效率

幼儿园教育的对象是3～6岁的幼儿。幼儿的心理发展水平决定了幼儿对事物的理解是片面的、笼统的，且概括能力较低。对幼儿进行的教育不能过于分化，幼儿年龄越小，越适合运用综合的方法、形式和手段帮助幼儿去认识某个具体的事物。幼儿园主题教育活动将各领域知识交织成互为联系的、统一的、有序的知识体系，有利于幼儿整体体验。幼儿之间存在个别差异，幼儿教育更要注重因材施教。幼儿园主题教育活动给了教学活动在形式、效果等方面更多的可能性，同时，也给幼儿的学习和发展带来更多的可能性。所以，幼儿园主题教育活动有利于提高幼儿的学习效率。

（二）有利于提高教师的教学设计质量

幼儿园主题教育活动设计更加强调设计的整体性、综合性，要求教师改变过去单一的课程教学模式，根据教育目标和教学内容，根据幼儿的兴趣、需要和爱好，从幼儿的认知特点和学习特点出发，充分挖掘和利用现实生活中丰富的教育资源，开发新颖活泼、形式多样、具有趣味性的多种活动。如探索和发现性的活动、查找和阅读性的活动、观察和参观性的活动、调查和访问性的活动、交流和讨论性的活动等，提高教师的教学设计质量，让幼儿动口、动手、动脑，在做中学、在玩中学、在游戏中学，在与环境、与物、与人的相互作用中获得发展。

（三）有利于提高教育的整体效益

幼儿园主题教育活动就是想办法整合各种教育资源，强调教育方法、教育手段、教育形式的协调配合，全面落实幼儿园教育任务，促进幼儿智能、身体、情感、个性、品德同步协调发展，提高教育的整体效益。

第二节 幼儿园主题教育活动设计

一、幼儿园主题教育活动主题的选择

主题是幼儿园主题教育活动的核心。恰当的主题能够反映幼儿园教育的目标，也能够引起幼儿的兴趣和探索欲望。因此，选择教育活动的主题、开发主题内容是幼儿园主题教育活动设计的重要环节。

（一）主题的来源

我国著名儿童教育家陈鹤琴说过："大自然、大社会都是活教材。"幼儿的生活蕴含着丰富的教育资源，社会艺术、科学人文等方面的种种认知和价值，都脱离不了生活。一个有教育价值的活动主题，应来自幼儿的生活世界。所以，要以"幼儿生活"为中心来选择适宜的主题。一般来说，幼儿园主题教育活动的主题多数来源于以下几个方面。

1. 幼儿自身与生活

幼儿自身主要包括幼儿的身体和心理两个方面。幼儿的身体主要指身体的特征与功能、健康、发展与变化、安全与保护等；幼儿的心理主要指幼儿的兴趣、需要、爱好、情感、情绪、性格、能力等。幼儿的生活主要包括与幼儿生活息息相关的各种事物和周边的环境，如玩具、衣食、家庭、社区、超市、公园、医院、交通工具、标志、节日活动、民俗、新闻与偶发事件等。可设计的主题有："从头到脚""奇妙的身体""我高兴，我不高兴""××，我的家乡""亲亲好妈妈""我们一起来分享""我的节日我做主""瓶瓶罐罐""中秋月儿圆"等。

2. 自然环境和科学现象

自然环境和科学现象包括幼儿接触到的自然界中的各种事物和现象，如动物、植物、沙、水、石、江河、湖泊等自然事物，春、夏、秋、冬四季，风、雨、雪、雾等天气变化，科技与生活。可选择的主题包括"拜访大树""好玩的水""我和空气做游戏""动物同乐会""沉与浮""我的发现""小小探索者"等。

3. 文学艺术作品

文学艺术作品是幼儿生活中常见的精神食粮，也是幼儿喜欢的事物。文学艺术作品反映社会生活和人们的思想意识，具有思想的凝练性和情感的丰富性。因此，以文学艺术作品作为幼儿园主题教育活动的主题，有助于幼儿感受生活、理解生活、丰富情感体验。这类文学艺术作品有童话故事、儿童歌曲、儿童诗歌、儿童绘本，以及幼

儿生活中常见的其他艺术作品，如京剧、黄梅戏等。

（二）编制主题学习网络图

主题教育活动的主题确定以后，接下来就是对涉及主题的相关事项进行预设，建构主题学习网络图。这是幼儿园主题教育活动设计的关键环节。

主题学习网络图就是把与主题有关的知识、经验、概念，经过整理归纳，建立起某种关联，并以网状结构将这种关联直观地呈现出来。主题学习网络图的编制是个艰巨的工程，教师在观察、了解幼儿的基础上，与幼儿、其他教师、家长之间进行充分的沟通交流，调动所有与主题相关的经验，把设想到的与主题有关的系列活动写下来，进行归纳分类，然后制订初步的计划。

每个主题的内容都可用主题学习网络图呈现，而网络的逻辑层次很重要。一般情况下，主题学习网络图设为三个层级：第一层级为主题名称及核心目标；第二层级是若干子主题和子目标；第三层级是具体的教育活动内容。如果某个子主题还需要继续分解，将产生更多层级时，则可以此子主题为新的主题切入点，再行分解，直至形成新的三级主题学习网络。

图 7-1 所示的主题学习网络图的结构就是由三个层级组成。设计者尝试用“欣赏春天”“我们去春游”“春天的动植物”三个二级主题来对“美丽的春天”这个一级主题进行反映，每个二级主题下面又设计了具体的教育活动。

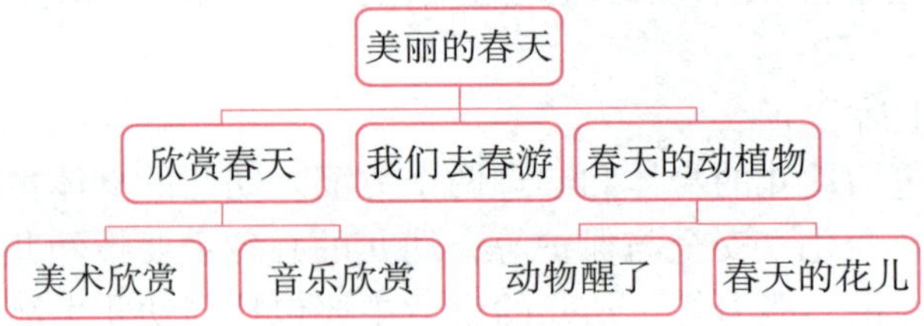

图7-1 “美丽的春天”预设的主题学习网络图

二、幼儿园主题教育活动设计的内容

主题教育活动设计就是搭建整个主题教育活动的框架，对主题教育活动的发展进行预设和计划。教师在设计主题教育活动时，要分析主题的教育价值和意义，挖掘主题所包含的关键经验，组织主题情景脉络，整合主题教育资源，预设和生成主题教育活动。具体包括以下几个方面。

（一）确定主题教育活动设计意图

主题教育活动设计意图是主题教育活动设计的开端，是对主题形成的认识和整理，包括对主题的选择、内容和价值的认识和梳理。

第一，确定为什么设计此主题，即主题是来源于现有的课程体系，还是幼儿的兴趣、需要，或是班级中现有的“材料”和“内容”等。

第二，确定主题的价值是什么，即通过此主题幼儿可获得的经验。

第三，确定怎么进行这个主题，即主题所包含的内容。

【案例 7-1】 小班主题教育活动“我的好妈妈”设计意图

妈妈是幼儿生活中最亲近、最熟悉的人，妈妈为了孩子付出了很多，小班幼儿大多对妈妈十分亲近和依赖。但是因为年龄太小，他们还不能体会妈妈的辛苦，也很少想到为妈妈做事。为了让幼儿真切地体验妈妈的爱，并学习表达对妈妈的爱，我们设计了“我的好妈妈”主题活动。通过“特殊的节日”让幼儿初步知道妇女节的意义；在学习诗歌《妈妈过生日》、故事《最好的礼物》及歌曲《好妈妈》后，让幼儿体验自己和妈妈之间的亲情；在“帮妈妈倒杯水”、为妈妈制作“好吃的鸡肉卷”、绘画“我的妈妈”等活动中，让幼儿主动表达对妈妈的爱。

（二）确定主题教育活动总目标

主题教育活动总目标的设定要体现全面性、系统性和差异性。一个有意义的主题，其教育的价值可以包含多个方面，因此要从幼儿身体动作发展、生活习惯与生活能力形成、语言发展、社会性发展、科学探究和数学认知能力形成，感受美、表现美、创造美等诸多方面思考主题的教育价值，并立足于本班幼儿已有的知识经验、兴趣需要以及幼儿的行为变化来确定主题教育活动的总目标。主题教育活动总目标可以根据幼儿的三大认知规律（认知、探索发现、表达表现）逐层递进设定，按三维目标（认知目标、动作技能目标、情感态度目标）表述。

幼儿园主题教育活动的总目标要满足以下要求：

（1）明确、具体。

（2）与上层目标的关系密切。

（3）涵盖面广且具有代表性。

（4）指向幼儿的全面发展。

【案例 7-2】 小班主题教育活动“能干的小手”总目标

【活动总目标】

（1）了解手的作用，知道正确的洗手、擦手方法。

（2）能用手指头表示数字 1～5。

（3）能在纸上拓印出自己的小手画，并能进行初步装饰。

【案例 7–3】 大班主题教育活动“神奇的海底世界”总目标

【活动总目标】

（1）通过参观或收集资料，知道海底有各种各样的海洋生物，了解海洋生物保护自己的方法，产生对海底世界的探索兴趣。

（2）通过对海底生物的观察，能进行仿生联想，大胆表达海底世界的各种景象。

（3）运用折、剪、撕、贴、画等技能，进行个性化的审美表现与创造。

（4）在音乐欣赏的基础上，能表演、创编各种海底生物的动作，并能大胆地随着音乐协调律动。

（5）能用自己喜欢的方式表现对海底世界的认识，萌发热爱大自然的情感和保护生态环境的意识。

（三）设计具体教育活动

当一个主题教育活动的总目标和主题学习网络图建构好之后，就要对具体教育活动进行设计了。具体教育活动的设计首先要符合学期课程目标与内容，其次要达成主题教育活动的总目标。具体的教育活动设计应遵循“主题为主干，领域为基础”的原则，即以主题及核心目标、子主题及子目标为主线，充分整合各个领域的教育活动资源进行设计。各领域的活动都要服务于主题，且各领域活动之间互相渗透，以帮助幼儿获得全面发展。

【案例 7–4】 小班主题教育活动“美丽的春天”具体教育活动设计

活动一：“春天的花儿”

活动二：“动物醒了”

活动三：“春雨沙沙沙”

活动四：“小蝌蚪找妈妈”（绘画）

活动五：“去春游”

（四）利用主题教育活动资源

幼儿园主题教育活动是由一系列教育活动组成的，一般实施时间比较长，需要综合利用多方面的条件和资源，创设丰富多彩的教育环境，以利于幼儿与主题环境间的互动，增强幼儿活动的积极性、主动性和创造性。

第一，主题教育活动要尽可能地利用幼儿园的园本资源。主题教育活动需要的资源是丰富多样的，而园本资源具有即时性、可操作性和计划性等特点，正是主题教育活动所需要的。因此，本着经济高效的原则，充分发掘园本资源，有助于主题教育活动的顺利开展。

【案例 7–5】 大班主题教育活动“城堡”的园本资源利用

大班正在开展主题教育活动“城堡”，幼儿先在教室内利用建构区的积木搭建“小城堡”。随着主题活动的深入开展，幼儿搭建的“城堡”越来越大、越来越“高级”，教室里的积木已经不能满足他们搭建“大城堡”的需要。若是没有大型积木，“大城堡”就没法搭建起来。这时，教师想起来幼儿园储藏室里有很多玩具包装箱，教师让幼儿去储藏室，搬来许多大小不一的空纸箱，又轻便、又结实，正好用来搭建“大城堡”。“城堡”的规模越来越大，教室容不下了，他们就到操场的草坪上搭建。两天下来，一座宏伟的“大城堡”终于建成了，幼儿欢呼雀跃，纷纷到“大城堡”里嬉戏、玩耍，享受着成功的喜悦。

第二，主题教育活动要充分利用家庭、社区资源和网络资源。幼儿园资源再丰富，也不可能满足所有主题活动的需要。教师要充分发掘幼儿家庭、社区资源和网络信息资源，为丰富和充实幼儿园的园本资源、促进主题教育活动提供有力的支持。

【案例 7–6】 大班主题教育活动“把爱传出去”家园合作活动

（1）请家长协助幼儿收集关于元宵节的资料，如元宵节的来历、风俗、花灯图片等。

（2）请家长给幼儿讲述他的名字的写法、含义和取名的故事。

（3）家长陪伴幼儿一起照顾动物、植物，并做好观察记录。

（4）幼儿园与家庭联合组织献爱心活动，让幼儿亲身感受爱和被爱。

（五）创设主题教育活动环境

《纲要》中明确规定：“环境是重要的教育资源，应通过环境的创设和利用，有效地促进幼儿的发展。”在具体的主题教育活动环境创设中，我们可以将环境创设本身当成主题来进行，也可作为其他主题的辅助要素来创设。幼儿园主题教育活动的环境创设主要包括三个方面：展示区环境创设、区域环境创设、心理环境创设。三者相互补充，相互协调，构成一个完整的主题教育活动环境。

1. 展示区环境创设

主题教育活动展示区是指在幼儿园班级或者活动室内专门设置的，用来展示主题教育活动开展的基本脉络、记录幼儿学习成果的区域。在主题教育活动过程中，展示区环境不仅能够给予幼儿丰富的感官刺激，激发幼儿在活动中探究的兴趣，而且环境本身就是一位“不说话的老师”。正如瑞吉欧教育的创始人马拉古奇所说：“我们学前学校的墙壁会说话，也有记录的作用，利用壁面的空间暂时或永久地展示幼儿及成人的生活。”

受空间的限制，主题教育活动展示区的环境创设通常以墙面环境创设为主，辅以教室的天花板、走廊、窗户和阳台等有关空间的主题装饰。这要求教师在创设主题教育活动环境时要做到以下三点：一是安全可靠，丰富多彩；二是统筹规划，中心突出；三是师幼共创，积极高效。

【案例 7–7】 大班主题教育活动“把爱传出去”展示区环境创设

（1）以图文并茂的形式展示预设的主题学习网络图；师幼共同绘制“爱的传递”主题墙饰，表达爱他人、爱社会的情感。

（2）组织幼儿自制节日彩灯，和收集的花灯一起悬挂在室内、走廊、窗户、阳台、户外等处，营造浓厚的元宵节节日氛围。

2. 区域环境创设

在幼儿园主题教育活动开展过程中，区域活动是主题教育活动的主要内容和方式之一，它能直接影响幼儿的兴趣和需要、影响主题教育活动的效果。因此，教师在开展主题教育活动时，要将区域环境创设为主题教育活动的主要阵地，成为主题教育活动中幼儿的主要活动场所。

主题教育活动中的区域环境创设，一要体现主题特征，与主题相宜；二要投放丰富多样的主题材料；三要随着主题活动的深入开展，不断变换和丰富区域环境，动态跟进主题活动的进展。

【案例 7–8】 大班主题教育活动“把爱传出去”区域环境创设

（1）语言区：提供幼儿用书、音频及表演头饰，提供《逃家小兔》《我被亲了好几下》等绘本，根据绘本内容练习讲述；创设表演舞台，在音乐伴奏下进行朗诵或故事表演。

（2）科学区：投放地球仪、手电筒等材料供幼儿进行科学探究，通过观察和操作，获得白天、黑夜的形成和地球转动等相关知识。

（3）美工区：摆放师幼收集的花灯实物或图片，拓展关于元宵节及花灯的经验；投放纸编材料、胶带、手提包的制作步骤图等，让幼儿尝试制作不同造型的纸编手提包或其他物品。

（4）表演区：投放泥娃娃、绣球、《泥娃娃》和《舞绣球》的音频和播放器等材料，进行舞蹈《泥娃娃》和音乐游戏《舞绣球》的表演。

（5）自然区：饲养蚕、小乌龟等动物，养1～2种植物，引导幼儿定时为它们喂食、换水、浇水，观察它们的生长变化，并用符号、图画、表格等形式记录。

3. 心理环境创设

心理环境是幼儿在活动中感受和体验的一种活动氛围。良好的心理环境有利于幼儿积极活动、主动探索、友好合作。因此，在主题教育活动过程中，教师要通过有效策略来创设良好的心理环境。

一方面，要创设温馨和谐、宽松自主、积极愉快的活动氛围。主题教育活动既是信息交流的过程，也是情感交流的过程。宽松自主、和谐愉快的活动氛围，是支持幼儿积极主动与环境互动的关键所在。另一方面，要创立和谐的师幼关系。良好的师幼关系是和谐的心理氛围的前提，是幼儿自信自主、快乐成长的基础。在活动中，教师要尊重幼儿的活动自主权、话语自主权，相信幼儿的活动能力，真诚关注幼儿及其活动，鼓励他们大胆探索，特别是要善待无心而犯错的幼儿。

（六）制定主题教育活动方案

幼儿园主题教育活动的开展，需要集中一段时间进行系列教育活动来保障，这就需要教师按照教育本身的目的性、计划性和科学性要求来进行设计和实施。科学的活动方案能让主题教育活动得以有序开展，使教育活动总目标的实现得到程序性的保障。主题教育活动的方案一般包括整体计划方案和周计划方案两个部分。前者主要从主题探究的进程方面进行全面把握，形成完整的活动方案。后者则是将具体活动安排到幼儿园的一日活动中，与幼儿的生活及游戏等活动共同形成周计划方案。

主题教育活动整体计划方案一般包括：

（1）主题教育活动名称。

（2）主题教育活动设计意图。

（3）主题教育活动总目标。

（4）主题教育活动学习网络图。

（5）主题教育活动具体活动计划。

（6）主题教育活动资源利用与环境创设。

（7）主题教育活动周计划。

（8）主题教育活动评价与反思。

周计划方案根据幼儿园一日活动规律和幼儿园周计划特点，将主题教育活动融入周计划之中，除了专门的教育活动时间之外，还要在生活活动、游戏活动、亲子活动、节庆活动之中渗透主题教育活动（见表7-1）。

表 7-1　主题教育活动“热闹的秋天”周计划方案

本周重点	了解秋天的植物及颜色，学会观察；敢于大胆表达自己	环境创设	创设秋天的主题环境		
		家长工作	中秋节的晚上带领幼儿一起赏月，欣赏中秋节文艺晚会；准备充足的水果、干果，帮幼儿认识它们		
时间	星期一	星期二	星期三	星期四	星期五
晨间活动	早操	早操	早操	早操	早操
学习活动	语言活动：秋天的颜色	艺术活动：水果造型	科学活动：蒙蒙的雾	社会活动：中秋节	健康活动：做月饼
户外活动	玩大型玩具	夹包游戏	跳房子	草地自由活动	拍球
区域活动	养殖区、科学区、阅读区、美工区、表演区				
学习活动	数学活动：学习2、3的组成	英语活动	数学活动：认识长方形	英语活动	
生活活动	培养良好的生活、卫生习惯				

（七）检核与评价主题教育活动方案

设计的主题活动是否符合幼儿的身心发展水平和兴趣需要，其目标、内容和方法是否科学合理，这都需要教师对整个活动方案做出全面、具体的检核与评价，根据评价结果再对主题方案进行修订。评价并不单单局限在主题教育活动开始之前，在主题教育活动进行的过程中，教师仍要通过在活动过程中的观察和了解，及时发现问题、解决问题。

【案例 7–9】 大班主题教育活动：“鸟的家园”

【设计意图】

幼儿非常喜欢小鸟，经常提出一些问题：“老师，鸟儿为什么会飞？”“鸟儿为什么有漂亮的羽毛？”大班的幼儿喜欢根据自己已有的知识经验探究一些相关的问题：“小鸟的家是什么样子的？”“小鸟的家是用什么东西建成的？”我们从“鸟的家园”入手，帮助幼儿从另一个角度认识小鸟。

活动一　亲近小鸟

【活动目标】

（1）能与同伴交流，分享已有经验，初步了解鸟的生活环境、生活习性。

（2）萌发保护环境、保护鸟的意识，能产生给小鸟建构家园的欲望与情感。

【活动准备】

（1）投影仪、电脑、有关小鸟的图片资料。

（2）教师根据活动创编的故事课件。

【活动过程】

（1）通过观看投影仪展示的图片资料，让幼儿初步认识鸟的生活环境及生活习性。

（2）讨论：我最喜欢的鸟。（引导幼儿说出自己喜欢的鸟，并将它的特征讲述出来）

（3）教师利用电脑课件，以故事的形式讲述鸟的习性与特征。

（4）引导幼儿回忆故事内容，激发幼儿保护环境、保护小鸟的意识。

（5）制定爱鸟公约，激发幼儿设计小鸟家园的愿望。

（6）讨论怎样构建小鸟的家。

【活动延伸】

创编故事：《孔雀的生日》

（画面一）今天是孔雀公主的生日，森林里的小鸟们都来庆祝，它们搭起了漂亮的舞台，准备把自己最拿手的节目作为礼物献给孔雀公主。“歌唱家”黄鹂鸟第一个上台表演，演唱了《生日快乐》歌；老鹰带领着它的伙伴大雕表演了魔术……动物们看得津津有味，连连叫好。整个生日聚会热闹极了。大家围着孔雀公主跳啊、唱啊，好开心啊！绿绿的小草和五颜六色的花朵都高兴得咧开了嘴。

（画面二）“吱嘎——轰！”突然，远处传来奇怪的声音，小鸟们四散开来，大家都惊慌失措地你看看我、我看看你，“这是什么声音啊？”“发生什么事了？”……

（画面三）那声音越来越近，动物们看到一大片树木被一个庞然大物推倒，漂亮的花朵洒落在地面上。“美丽的家也倒下了！”小鸟们抹着眼泪呼喊着，扑扇着翅膀到处乱窜、乱飞。生日聚会被搞得乌七八糟。

（画面四）轰隆！轰隆！天空传来雷声，下起了大雨，小鸟们不知道该躲到什么地方去，它们看着自己美丽的家园被毁灭了，痛苦地哭叫着说：“谁来救救我们啊?！谁来救救我们啊?！”

引导幼儿们回答下列问题，创编故事：

（1）你觉得小鸟会快乐吗?

（2）你从哪里感觉到的?

（3）你认为小鸟喜欢什么样的环境?

（4）你会怎样做?我们应该怎样做?

活动二　参观鸟世界

【活动目标】

（1）在真实情景中感受鸟的生活环境，进一步认识鸟的生活习性、特征等。

（2）在自然环境中感受鸟与人类的亲密关系，产生喜爱鸟的情感。

（3）锻炼外出时自我管理的能力，增强团队意识。

【活动准备】

（1）联系动物园参观路线、交通工具，介绍相关信息。

（2）提前完成团队分组、名单分配等事宜。

【活动过程】

（1）集体讨论参观的目的。

1）了解鸟的生活环境。

2）看看动物园有多少种鸟。

3）知道更多关于自己最喜欢的鸟的知识。

（2）讨论参观的注意事项。

1）注意安全，每个人都跟着自己的领队，队员要互相帮助，发扬团队精神。

2）爱护小鸟的同时，保护鸟的生活环境，注意不乱丢垃圾，不出现破坏环境的行为。

3）遵守动物园的规章制度。

（3）参观各种鸟园，教师根据幼儿的兴趣讲解相关的信息资料，引导幼儿提出自己的见解和希望了解的信息，并借助讲解员寻求问题的答案。

（4）观看鸟的表演，感受鸟的智慧和不同鸟的特征。

（5）和鸟合影，鼓励幼儿讲出和自己合影的鸟的特征，并在回到幼儿园和家后讲给其他人听。

（6）鼓励幼儿谈谈自己参观后的感受及对“鸟的家园”的看法，激发幼儿的创作兴趣。

活动三　设计、构建小鸟的家

【活动目标】

（1）收集大量的材料，养成关注、发现生活中美的事物的习惯。

（2）充分、合理、科学地利用多种自然材料建构小鸟的家。

（3）突出构图造型的个性化，发展拼贴、重叠、排列、组合等手工技巧。

【活动准备】

（1）废旧材料：树枝、石头、瓜子壳、开心果壳、棉花、各种豆类、报纸、包装盒等。

（2）工具：各种粘胶、笔、剪刀、小筐。

（3）能引发幼儿产生情景联想的音乐。

【活动过程】

（1）创设身临其境的环境，引发幼儿产生有关小鸟家园的情景联想。（播放鸟语花香的热带雨林的情境音乐，营造一种快乐、和谐、自由、浪漫的艺术氛围）

（2）引导幼儿设计自己的创作，并提出创作方案。

（3）自由选择合作伙伴和材料。（鼓励幼儿互相合作；提示幼儿合理利用各种材料，根据不同的质地，应用于制作活动中）

（4）教师适时提出指导，提醒幼儿利用材料的特点进行直接表现。

【活动延伸】

油画创作："小鸟的家"

利用丰富的油画颜料创造性地进行装饰，使得作品更加富有感染力与表现力。教师可以利用走廊进行作品的展示，让幼儿尽情地投入探究鸟的活动中，体验用自己的劳动带给小鸟快乐的乐趣。

【活动评析】

（1）活动通过丰富多彩的环境材料，使幼儿身临其境，步入小鸟世界，认识、了解小鸟赖以生存的环境。

（2）活动给了幼儿宽松的谈话空间，教师作为平等对话的一员，在支持幼儿的同时也给了幼儿更多的自信。

（3）充分体现了资源开发与利用。

1）物质环境：大量的废旧物品提供了各种颜色、图案、肌理、形状的建构素材。在使用材料时，除了要利用它们本身的特征外，更重要的是要发挥幼儿的创意，结合主题画面，启发幼儿经过独特构思、精心设计、巧妙应用，对所有的材料进行再创造、再组合。如利用废旧的枯枝干叶、报纸团、小石头可以建构出茂密森林的雏形；利用盒子、干果壳、豆类排列组合，可以表现丰富多样的森林环境。幼儿从中可以体验到，身边的废旧的物质材料，经过艺术加工，又可以变成美的事物。

2）社会环境：充分利用社会资源开展社会活动，有利于幼儿在了解鸟的同时增强社会实践能力，树立初步的团队精神。

（4）在展览中，幼儿的作品不仅可以体现本身的展览价值，还可以作为环境的一部分。不断地将幼儿的作品充实到环境中，会使幼儿开阔思路，增强探究欲望与提出问题、探究问题和解决问题的能力。

经典习题

活动设计题

1. 某幼儿园的院子里有几种高大的乔木，也有一些比较低矮的灌木。请你结合院子里的这些资源，设计一个题为"幼儿园的树木"的中班主题教育活动方案（含 3 个子活动）。要求写出总目标，每个子活动的名称、目标和主要环节。

2. 请根据以下材料，设计大班主题教育活动方案。要求写出主题活动名称和总目标、两个子活动；每个子活动包括活动名称、目标、准备和主要环节。

材料：

在周一早晨户外活动时，幼儿被院子里五颜六色的花吸引了，有的在指认花的颜色，红的、黄的、白的、紫的……有的在数花瓣，三瓣的、五瓣的、六瓣的……有的在争论花的名称。他们发现有的花朵长得一样但颜色不一样，有的花朵有香味、有的花朵没有香味。户外活动时间结束了，幼儿还一直很兴奋地谈论着……

3.（2017 年上半年真题）请根据以下材料，设计一个能涉及多个领域的大班系列活动。要求写出 3 个活动的名称、目标、准备以及主要活动环节。

材料：

大班教室里收集了纸板箱、鞋盒、牙膏盒、药品盒等数量众多的盒子，这些大大小小的盒子吸引了幼儿，教师发现很多幼儿自发利用盒子产生了很多活动，涉及各个领域，于是决定围绕纸箱、纸盒设计系列活动，推进幼儿的发展。

4.（2017 年下半年真题）请围绕“有用的工具”为大班幼儿设计主题教育活动，应包含三个子活动。

要求：

（1）写出主题活动的总目标。

（2）写出一个子活动的具体活动方案，包括活动的名称、目标、准备和主要环节。

（3）写出另外两个子活动的名称、目标。

5.（2018 年上半年真题）请围绕“春天”为大班幼儿设计主题教育活动，应包括 3 个子活动。

要求：

（1）写出主题活动的总目标。

（2）采用诗歌《春风》（见下面所附诗歌）设计一个具体的语言教育活动方案，包括活动的名称、目标、准备和主要环节。

（3）写出另外两个子活动的概要，包括名称、目标。

附：

春　风

春风一吹，芽儿萌发。
吹绿了柳树，吹红了山茶，
吹来了燕子，吹醒了青蛙。
吹得小雨轻轻地下。

6.（2018 年下半年真题）大班下学期，李老师发现幼儿普遍对小学的学习生活不够了解，一些幼儿对上小学有些担心。于是，教师准备开展“我要上小学”主题教育活动，希望通过多种形式的活动，增进幼儿对小学生活的了解，帮助幼儿进一步做好上小学的心理准备。请根据李老师班级情况，设计“我要上小学”的主题教育活动。

要求：

（1）写出主题活动总目标。

（2）围绕主题设计三个子活动，写出其中一个子活动的具体活动方案，包括活动名称、目标、准备和主要环节。

（3）写出另外两个子活动的名称、目标。

7.（2019 年上半年真题）大（三）班有许多幼儿用大大小小的纸盒制作小汽车等物

品。马老师发现，幼儿制作的汽车装饰不太一样，但结构差不多，往往只有车厢、车轮、车灯等。马老师认为可以根据这种情况生成一个“汽车”主题活动，引发幼儿的深度学习。请帮助马老师设计“汽车”主题活动。

要求：

（1）写出主题活动的总目标。

（2）围绕主题设计三个子活动，写出其中一个子活动的具体活动方案，包括活动名称、目标、准备和主要环节。

（3）写出另外两个子活动的名称、目标。

学习资料包

第八章　幼儿园一日生活

【考纲要求】

- 考查方式：在近年的教师资格考试中以单项选择题和简答题为主。
- 考查内容：熟悉幼儿园一日生活的主要环节，理解幼儿园一日生活的教育意义，了解生活常规教育的要求，掌握培养幼儿良好生活、卫生习惯的方法。

【思政园地】

思政目标：

（1）充分认识幼儿园一日生活对幼儿成长的教育价值，把握其中蕴含的教育契机，具备创新、开放、合作的职业理念。

（2）践行社会主义核心价值观，能宏观、系统地设计幼儿园一日生活的各个环节。

【知识结构】

- 幼儿园一日生活
  - 幼儿园一日生活概述
    - 幼儿园一日生活的教育意义
    - 幼儿园一日生活的主要内容
    - 当前幼儿园一日生活存在的问题
    - 幼儿园一日生活的设计和实施
  - 幼儿园一日生活常规
    - 幼儿园一日生活常规的概念
    - 幼儿园一日生活常规的意义
    - 幼儿园一日生活常规的要求
    - 幼儿园一日生活常规的培养方法

第一节　幼儿园一日生活概述

《纲要》指出："幼儿园应为幼儿提供健康、丰富的生活和活动环境，满足他们多方面发展的需要，使他们在快乐的童年生活中获得有益于身心发展的经验。"这里强调的"生活"和"活动"，就是要求幼儿教育必须关注幼儿一日生活中的所有活动。教育内容只有源自幼儿一日生活的每一个环节，才会最贴近、最符合幼儿的成长需要。正如杜威所说，教育即生活，教育即生长。

一、幼儿园一日生活的教育意义

幼儿园的教育更多地体现、渗透在幼儿的一日生活中，一日生活的合理安排可以促进幼儿的身体发育，增进幼儿对自身和环境的认识，提高幼儿的社会适应能力，培养自信等良好品质。

（一）能够促进幼儿的身心健康

合理安排幼儿的一日生活，科学组织教学活动、区域活动、户外活动和盥洗、如厕、进餐等生活活动，劳逸结合，动静交替，有张有弛，符合幼儿生长发育的需要，保证幼儿学习时精力集中，吃饭时食欲旺盛，游戏时心情愉快，有效促进幼儿的身心健康。

（二）能够帮助幼儿养成良好的生活习惯

幼儿期是习惯养成的关键时期。从小养成好习惯，将会使幼儿受益终身。如教育幼儿早睡早起，起床后自己整理床铺，饭前便后洗手，上下楼梯有秩序等，这样每天让幼儿按照一定的规律、要求，积极自觉、有条不紊地完成各项事情，周而复始，日复一日，就会养成良好的生活、卫生习惯。

（三）保证全面完成幼儿园教育任务

组织好幼儿的一日生活，帮助幼儿尽快适应幼儿园的集体环境，与老师、同伴建立良好的互动关系，学会在集体中生活、生存。另外，有利于保教人员主动、有效地组织班集体活动，有效地完成幼儿园的各项教育教学任务。

二、幼儿园一日生活的主要内容

幼儿园一日生活主要包括生活活动、教学活动、区域活动、户外活动等。

（一）生活活动

生活活动主要包括入园、盥洗、进餐、如厕、喝水、午睡、离园等基本环节。生活活动蕴含着丰富的教育契机和教育价值，是促进幼儿生长发育，养成良好的生活、卫生习惯，形成积极稳定的情绪情感，养成终身受益的生存、生活能力和文明健康的生活方式的重要途径。其基本要求如下：

（1）正确认识和把握生活活动中所蕴含的教育和学习契机，将生活活动作为培养幼儿生活能力、养成良好习惯、促进幼儿健康成长的重要环节。

（2）在生活活动的组织实施中，在满足幼儿当前需要的同时，为其未来生活和持续发展做好积极准备。

（3）幼儿身心发育尚未成熟，需要成人的精心呵护与细心照顾，但不宜过度保护和包办代替，以免剥夺幼儿自主学习和自我成长的机会，影响其主动性和独立性的发展。

（4）幼儿基本生活能力的获得，需要循序渐进、耐心细致地指导。幼儿园教师与保育员、家长等，要始终保持教育的一致性与一贯性。

（5）教师要有良好的生活能力、生活意识和生活品位，用积极的生活态度和情绪情感影响和感染幼儿。

（二）教学活动

教学活动是教师依据国家学前教育的目标和任务，结合社会需要和幼儿身心发展的规律，有目的、有计划、有组织地引导幼儿主动参与的学习活动，是幼儿一日生活的重要内容之一。其基本要求如下：

（1）教学活动应遵循幼儿身心发展规律和学习特点，遵循生活性、游戏性、整合性的原则，体现规范与自主、集体与个别、动与静的结合，注重与环境的有效互动，营造丰富、宽松、适宜的教学氛围。

（2）教师应充分保护幼儿的好奇心和学习兴趣，激发幼儿的想象力和创造力，注重培养幼儿积极、专注、勇于探究和尝试等良好学习品质。

（3）教师应提供充足的活动材料，引导幼儿自主探究、自主学习，让幼儿在玩中学、操作中学、感知中学，提高幼儿的学习兴趣。

（4）教师应了解幼儿的已有经验，精心预设课程，关注幼儿获得新经验的过程，善于发现教育契机，及时调整和生成教学活动，满足幼儿的学习兴趣和需要。

（5）教师应明确教学目标，熟悉教学内容，合理使用教具、学具，灵活组织教学活动，关注个体差异，因人施教，促进每个幼儿在原有水平上发展和提高。

（三）区域活动

区域活动主要是指在室内开展的幼儿自由、自主、自发的活动，包括游戏活动和自主学习活动。区域活动符合幼儿的年龄特点，是幼儿个性化学习与发展的重要途径。其基本要求如下：

（1）幼儿园应根据本园实际，因地制宜地为幼儿拓展足够的活动空间，创设良好的区域活动环境。

（2）幼儿园应合理调整一日活动安排，保证幼儿有足够的区域活动时间，每天至少1次，每次为1小时。

（3）幼儿园应配备足够的玩具和区域活动材料，并充分利用本地自然资源。材料应安全、卫生、操作性强。

（4）根据幼儿年龄特点开展多种类型的区域活动，每个班一般要设置6个左右的活动区域。提倡开展混班、混龄区域活动，实现区域活动效益的最大化。

（5）教师应当做幼儿区域活动的引领者、支持者与合作者，适时投放活动材料，不断丰富幼儿的活动内容。

（四）户外活动

户外活动是幼儿在室外进行的活动，主要分为两类：一类是室外游戏，包括沙水、建构、角色、表演、运动、艺术等游戏；另一类是体育活动，包括集体体育活动、自主性体育活动等。

1. 户外活动的意义

户外活动对于幼儿亲近自然、增强体质、促进良好意志品质和社会性发展具有独特的价值。

（1）可以促进幼儿身体的生长发育。户外活动使幼儿的各种生理器官和系统都能得到锻炼，能够促进骨骼和肌肉的成熟，加速机体的新陈代谢，有利于内脏和神经系统的发育。

（2）能够发展幼儿的基本动作和技能。户外活动有助于培养幼儿对体育活动的爱好，养成经常地、自觉地到户外锻炼身体的好习惯，有利于扩大幼儿体育活动的范围，丰富和活跃他们的生活，帮助幼儿巩固和提高体育课程中所获得的知识和动作技能。

（3）有利于幼儿的身心健康。户外活动可以使幼儿接触充足的阳光、新鲜的空气等自然因素，可以增强他们对外界环境变化的适应能力，促进身体健康。户外活动内容丰富、形式灵活、时间充足，幼儿自主性强，能够使他们愉快和满足，有利于他们的心理健康。

2. 户外活动的基本要求

（1）幼儿园应为幼儿提供安全、自然、充足的户外活动场地，并合理划分各种功能区域。场地应体现多样性、生态性和立体化。尽量用软化地面，如草坪、沙池、水池、土坡、小树林、土质地面、塑胶跑道等。

（2）应确保幼儿每天户外活动时间不少于2小时，其中体育活动时间不少于1小时。教师应根据季节特点、天气情况等适当调整活动时间、地点和内容。

（3）应关注活动内容的丰富性、多样性、层次性和挑战性。注意适度原则，既不过分保护，也不过度锻炼。要关注体弱幼儿，注重个体差异。

（4）注意体育活动的科学性，全面提升幼儿的平衡、协调、灵敏、力量、耐力等身体素质，避免单项技能的重复和单调训练。

（5）高度重视安全工作，活动前要对幼儿进行安全教育，对场地及大型活动器械进行安全检查。活动时要将幼儿全部纳入视野范围。活动前后都要及时做好“三清”（清查人数、清查场地、清查器械）工作，确保幼儿安全。

三、当前幼儿园一日生活存在的问题

（一）生活活动单纯满足幼儿生理需要，忽略幼儿心理发展

教师对一些生活规则，如吃饭、喝水时不要说话，以及对全班幼儿共同完成生活任务的关注，往往超过对幼儿个体需要、动作表情、体验感受的关注。有调查显示，将生活活动中的教师行为与非生活活动中的教师行为对比，发现前者的正向情感特征显著低于后者，而前者的中性情感特征又显著高于后者。这说明相对于其他活动而言，教师在生活活动中表现出无倾向性的情感特征，往往采用语言提示、肢体动作来回应幼儿，忽略了幼儿的心理活动和心理发展。

（二）重视教学活动，轻视生活活动

在幼儿园教育活动中，一些教师认为生活活动就是管幼儿吃、喝、拉、撒、睡等事务性工作，原有的保教分离、重教轻保的价值取向以及传统的保教模式仍在影响着教师。

要改变这种错误倾向，要从以下几方面着手：首先，教师要转变教育观念。要尊重幼儿的主体需要，树立幼儿既是保育对象，又是学习和自我发展主体的观念，重视生活活动中蕴含的教育价值。其次，教师要善于发现教育契机。生活活动中隐藏着丰富的教育契机，教师要善于发现，有效利用。最后，教师要善于整合教育内容。例如，在生活活动中加强幼儿自我保护意识的教育，将健康、科学、语言、社会和艺术领域的内容整合到生活活动中。

（三）教师管理行为过多，幼儿自我管理的学习尝试过少

在幼儿园一日活动中，教师常常将自己和幼儿在生活活动中的关系看作照顾与被照顾的关系，习惯以指导者、管理者的角色包办代替，对幼儿生活的照顾多于对幼儿自理能力的培养。调查发现，在生活活动中，教师作为施动者的师幼互动占66%，而幼儿发起的互动只占34%。例如，通过对某幼儿园跟班调查，发现该幼儿园的大班在午饭开始时，教师忙着给幼儿准备碗筷、盛饭盛菜，而幼儿在整个过程中不是左顾右盼，就是和同伴说话、打闹。通过这个案例我们可以看出，作为大班的教师，还在给幼儿布置碗筷，完全忽略了幼儿自理能力的培养，包办代替的情况很严重。《纲要》指出："既要高度重视和满足幼儿受保护、受照顾的需要，又要尊重和满足他们不断增长的独立要求，避免过度保护和包办代替，鼓励并指导幼儿自理、自立的尝试。"

（四）生活活动程序化，缺少灵活性，消极等待现象频出

幼儿的生活活动因其常规化，在实践操作中易流于程序，出现幼儿消极等待现象，特别是在如厕、喝水、用餐等环节，教师统一管理，缺少灵活性，导致幼儿缺少主动选择，造成时间上隐性浪费，也在一定程度上削弱了幼儿参与活动的热情。

四、幼儿园一日生活的设计和实施

（一）科学合理地设计一日生活流程

1. 灵活而有弹性地安排作息制度

传统的一日生活设计，从学习内容、组织形式和时间安排上，都有太多的限制，教师难以真正根据班级的实际和幼儿的兴趣选择教学内容、安排学习时间、开展自主活动，幼儿始终在教师的指挥棒下被动地活动。因此，我们经常在幼儿园看到排队上厕所、排队喝水、排队进午睡室、餐点统一分好等现象。《纲要》指出，“时间安排应有相对的稳定性与灵活性”，“尽量减少不必要的集体行动和过渡环节，减少和消除消极等待现象”。这与一直以来对幼儿束缚过重的单一模式化的一日生活结构形成了强烈的冲突。为了促进幼儿生动活泼、自主有效地学习，目前不少幼儿园改变了一日生活计划的设置，摒弃了“时间逐段安排制”，实行弹性作息制。在一日生活中只规定大段的活动时段，如早操、午餐、午睡、离园，其余的小时段，教师可以根据班内的实际情况灵活调整、合理安排。

2. 设计动静交替的活动环节

根据幼儿身心发展的特点，幼儿园活动设计的流程要注重动静交替。动静交替要体现在户外活动中。教师要能够根据天气情况和幼儿活动量，组织幼儿开展运动和安静的游戏，让幼儿身心得到适当的锻炼和休息。动静交替也要表现在教学活动中，教师要根据教学内容进行切段，让幼儿在充分尝试、操作、激动过后，能有适当的休息、反思，调整情绪。既要能顺利完成教学内容，使幼儿及时展现自己的学习成果并感受到学习的快乐，还要注意照顾个体差异，让每位幼儿都能体验到成功的快乐。

（二）生活活动内容与主题课程内容整合和渗透

生命是整体的，生活是整体的，因此，幼儿的发展也必然是整体的。这就要求幼儿教育也是整体的。按照《纲要》提出的培养目标，幼儿一日生活的课程构建，要从幼儿整体发展的需求出发，科学地、全面地统筹规划。从具体操作层面上看，就是要对幼儿教育的各要素进行多样化、多层次的整合。所以，优化幼儿一日生活，一方面是整合幼儿教育内容，通过各种组织形式的整合，使幼儿能够在一段时间中浸润在同一个主题中进行连续思考和探索。另一方面也要通过对幼儿一日生活的各个环节、各种活动的合理整合，建立各活动、各环节的有机联系，使教育渗透于一日生活之中，达到系统化、综合化。

（三）以游戏为基本活动

游戏最符合幼儿的心理特点、认知水平和活动能力，最能有效地满足幼儿的兴趣需要。《规程》明确提出：“以游戏为基本活动，寓教育于各项活动之中。”在幼儿园一日生活中，必须要有充分的时间让幼儿进行游戏，教师应根据幼儿的特点和实际经验及兴趣，创设游戏条件，并在游戏过程中给予适当的指导，使幼儿保持愉快的情绪，促进幼儿能力和个性的全面发展。例如，针对幼儿不自觉喝水或喝水量不足的情况，有些教师将喝水环节进行游戏化处理，组织“小汽车要加油”、设置“水吧”等游戏，令幼儿在自然和愉悦的情境中自觉饮水。

（四）尊重幼儿的主动性

生活活动是幼儿园保育任务的一项主要活动，传统的保育观多从保教人员的主观臆想出发，习惯于向幼儿发出指令式、约束式的强制性要求，幼儿则被动地遵照幼儿园的既定规则，完成用餐、盥洗、喝水、睡眠等环节，较少考虑幼儿的主动性。科学的保育观强调尊重幼儿，即便在每天必不可少的生活环节中，教师也应充分发挥幼儿的主动性，让幼儿成为生活的主人。教师应注重为幼儿提供宽松的生活环境，尊重、了解不同年龄幼儿的特点、需要，以真诚的爱心、积极的鼓励，让幼儿主动参与活动。例如在用餐环节，可以每天以小值日生的形式，鼓励幼儿协助教师做好餐前的准备工作，如擦桌子、盛饭、分发餐具等。用餐完毕，鼓励幼儿将餐具放到指定位置，将各自的桌面收拾干净等。教师还可组织幼儿讨论生活活动程序或规则，并用幼儿能理解的图像加以表征，贴在相应的生活活动场所，以提醒幼儿主动按程序或规则操作，充分尊重幼儿的主动性。

第二节　幼儿园一日生活常规

《纲要》指出：“建立良好的常规，避免不必要的管理行为，逐步引导幼儿学习自我管理。”常规培养是幼儿园教育活动最基础的部分。幼儿园一日生活常规不仅是幼儿一日活动正常开展的保证，更是幼儿健康成长的保证。

一、幼儿园一日生活常规的概念

幼儿园一日生活常规，是幼儿园为了培养幼儿良好的生活习惯和生活自理能力，确保幼儿健康、和谐发展而制定的幼儿园一日生活各环节的基本规则与要求。简单地说，幼儿园一日生活常规就是幼儿在幼儿园一日生活的各种活动中应该遵守的基本行为规范。

二、幼儿园一日生活常规的意义

幼儿园一日生活常规是幼儿成长、学习的前提，对幼儿园教育有非常重要的意义。

（一）能够帮助幼儿适应幼儿园环境

对于新入园的幼儿来说，从家庭环境进入迥然不同的集体环境，适应环境是首先要解决的问题。教师要让幼儿感觉到幼儿园环境是宽松、温馨的，帮助幼儿了解“该做什么”“不该做什么”“怎样做”等问题，让幼儿逐步形成良好的生活能力，尽快适应集体生活。

（二）能够帮助幼儿学习在集体中生活

在组织集体活动时，幼儿要按照一定的规则、要求，约束自己的不良行为。知道自己不能扰乱集体生活习惯和社会秩序，知道生活在一个集体里，就要有一定的约束力，不能随心所欲。

（三）能够促进幼儿身心健康发展

常规的建立不仅是集体教养幼儿的需要，而且有益于促进幼儿身心健康发展，起到培养良好情绪，形成一定的卫生、生活和行为习惯，促进生活能力提高的作用。作为教育手段，起到规范引导行为方向，促进幼儿活动质量，提高幼儿能力和身心发展水平的作用。

三、幼儿园一日生活常规的要求

（一）晨间接待（30～45 分钟）

1. 对幼儿的要求

（1）衣着整洁，愉快入园，有礼貌地和老师、小朋友见面。

（2）有礼貌地和家长告别。

（3）告诉老师自己的身体有无不舒服的感觉。

（4）积极投入晨间活动。

2. 对保教人员的要求

（1）在幼儿入园前做好活动室内外清洁工作及开窗通气。

（2）以热情、亲切的态度接待幼儿，并向家长询问幼儿在家的情况，听取家长的意见和要求，做好个别幼儿的衣物、药物的交接工作。

（3）晨间检查：按晨检常规规定项目进行。

一般要求：对幼儿的脸色、皮肤、眼神、咽喉、精神逐项观察，并询问家长。

认真做好一摸：是否发烧；二看：喉部、皮肤和精神；三问：饮食、睡眠、大小便情况；四查：仔细观察幼儿有无携带不安全物品。发现问题及时处理。

（4）组织晨间活动：准备好玩具、材料和体育活动器械，让幼儿参加自己喜欢的各种活动，带领幼儿观察，与幼儿交谈等。

（5）早操前十分钟，提醒幼儿收拾整理玩具、材料，做好参加早操活动的准备。

（二）早操（25～30 分钟）

1. 对幼儿的要求

（1）按顺序到操场集合，迅速整齐地站好早操队形。

（2）按教师口令认真做操，姿势正确，精神饱满。

2. 对保教人员的要求

（1）做操前半小时准备好场地。场地要平整，无障碍物，无积水，不干燥起尘。

（2）认真检查器械；备好音频、播放器等。

（3）教师精神饱满，口令、示范动作准确、熟练。

（4）注意幼儿基本动作的练习和操节变换，活动密度适度。小班以模仿操为主，中大班以徒手操为主（大班要学会全国统一的“韵律操”），并选做两套轻器械操。徒手操和轻器械操相互轮换，时间持续一个月左右。每学期更换一套新操节。

（5）有幼儿自愿选择运动器械自由活动的时间（10分钟左右）。

（三）教育活动（小班10～15分钟、中班20～25分钟、大班25～30分钟）

1. 对幼儿的要求

（1）活动前，逐渐转入安静状态。

（2）在教师的指导启发下，逐渐养成动脑、动手和手脑并用的习惯。大班幼儿逐渐形成在日常生活和游戏中运用已获得的知识与技能的能力，能对自己完成的作品进行自我评价。

（3）在活动过程中，积极思考，踊跃发言或提问。不干扰别人，不和小朋友争执，不影响活动秩序。

2. 对保教人员的要求

（1）做好准备工作。

1）环境准备：室内地面清洁、不起尘，光线充足且从左射入，空气新鲜；室外环境无干扰，场地湿润、平坦、无异物；注意经常交换幼儿座位，保护视力。

2）活动准备：充分理解、分析、熟悉教材，准备好教育活动计划，文字材料能背诵，示范动作要熟练、准确；活动前提醒幼儿收拾玩具、如厕；教具和学习材料，如实物、图片、模型、教具、实验用品、玩具或其他材料应于前一天准备好，幼儿用品数量要多于幼儿数。

（2）保证教育质量。

1）要根据各年龄班幼儿的特点安排活动时间和内容。

2）教育计划：根据年龄培养目标，选择教育内容，制订切实可行的学期教育计划、周计划、主题活动计划或学时计划。计划能体现系统性及纵横联系的特点。

3）教育内容：具有科学性和教育性，教给幼儿的知识准确无误，能与有关学科有机结合、互相渗透，注意能力与习惯的培养。

4）教育目标：教育目标明确、具体，切合教育任务和本班幼儿的实际水平，循序渐进，保教结合，既有知识传授，又重视兴趣培养、智能发展和思想品德教育。

5）教育方法：能正确、全面地贯彻教育工作原则，灵活运用多种教育形式和方法，重点突出，解决难点，具有创造性；注意观察了解幼儿，关注幼儿的个体差异，有不同层次的要求和指导；能以幼儿为主体，让幼儿充分运用感官，动脑、动口、动手，启发幼儿学习的积极性、主动性和创造性。

6）教态和语言：教态亲切自然、情感真挚，语言清晰、简练、准确、规范、生动形象。

7）作品的保存：绘画、手工等作品要注明幼儿姓名、班次、日期、主题。

8）教育活动效果检查：活动结束后要记载和分析幼儿的学习情况和活动成功或失

败的原因，总结经验，积累资料，不断改进教育方法，提高教育水平。

（3）注意培养幼儿正确的坐、立、行姿势和握笔姿势，保护幼儿的视力和嗓子。

（四）自由活动

1. 对幼儿的要求

愉快地参加自己喜爱的游戏活动、体育活动或其他活动。

2. 对保教人员的要求

尽量让幼儿到户外自由参加各种有益的活动。幼儿活动应在教师视线范围之内，注意幼儿的安全。

（五）喝水

1. 对幼儿的要求

（1）用自己的口杯喝水，喝水时不说笑。

（2）不浪费水，口杯用后放回原处。

2. 对保教人员的要求

（1）口杯要在幼儿使用之前消毒，每个幼儿的口杯应放在口杯柜中固定的位置。

（2）幼儿需要喝水时，应随时给水喝。保证班上随时有开水，及时提醒幼儿喝水。

（六）盥洗

1. 对幼儿的要求

（1）盥洗时不拥挤。

（2）学习掌握洗手、洗脸的一定顺序、方法。

（3）自觉遵守盥洗规则、方法，动作迅速、认真，不玩水，不弄湿衣服和地板。

（4）小班幼儿由教师帮助，逐步学会洗手、洗脸，中大班幼儿应独立洗手、洗脸，尤其大班幼儿应迅速正确洗净手脸。

2. 对保教人员的要求

（1）做好盥洗前的准备工作，洗好毛巾，放好肥皂、护肤霜。

（2）根据用具、设备，分批进行盥洗。

（3）教给幼儿或提醒幼儿洗手、洗脸、搽护肤霜、梳头的顺序和方法。

（4）提醒幼儿遵守盥洗规则，认真洗净手脸。

（5）最后逐一检查：洗净手脸，搽好护肤霜，放下衣袖，梳好头，离开盥洗室。

（七）进餐

1. 对幼儿的要求

（1）愉快、安静地进餐，逐步掌握独立进餐的技能。

（2）进餐时不说笑、打闹。

（3）正确使用餐具：一手拿勺子（中大班幼儿使用筷子），一手扶住碗，喝汤时两手端着碗。

（4）饭和菜、干点与稀饭搭配着吃，不吃汤泡饭。

（5）逐渐养成文明进餐习惯。

2. 对保教人员的要求

（1）进餐前半小时不安排幼儿剧烈活动。

（2）进餐前15分钟提醒幼儿收拾玩具，放好椅子，做好盥洗，准备进餐。

（3）指导值日生擦净餐桌，准备餐具。

（4）领取和分发食物。掌握与登记每餐主、副食的领取量，幼儿实际进食量和剩余量。

（5）组织幼儿进餐。创造愉快、安静的进餐气氛，不在进餐时处理幼儿的问题，不引起幼儿哭泣。

（6）精力集中，注意观察，精心照顾幼儿，轻声、和蔼地指导和帮助幼儿掌握进餐的技能，培养文明行为习惯。幼儿进餐时，不拖地、不扫地。

（7）及时送回碗筷，收拾餐桌，清扫地面。对擦嘴毛巾、漱口杯进行消毒。

（8）午餐后组织幼儿进行10～15分钟自由散步。

（八）午睡（夏天2.5小时，春、秋、冬2小时）

1. 对幼儿的要求

（1）午餐后散步、如厕，保持安静，不高声讲话或嬉笑喧闹，脚步放轻，进入寝室。

（2）中大班幼儿自己摆好枕头，拉开被（毯），按顺序脱去外衣裤：先解开上衣扣子，再解开鞋带，脱鞋、袜子、裤子，最后脱上衣，并将衣裤折叠整齐放在固定位置，鞋放在床下。小班幼儿由教师帮助完成。

（3）不带小玩物上床，迅速盖好被（毯），不东张西望，闭上眼睛，安静入睡。

（4）早醒幼儿可进行安静活动，不出声响，不影响别人。

2. 对保教人员要求

（1）幼儿就寝前半小时开窗通气，就寝时关闭窗户。

（2）午饭后组织幼儿进行散步及如厕，避免新异刺激，禁止高声谈笑、喧闹，创造安静气氛。

（3）帮助小班幼儿放好枕头，拉开被（毯），脱叠衣物。

（4）夏季上床前为幼儿冲脚。

（5）及时、细致地为每一位幼儿盖好被（毯），纠正不良睡姿，培养幼儿右侧卧或仰卧、不蒙头睡觉的习惯。夏天酷热时，用柔软毛巾为幼儿轻轻地擦去汗水。

（6）不断巡视，发现幼儿神色异常及时报告与处理。

（7）值班人员利用幼儿睡眠时间，检查幼儿服装及鞋袜，缝缀脱落纽扣，做好值班记录。不能以任何借口离开寝室、看书、睡觉等。

（8）随时注意保持室内空气新鲜，天暖无风时可打开窗户，拉上窗帘，应避免对流风吹在幼儿身上。

（九）起床（30分钟）

1. 对幼儿的要求

（1）按时起床，掀开被（毯），按顺序穿衣服。

（2）学习整理床铺。

2. 对保教人员的要求

（1）按时叫幼儿起床，认真询问幼儿的睡眠情况（可让先醒来的幼儿先起床）。

（2）指导与帮助幼儿掌握起床、穿衣、整理床铺等一系列的常规要求。（小、中、大班应有区别：小班多照顾，中班多帮助，大班多指导）

（3）注意观察幼儿外部表现，如精神、皮肤、呼吸等，发现异常情况及时与医务人员联系。

（4）逐个检查幼儿服装、床铺是否整齐，提醒收拾整齐的幼儿如厕。

（5）做好交接班工作。

（十）游戏与体育活动

1. 对幼儿的要求

（1）兴趣浓厚，活泼愉快。

（2）和教师共同做好活动前的准备工作。

（3）在教师指定的场地内游戏，不乱跑，不喊叫；在室内说话、动作要轻；使用场地要协商，互相照顾；选择一种游戏后要认真地玩，可以变换游戏，但不能妨碍他人，不经同意不得插手他人的游戏。

（4）会正确使用玩具，爱护玩具，会收放玩具。

（5）对同伴友爱、谦让，能合作、互相帮助。

（6）遇到问题开动脑筋，想出解决问题的方法并着手解决，充分发挥自主性、积极性和创造性。

（7）注意力集中，遵守规则，巩固和提高动作的技能，积极主动地参加体育活动。

（8）活动结束主动地收拾玩具、材料。（小班幼儿在教师的带领下收拾玩具；中班幼儿在教师的帮助下独立收拾玩具；大班幼儿独立收拾玩具）

2. 对保教人员的要求

（1）保证不占用幼儿游戏时间，每天游戏活动时间不少于 2 小时，其中 1 小时户外活动时间。

（2）为幼儿创设良好的环境，提供必要的场地、玩具、材料，保证游戏与活动的顺利开展。

（3）各项活动要求与安排：

1）体育活动（早晨、教育活动后均可安排）。内容：体育游戏、球类活动、各种体育器械活动、体操及单项基本动作练习。可以全班、小组或个别的形式，开展幼儿喜爱的活动。

2）游戏活动（早晨、教育活动后均可安排）。内容：创造性游戏（角色游戏、结构游戏、表演游戏），有规则的游戏（智力游戏、音乐游戏、体育游戏），玩沙、玩水，民间传统游戏等。

3）散步（教育活动后、饭后均可安排）。内容：引导幼儿观察社会，观察自然，扩展视野。教给幼儿观察方法，让幼儿学会观察。

4）劳动（早上来园后、教育活动后、午后均可安排）。有时可和散步、观察认识自然结合在一起进行。内容：饲养小动物，管理自然角，花畦、菜圃的种植劳动，帮助教师整理活动室等。

（4）对幼儿游戏和活动的组织指导。

1）各种游戏与活动安排在逐日计划中，注意动静交替和室内外交替，面向全体，注意个别差异。

2）在游戏与活动中，认真仔细地观察幼儿的表现，深入了解幼儿，有针对性地进行教育和训练，但不能干扰幼儿的游戏活动。

3）在游戏与活动中要体现全面发展教育的任务与要求，促进幼儿身心和谐发展。

4）注意安全。

（5）认真分析活动效果，不断积累资料。

（十一）离园

1. 对幼儿的要求

愉快地离园，带好个人用品，有礼貌地同教师、小朋友告别。

2. 对保教人员的要求

（1）与幼儿进行简短谈话，一起回顾一天生活，表扬好人好事，进行安全教育和礼貌教育，提醒回家的注意事项。

（2）检查幼儿仪表是否整洁，提醒幼儿带好回家的用品。

（3）进行与家长的联系工作，向家长介绍幼儿在园情况，对未及时接走的幼儿组织适宜活动。

（4）防止幼儿走失或被不认识的人带走。

（5）幼儿离园后，做好活动室的清洁卫生，关好门窗。

四、幼儿园一日生活常规的培养方法

（一）表扬鼓励法

幼儿都是喜欢受表扬的。教师要充分利用这一特点，发现幼儿对某一常规遵守比较好的时候及时进行表扬，在增强幼儿自信心的同时，使良好的生活常规得以强化和巩固。

（二）环境暗示法

在一日生活中，常常发现幼儿在和教师讨论如何遵守活动区规则的时候说得都很好，但一旦真正活动起来，有的幼儿就将所有的规则抛在了脑后。可采用环境暗示法，在活动区里张贴一定的标志，如在盥洗室里张贴正确洗手的步骤图和及时关好水龙头的标志，在娃娃家外贴一定数量的脚印。环境暗示法容易让幼儿自觉遵守活动规则，比起教师的说教更容易让幼儿接受。

（三）生活体验法

幼儿由于年龄小，缺乏对危险后果的预见性，可以适当地让幼儿感受不遵守某一常规的后果，从反面来让幼儿知道这样做不好、这样做危险，帮助幼儿建立常规意识。如：让幼儿体验把脚放到别人的椅子中的后果——摔倒；感受自己被别人推的感觉等。

（四）判断分析法

用相机将幼儿生活中好的常规表现和不好的常规表现拍下来，放在大屏幕上，引导幼儿观察、分析、讨论、讲述哪种做法好，哪种做法不好。幼儿通常会非常感兴趣，并积极主动地和教师、小朋友交流自己的看法，从而有效建立良好的生活常规习惯。

（五）行为巩固法

幼儿了解了一定的生活常规之后，还需要通过游戏和情景表演、比赛等形式加以巩固。如引导幼儿模拟练习正确的洗手方法，比一比谁做得最好，并适当奖励，巩固行为习惯，建立良好常规。

（六）榜样激励法

幼儿爱模仿，好胜心强。当某个幼儿的某种常规习惯特别好的时候，教师应及时加以表扬，并鼓励其他幼儿像他那样做，或者做得比他更好。利用榜样激励法，可以有效地帮助幼儿建立良好常规。

此外，教师自身的行为也在潜移默化地影响幼儿，教师良好的榜样作用会帮助幼儿建立良好常规。因此要求幼儿做到的，教师必须首先做到。如要求幼儿有礼貌，教师首先应待人诚恳，说话文雅；要求幼儿注意倾听别人讲话，教师就要认真听幼儿讲话，而不能边听边做其他事情。

（七）家园合作法

家长是孩子的第一任老师，有着教师无法替代的作用。教师要了解幼儿家庭的不同情况，指导家长配合幼儿园进行一致性教育，巩固幼儿良好的生活常规习惯。因此，利用家园联系册、电话、家访、家长会等多种渠道，向家长宣传常规教育对于幼儿发展的重要性，以及常规教育的连续性、一致性要求等，使家长普遍重视孩子在家中的常规教育。

（八）故事引导法

听故事是幼儿喜爱的活动，教师可以把一日生活常规要求渗透到故事中，让幼儿明白应该怎样做、不应该怎样做。如通过故事《小猪变干净了》来帮助幼儿养成良好的盥洗习惯；通过故事《爱学习的小山羊》帮助幼儿养成不懂就问的好习惯。

（九）幼儿参与法

鼓励幼儿参与本班一日常规的制定，也是一种非常有效的方法。要让幼儿主动学习，最重要的就是让幼儿主动思考。让幼儿参与常规制定的过程，实际上也是引发幼儿思考的过程。例如：午睡前要叠衣服，有的幼儿在地上叠衣服，很不卫生。可以组织幼儿讨论：应该在哪里叠？怎样叠？由于是幼儿熟悉的事情，他们纷纷出主意、想办法，并要求到前面示范。所以说，幼儿自己出的主意比教师提的意见更有效、更容易被接受。

另外，还可以鼓励幼儿参与班级的各种标志的设计。在班级的各个区角、活动室、盥洗室、午休室、喝水间等地方，张贴幼儿自己设计的标志，这样幼儿在活动的时候就会更加乐意遵守相应的常规要求，有助于一日生活常规的巩固。

经典习题

一、单项选择题

1. 下列关于幼儿园一日生活的教育意义，不正确的说法是（　　）。
   A. 可以保护幼儿身体的健康发育
   B. 有利于幼儿心理的健康发展
   C. 可以培养幼儿良好的生活习惯
   D. 安排过多的游戏活动，不利于幼儿的学习
2. （　　）是教师观察、发现和指导幼儿最经常、最自然、最容易的活动。
   A. 餐饮活动　　B. 生活活动　　C. 盥洗活动　　D. 教学活动
3. 在幼儿园的一日生活中，第一项活动是（　　）。
   A. 早操　　B. 进餐
   C. 接待幼儿入园　　D. 自由游戏活动
4. 教师晨间接待幼儿入园工作的重点是（　　）。
   A. 提醒幼儿尽早进入学习状态　　B. 与家长交流，沟通情感
   C. 检查幼儿的身心状况　　D. 督促幼儿完成家庭作业
5. 幼儿早操活动以锻炼身体、培养团队精神和对体育活动的（　　）为主要目的。
   A. 技能　　B. 兴趣　　C. 技巧　　D. 游戏
6. 有组织的（　　）是教师从幼儿的兴趣和实际水平出发，有计划地、循序渐进地组织实施全面发展教育的活动。
   A. 学习活动　　B. 教育活动　　C. 德育活动　　D. 体育活动
7. 教师应对（　　）左右的幼儿开始进行如厕能力的培养。
   A. 1.5 岁　　B. 2 岁　　C. 2.5 岁　　D. 3 岁
8. 《规程》指出，幼儿园应制定合理的幼儿一日生活作息制度，两餐间隔时间不少于（　　）。
   A. 2.5 小时　　B. 3 小时　　C. 2 小时　　D. 3.5 小时
9. 为了促进幼儿的身体健康，要保证幼儿每天户外活动的时间不少于（　　）。

A. 3 小时　　B. 4 小时　　C. 2 小时　　D. 1 小时

10. 下列关于制定学前幼儿一日生活日程的叙述，错误的是（　　）。

A. 幼儿年龄越小，安排的睡眠时间应越短，次数应越多

B. 游戏是幼儿的基本活动，应保证他们的游戏时间

C. 制定作息制度要考虑到不同地区的差异，如南北差异

D. 安排幼儿的一日生活作息制度，要考虑到家长的配合

11. 活动区的活动该结束了，可是曼曼的"游乐园"还没有搭完，他跑到老师面前说："老师，我还差一点就完成了，再给我 5 分钟，好吗？"老师说："行，我等你。"老师一边说，一边指导其他幼儿收拾整理……该教师的做法，体现了幼儿园一日生活安排应该（　　）。

A. 与幼儿积极互动　　B. 根据幼儿活动的需求灵活调整

C. 按照作息时间表按部就班地进行　　D. 随时关注幼儿的活动

12. 为提高幼儿适应季节变化的能力，幼儿应多参加（　　）。

A. 户外活动　　B. 生活活动　　C. 学习活动　　D. 亲子活动

13. 下列对幼儿园一日生活组织的表述，错误的是（　　）。

A. 时间安排应有相对的稳定性与灵活性，既有利于形成秩序，又能满足幼儿的合理需要，照顾到个体差异

B. 尽量减少不必要的集体行为和过渡环节，减少和消除消极等待现象

C. 教师只需直接指导活动，保证幼儿偶尔有适当的自主选择和自由活动的时间即可

D. 建立良好的常规，避免不必要的管理行为，逐步引导幼儿学习自我管理

14. 能体现幼儿园一日生活组织的科学、合理性的一项是（　　）。

A. 中、大班幼儿在老师提醒、帮助下喝水、如厕

B. 要适合幼儿身心发展的特点和能力

C. 托班、小班幼儿独立喝水、如厕

D. 可以无须符合《纲要》的要求

15.（2017 年下半年真题）对幼儿如厕，教师最合理的做法是（　　）。

A. 允许幼儿按需要自由如厕　　B. 要求排队如厕

C. 控制幼儿如厕次数　　D. 控制幼儿如厕的间隔时间

二、简答题

1. 举例说明如何在幼儿园一日生活的实施中做到动静交替。

2. 从儿童发展角度，简述幼儿户外运动的价值。

三、论述题

1.（2018 年下半年真题）什么是幼儿园一日生活常规？试述幼儿一日生活常规教育的意义和方法。

2.（2019 年下半年真题）试述科学安排幼儿园一日生活的原则。

四、材料分析题

1. 阅读下列材料，回答问题。

材料：

中班小朋友丽丽和艳艳的家在同一个小区，两人从小一起长大，是非常要好的朋友，总有说不完的话，总在一起玩，睡午觉也要睡在紧挨在一起的两张床上。秋天到了，天气逐渐变凉，两个孩子吃完午饭，在幼儿园院子里跑来跑去捡落叶，玩得很高兴。午睡时，两个人还兴奋着，安静不下来，叽叽喳喳说个不停。值班的老师说了几次都没用，一生气，把两个只穿着内衣的女孩叫了起来罚站。两个孩子终于乖了。

问题：

运用所学的有关理论，分析材料中教师行为是否适宜。

2. 阅读下列材料，回答问题。

材料：

研究者对幼儿园园长、教师做了一个调查，调查题目是“要全面真实地了解你园的保教质量，你认为最好什么时间段到你园？”调查结果如下图所示。

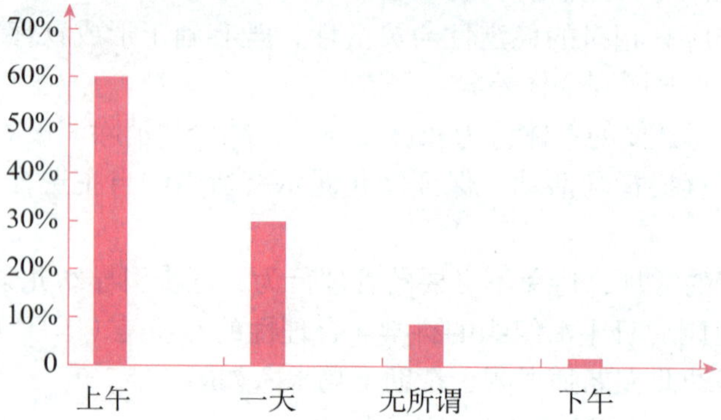

问题：

请从幼儿园一日生活的教育意义的角度阐述你对这一调查结果的看法。

五、活动设计题

小班的赵老师发现，幼儿进餐时有各种问题：有的幼儿情绪不稳定，吃饭时哭着“要妈妈”；有的幼儿不会拿勺吃饭，一定要老师喂；有的幼儿挑食，不吃这、不吃那；还有的幼儿吃一会儿、玩一会儿，饭凉了都还没吃完……

请设计一份解决上述问题的教育方案，要求写出：对问题的分析、教育目标、解决问题的主要方法。

学习资料包

第九章　幼儿园环境创设

【考纲要求】

- 考查方式：在近年教师资格考试中以单项选择题、简答题和材料分析题为主。
- 考查内容：熟悉幼儿园环境创设的原则和方法；了解常见活动区的功能，能运用有关知识对活动区的设置进行分析，并提出改进建议；了解心理环境对幼儿发展的影响，理解教师的态度、言行在幼儿心理环境形成中的重要作用。

【思政园地】

思政目标：

（1）尊崇重责任、讲奉献、尚忠诚的行为规范，提升职业道德修养。

（2）能将中华优秀传统文化和地方文化元素有效地融入幼儿园环境创设中，并力求做到传承、创新、融合，增强中华文明传播影响力。

【知识结构】

- 幼儿园环境创设
  - 幼儿园环境创设概述
    - 幼儿园环境创设的概念
    - 幼儿园环境创设的意义
    - 幼儿园环境创设的原则
  - 幼儿园物质环境的创设
    - 幼儿园整体环境的创设
    - 幼儿园户外环境的创设
    - 幼儿园室内环境的创设
    - 幼儿园室内活动区域的设置
  - 幼儿园心理环境的创设
    - 幼儿园心理环境创设的意义
    - 幼儿园心理环境创设的要求

第一节　幼儿园环境创设概述

《纲要》指出："环境是重要的教育资源，应通过环境的创设和利用，有效地促进幼儿的发展。""幼儿园应为幼儿提供健康、丰富的生活和活动环境，满足他们多方面发展的需要，使他们在快乐的童年生活中获得有益于身心发展的经验。"与幼儿密切相关的幼儿园环境、家庭环境和社区环境构成了影响幼儿发展的大环境。

一、幼儿园环境创设的概念

幼儿园环境，是指幼儿园内幼儿身心发展所必须具备的一切物质条件和精神条件的总和。它包括物质环境和精神环境两个方面。物质环境指幼儿学习、生活和游戏所需要的物质条件。主要包括幼儿园园舍、设备、玩具材料、图书、游戏空间、室内外装修和布置等一切物质性的东西。精神环境主要指教师的教育理念、人际关系、教育风格和情感氛围等。

幼儿园环境创设是指根据幼儿园教育的要求和幼儿身心发展需要，充分挖掘和利用幼儿园环境中的教育因素，创设幼儿和环境积极互动的情景，促进幼儿身心健康发展的过程。

二、幼儿园环境创设的意义

（一）创造良好的幼儿园环境能够促进幼儿的身心健康

幼儿从早晨入园到下午离园，在园一日生活的各个环节，都置身于幼儿园这个场所中，幼儿园提供的生活环境和物质条件会直接影响幼儿的身心健康。良好的幼儿园环境以色彩明朗、阳光充足、空气清新、宽敞舒适为特征，幼儿生活在一个整洁优美、温馨舒适的活动空间里，能够快乐地学习、游戏，愉快地饮食、睡眠，幸福地沐浴在阳光之中，有益于他们的身心健康。

良好的幼儿园环境也包括愉快、和谐的精神环境。宽松愉快的班级氛围、融洽和谐的人际关系、井然有序的安全保健制度，构成了一个轻松的幼儿园软环境，能够使幼儿乐观、自信，给幼儿带来愉悦的情绪和安全感。

（二）创设良好的幼儿园环境能够促进幼儿的认知发展

良好的幼儿园环境，可以给幼儿提供一个富有新意的、贴近自然的、满足活动需要的、具有鼓舞作用的生活和学习场所，从而使他们的身心自由放松，感官接受多种刺激而不感到疲劳，使幼儿的好奇心和探索行为得到保护，可以丰富幼儿的想象力，培养幼儿的动手、动脑能力，极大地促进幼儿的认知和创造力的发展。

三、幼儿园环境创设的原则

（一）一致性原则

幼儿园环境创设的一致性原则是指幼儿园环境创设的目标要与教育目标相一致，即环境的创设要体现环境的教育性。根据学期计划和月计划、周计划的不同，设计与之相适应的环境，形成系统的、系列的环境布置，促进教育目标的完成。例如，某幼儿园围绕“交通安全主题月”开展了一系列的主题活动，活动持续 4 周，教师不仅将幼儿制作的交通安全标志在本班展示出来，而且在园内公共区域展示了本次“交通安全主题月”的活动内容和组织情况。幼儿一踏进幼儿园大门就能看到交通安全的各类知识图片，一到班上就能看到交通安全常识提示和相关的美工作品。这样，围绕“交通安全”这一主题，环境布置就将教育目标、活动目标、幼儿的学习内容、学习结果都整合起来，达到环境与教育的有机结合。

（二）参与性原则

参与性原则是指在幼儿园环境创设的过程中，充分调动幼儿的积极性和主动性，与教师共同合作完成环境的创设任务。陈鹤琴先生指出：“通过儿童的思想和双手布置的环境，可使他对环境中的事物更加了解，也更加爱护。”环境创设，特别是室内环境创设，应充分让幼儿参与，征求幼儿的意见。让幼儿参与设计和布置、提供材料与作品，然后利用环境进行幼儿的主动活动。虽然幼儿参与环境创设比教师本人独立完成费时费力，但就其教育效果来说，更能够提高幼儿的兴趣和创造性，增强其责任感和成就感，也有助于对幼儿进行爱惜劳动成果的教育。

幼儿参与环境创设的途径有很多种，可以让幼儿直接参与、亲自动手，将幼儿园活动的作品进行加工改造用以创设环境。能力较强的幼儿可以自主分组参与，通过小组协商、分工协作来完成环境的创设。能力稍弱的幼儿可以由教师分组、分任务，幼儿提供素材进行局部创设。

贯彻幼儿参与性原则的根本保证是教师树立正确的观念，避免“以教师为中心”来创设环境，而应努力激发、引导幼儿参与环境创设的积极性和主动性，遵循幼儿年龄特点，有目的、有计划地组织幼儿参与设计，参与收集和准备材料，参与布置、操作、管理的过程。例如，围绕“我爱幼儿园”这个主题，教师可以引导幼儿从不同领域，收集不同形式（图画、剪报、照片、美工作品等）的与幼儿园有关的资料，发动幼儿自己设计、布置场地和装饰墙面，培养幼儿的主体精神和合作精神。

（三）适宜性原则

适宜性原则是指幼儿园环境创设要符合幼儿的年龄特点及身心健康发展的需要，促进每个幼儿全面、和谐地发展。不同年龄阶段的幼儿身心发展存在差异。环境创设必须适应不同年龄段幼儿的特点，通过不同层次的环境和不同的材料来达到教育目的。即使是同一年龄段的幼儿，在感觉、兴趣、能力等方面也存在很大差异，教师要注意这些差异，适应这种差异。好奇、探究是幼儿的天性，如果环境布置总是一成不变，不仅不能给幼儿以新鲜感，久而久之也会使幼儿的主动性、积极性下降。因此，创设新鲜的、动态的环境是幼儿教育的重要手段之一。具体要求如下。

1. 提供富有童趣的环境，激发幼儿的活动兴趣

环境童趣化主要表现在环境布置有儿童特色，符合幼儿的审美要求和天真无邪的天性。那些具有欢快明亮的色彩、稚拙可爱的造型以及可以满足幼儿探究欲望的活动空间都是环境童趣化的反映。例如，某幼儿园把一面墙设计成一个攀登架，把废旧的轮胎固定在墙壁上，并在每个轮胎上画上可爱的五官，露出调皮的表情，幼儿不仅看着开心，而且玩起来有趣，把普通的活动器材变得生动活泼、富有吸引力。

2. 体现幼儿的年龄差异，满足不同层次发展的需要

一般来说，小班环境要结构简单、色彩鲜艳、富有感官刺激；中班环境应在小班环境的基础上突出操作性；大班环境要突出探索性和实验材料的丰富性。从个性的角度来看，每个幼儿在兴趣、能力、学习方式等方面都存在差异，这就要求教师在设计环境时，尽量保证所提供的材料能够满足幼儿的不同层次的需要，让每个幼儿都能在这样一个适宜、自由、轻松的环境中找到自己爱做的事情。只有这样，幼儿才能在环境中充分表现自己，根据自己的爱好和水平自由地活动，在与环境的相互作用中获得经验。

（四）开放性原则

陈鹤琴先生认为："怎样的环境，就得到怎样的刺激，得到怎样的印象。"幼儿各方面的发展都离不开环境的影响。环境创设的开放性原则是指创设幼儿园环境时不仅要考虑幼儿园内环境的构成要素，同时也要重视园外环境中的各种影响因素，将两者有机结合，协同一致地对幼儿施加影响。

1. 幼儿园环境创设的信息来源是开放的

利用开放的教育环境对幼儿进行教育，是教育者应该树立的大教育观。当今高科技时代，各类信息给幼儿的刺激是多元的，对幼儿成长的影响也是全方位的，因此幼儿园的整体环境应该是开放的。反映在环境创设中，就需要幼儿教师有开放的心态，综合园内、园外的各种信息。比如"家园桥"，就是专门为家园信息互通而创设的交流阵地，教师把各种教育信息和要求呈现出来，供家长学习和参与，而家长也可以从自己的角度给予教师各类建议和支持。

2. 重视家长在幼儿园环境创设中的作用

幼儿园环境创设的主力虽然是在园幼儿和教师，但是由于幼儿生活阅历有限，信息搜索和吸收能力较弱，动手制作能力也较差，许多情况下需要家长帮助制作装饰材料和收集可利用的废旧物品等。所以，在环境创设中，有必要让家长和其他相关人员加入。比如可以发挥家长自身的职业或专业特征的作用。如请交警来园模拟操作，给幼儿介绍交通安全知识，并指导幼儿制作交通安全标志；让懂电子技术的家长帮忙解决环境创设中的电子技术难题；请在超市工作的家长带领幼儿参观附近超市并收集相关资料等。这样，教师就不需要花费大量的时间给幼儿制作大量的操作材料，而是思考如何在适宜的时机投放适宜的材料，如何进一步促进幼儿的全面发展。

3. 重视社区在环境创设中的作用

幼儿园和家庭都处于一定社区范围内，来自社区的各类信息都可以影响幼儿园。不仅如此，社区作为一个具体生活场所，有许多信息和资源是可以与幼儿园共享的。例如，春季流行病季节，社区的卫生宣传和幼儿园的卫生宣传可以实现信息共享和空间共享，提高环境作为教育资源的影响力。

（五）经济性原则

经济性原则是指幼儿园物质环境的创设要坚持低费用、高效益的原则，力求以最小的投入发挥最大的教育效益。这既符合现阶段我国的国情，也符合目前幼儿园注重社会效益和经济效益的原则。要做到符合这个原则，教师在创设环境时就应注意以下几个方面。

1. 坚持“俭省节约”的方针

因地制宜，就地取材，“以物代物”，充分利用社区的自然和社会物质资源，合理利用旧物和废物来创设环境，避免铺张浪费，避免追求高档化和形式化。幼儿园游戏开展过程中大量应用替代物品就是经济原则的印证，如饮料瓶、瓶盖、鞋盒、纸箱、纸板等，都是常见的利用率很高的物品。

2. 创设多功能的环境，发挥综合效用

幼儿园的室内和户外空间都十分有限，多功能的环境资源开发很有必要。比如，在幼儿园户外，一般都会把内墙与户外活动场地设施的开发整合在一起，攀岩墙的设计通常就是这种思路。此外，操场兼做体育游戏场、小礼堂兼做结构游戏场、幼儿寝室兼做角色游戏场等情况，目前在幼儿园比较常见。在空间无法扩大的情况下，让现有环境多功能化是一个现实的选择。

3. 充分反映地域特征

要根据地域的经济特征来布置和创设环境，切忌盲目攀比和盲目追求；还可以根据地域的文化特征来布置和创设环境，切忌脱离实际，照搬照抄。

（六）平等性原则

这一点主要指的是幼儿园精神环境的创设。精神环境创设的重心是建立融洽、和谐、平等、健康的人际关系。《纲要》在讲到幼儿园教育原则的时候指出，“幼儿园教育应尊重幼儿的人格和权利，尊重幼儿身心发展规律和学习特点，以游戏为基本活动，保教并重，关注个别差异。”这里提到了两个尊重、一个并重、一个关注。实际上，成人的很多心理问题是从幼儿时期形成的，如孤独感、自卑感、攻击行为等。教师的态度和教育方式，团结、和谐的同伴关系，有助于形成幼儿安全、温馨的心理环境，形成幼儿健康的人格。

第二节　幼儿园物质环境的创设

科学合理的整体布局，安全、卫生、宽敞并且充满童趣的室内和户外活动环境，可以给幼儿提供一个适宜的活动场地和生活空间，使他们能够在充满阳光和安全感的空间里尽情享受童年的快乐，满足他们一日生活中的各种需要。本节主要从幼儿园整体环境的创设、户外环境的创设、室内环境的创设、室内活动区域的设置四个方面来介绍幼儿园物质环境的创设。

一、幼儿园整体环境的创设

幼儿园的整体环境与幼儿园的选址、园内的房舍布局相关。

（一）幼儿园的选址

幼儿园的选址首先要考虑影响幼儿生长发育的各种因素，既要满足幼儿日常生活中对清新空气、适度阳光、干净饮水等基本生活条件的需要，也要满足幼儿探索、游戏、运动等行为对设施设备的要求，还要满足方便家长接送等要求。综合起来，一般幼儿园应设置在清洁、安全、安静、无污染的居民区为好，要避开容易产生噪声污染、辐射污染、光污染等的工厂区域和商业地带。为了远离自然灾害，幼儿园大多位于地势平坦、土质干燥、易排水和阳光充足的地方。

（二）幼儿园的房舍布局

从房舍的功能来看，幼儿园一般有生活用房、服务用房和供应用房三类。生活用房主要包括活动室、寝室、卫生间（包括厕所、盥洗室、洗浴室）、衣帽贮藏室等。服务用房主要包括医务保健室、隔离室、晨检室、教职工办公室、值班室（包括收发室）等。供应用房包括幼儿厨房、消毒室、开水间、洗衣房及库房等。幼儿园房舍布局既要满足上述主要功能的需要，还要便于幼儿生活和活动，利于紧急状况下的疏散。

二、幼儿园户外环境的创设

良好的户外环境对于幼儿的身心发展具有重要的价值。新鲜的空气、充足的阳光，能促进幼儿新陈代谢，增强机体对外界环境的适应能力；幼儿在户外环境中追逐奔跑、攀爬跳跃，能锻炼身体大肌肉，提高身体素质；幼儿在户外游戏中与同伴玩耍互动，能促进其社会性的发展。所以说，创设良好的户外环境是提高幼儿园教育效果的必要保证。

（一）幼儿园户外环境的构成

幼儿园户外环境主要有户外活动场地、器械设备区、沙水区、种植养殖区及户外公共区域。其中，户外活动场地应是面积最大、最平整、最宽敞的区域，便于教师组织早操、体育教育活动等；器械设备区主要放置各种大、中型体育活动器械设备，如滑梯、平衡木、秋千、跷跷板、攀登架等，供幼儿自主选择，便于幼儿练习与发展基本动作，提高身体的协调性；沙水区为幼儿提供铲子、桶、水枪、瓶子等各种游戏工具，便于他们自由玩耍；种植养殖区主要供幼儿种植蔬菜、花草等植物，喂养小白兔、鸟、鱼等小动物；户外公共区域主要是幼儿和成人共同使用的区域，如门厅、家长接待区、紧急疏散通道等。

（二）幼儿园户外环境的设备与设施

幼儿园户外环境的设备主要是各种运动器械、各种无固定结构的材料及相关教具、玩具。无固定结构的材料是幼儿园户外环境的一大亮点。以沙水活动区为例，活动材料可塑性大，又可配合各种玩具开展各类游戏，可发挥幼儿的想象力、创造力，使幼儿获得成就感，并丰富幼儿的感觉经验。玩沙、玩水是幼儿最喜欢的活动之一，幼儿园可建造木制或水泥制的沙池和水池，供幼儿玩耍。还可利用废旧物品，如树枝、木棍、瓶子、纸盒等自制各种设施设备开展游戏。

常见的幼儿园户外游戏场地设施主要有：

（1）攀爬类的网或木板斜坡。

（2）滑行类的滑梯或滑竿。

（3）行走类的各种组合的吊桥。

（4）摇荡类的秋千、摇椅、绳索。

（5）钻爬类的各种材质的隧道和迷宫。

（三）户外环境的绿化

《规程》明确指出，要“根据幼儿活动的需要绿化、美化园地”。目前我国大部分幼儿园绿地面积过小，户外场地以水泥地为主。条件好一点的幼儿园会配备地塑，既方便幼儿运动又方便场地维护。但是无论从活动开展角度还是从环保角度来说，绿草地都是最好的。绿化不仅是美化环境的重要内容，也是净化空气、调节环境的有效方法。

三、幼儿园室内环境的创设

幼儿园的室内环境主要由活动室、寝室、卫生间、阳台、楼梯、走廊、多功能教室等构成，具有教育性、可控性、创造性和游戏性四大特点。室内环境是幼儿在园一日生活中接触时间最长的空间。幼儿的生活用房和工作人员的服务用房是幼儿园最主要的室内基础环境。

（一）活动室

活动室与幼儿关系最为密切，幼儿学习、游戏、饮食、盥洗等日常生活都离不开活动室。活动室要保证每个班级一间，每间活动室的面积要达到人均 1.5 平方米，有条件的可以将活动室设计得更宽敞些。活动室对光线、通风以及室内装饰都有一定的要求，基本上要朝南、朝东，或者选择在当地最好的日照方位，并满足冬至日底层满窗日照不少于 3 小时的要求。地处温暖地区、炎热地区的生活用房应避免朝西，否则应设遮阳设施。

（二）寝室、盥洗室、厕所

寝室、盥洗室和厕所是班级室内环境的重要组成部分，一般与活动室相连。寝室的主体是寝具，有些幼儿园室内空间紧张，将寝室作为弹性空间。盥洗室与厕所最好位于活动室与寝室之间，既能方便日常生活和学习过程中使用，又能避免污浊气味影响。厕所应该通风并安装排气扇。

（三）服务用房

与幼儿日常生活紧密相关的环境还有服务用房。幼儿园的服务用房主要包括晨检室、医务保健室、隔离室。晨检室宜设在建筑物的主出入口处。医务保健室和隔离室宜相邻设置，与幼儿生活用房应有适当距离。医务保健室和隔离室应设上、下水设施，隔离室应设独立的厕所。

（四）地面、墙面、橱柜

为了方便幼儿的日常生活和活动，大多数幼儿园室内都采用水泥地面，但从活动安全和清洁护理的角度来看，最好用木质地板。墙面布置与装饰应该考虑教育目的，配合活动进度选择，一般会考虑让幼儿将自己的作品展示出来，并且在装饰、布置时发动幼儿参与。当他们看到自己的作品变成了装饰品，成为室内空间的美丽点缀时，会在情感上更加认同自己的班集体，更加喜欢自己的幼儿园。橱柜要与幼儿的身高相协调，便于他们取放材料物品。提倡使用开放式、陈列式橱柜，不安装橱柜门，同时还要考虑安全问题。

四、幼儿园室内活动区域的设置

意大利幼儿教育家蒙台梭利强调：“环境是幼儿的第三任教师”。她倡导的区域环境创设理念对我们活动室的分区很有启发。“蒙台梭利教室”由日常生活练习区、感官区、数学区、语言区、科学区、文化教育区、艺术教育区 7 个部分构成，在其中分别投放不同层次、不同内容和不同发展水平的活动材料，使幼儿都能依据自己的兴趣和需要选择，教师只是在幼儿需要时提供帮助。在“去小学化”的趋势下，幼儿园区域活动日益受到重视，逐渐成为幼儿园教育活动的主流。

幼儿园的活动分区是室内环境创设的关键。活动区即区角，是教师根据既定的教育目的与要求，结合幼儿的发展特点，有目的、有计划地运用环境中的各种要素，为幼儿创造出来的具有教育功能的环境。幼儿在其中可以自由选择玩什么、怎么玩、和谁玩。区域活动有利于幼儿个别化学习和创造性发展，而教师的主要任务则是划分与设置区域、提供与更新活动材料、观察与指导幼儿行为。

（一）幼儿园室内常规区域的功能及创设要点

我们把室内环境创设中最常见的区域构成归纳为 7 种。表 9-1 是各类活动区域的具体功能及创设要点。

表 9-1　活动区域的具体功能及创设要点

区域名称	区域功能	创设要点
角色区	1.满足参与社会生活的愿望，积累社会生活经验，发展社会性； 2. 清楚地表达自己的意愿，锻炼语言表达能力； 3. 学习友好交往的技能，锻炼人际交往能力。	设计不同的角色游戏区，如娃娃家、餐厅、理发店、银行、超市、烧烤店、面包房、医院等与社会生活相关的场所。
建构区	1.发展空间知觉，认识基本的形状和数量关系； 2.学习建构技法，发展建构能力； 3.激发想象能力和创造能力； 4.发展手眼协调能力和动手操作能力。	提供充足的材料，如木板、塑料、纸箱、易拉罐、纸板等废旧材料，玉米秆、玉米皮、小麦秸秆、树叶等自然材料，水桶、饮料瓶等生活材料。
表演区	1.发展想象力、创造力和表现力； 2.发展语言表达能力和社会交往能力； 3.体验舞台表演的满足感和自豪感。	提供可供故事表演和音乐歌舞表演的脚本、表演道具（如头饰、衣服、化妆道具等）、表演舞台。
美工区	1.锻炼小肌肉，增强手眼协调能力； 2.发展创造力、想象力和表现力； 3.增强对色彩、线条、构图等的理解，提高审美能力。	区域设置要多样化，如绘画区、泥工区、雕塑区、版画区等；提供各种美术工具，如纸、橡皮泥、剪刀、胶水、颜料、油画棒等。
生活区	1.发展手眼协调能力； 2.发展手的精细动作； 3.提高生活自理能力； 4.培养自己事情自己做的习惯； 5.培养专注、认真、耐心、细致、有条理等品质。	设计系扣子、串珠子、夹夹子、钉钉子、用锤子、用勺子、用筷子、开锁、拧瓶盖、穿带子、系鞋带、编辫子等活动。
益智区（科学区）	1.激发好奇心和探究欲望，发展认知能力； 2.培养细心、专注、有序等学习习惯； 3.发展感知觉，培养辨别、分析、推理、概括能力。	投放充足的操作和探究材料，如拼图、七巧板、迷宫、棋类等；提供探究工具，如放大镜、天平、尺子等。
语言区	1.练习听、说、读、写的基本技能； 2.培养阅读兴趣，掌握正确的阅读方法，形成良好的阅读习惯； 3.形成积极的人生态度和良好品质。	提供适合不同年龄段、不同主题的阅读材料和温馨舒适的阅读环境，包括图书、靠垫、地毯、小沙发、书柜等。

（二）室内活动区域设置的基本要求

1. 区域设置数量适宜、空间恰当

活动区域设置要考虑幼儿的主体需要，提供足够的活动内容和材料，便于幼儿自主选择和与同伴互动。各个班级的活动室空间是有限的，活动区域如果设置得过满、过多，不仅会影响幼儿的项目选择，而且容易减小室内空间，造成幼儿进出不方便，甚至产生纠纷。一个活动室有 6 个左右的区域就可基本能满足日常需要，每个区域要能够容纳 3～4 个幼儿同时活动。一般来说，设置区域时应至少留有 1/3 的空间，各个活动区之间的过道要宽窄合适，以避免幼儿在如厕、变换区域时产生拥挤、碰撞等情况。

由于各区域活动内容和方式不一样，一般安静操作的活动区和开放表演的活动区之间要有一定的距离，以避免相互干扰。教师可以利用各种玩具柜、纱幔、珠帘、书架、纸盒等作为屏障或分隔物。分隔物的设置应以不妨碍教师观察幼儿为原则，保证教师站在活动室的任意位置都可以看见每一个活动区的幼儿活动情况。

2. 材料投放充足且有针对性

活动材料的选用与投放是区域创设必不可少的硬件条件。幼儿在区域活动中主要通过与各种操作材料、玩教具的相互作用完成任务。只有提供的活动材料种类符合幼儿的需要，数量满足幼儿的操作要求，才能够支持幼儿在区域中顺利开展活动。

材料投放的针对性主要是指投放材料要针对不同区域的功能，针对幼儿的兴趣和能力，针对不同主题的教育需要。例如，角色区可根据不同角色的性别、职业提供不同的服装；也可以投放一些日常生活用品，如炊具、餐具及其他器皿等；还可以提供由废旧物品制作的各类替代物品。表演区一般需要投放各种表演所需要的头饰面具、木偶道具等。建构区应投放各种大中型积木，在选择时要综合考虑数量、材质、色彩等相关问题。语言区一般根据幼儿年龄段的特点选择合适的图书，并定期更换，设置好适合幼儿拿放的书架、座椅和台面。

不同年龄段幼儿的兴趣和能力有差异，具体材料的投放要有所侧重，过难、过易都无法激发幼儿的活动积极性。3 岁以下的幼儿以单一的操作性活动为主，提供的各种操作材料要便于进行摆弄、敲打、配对等感官练习。还可以提供较为逼真的娃娃家玩具，激发和引导他们玩装扮游戏。小班幼儿喜欢模仿，“泛灵”心理特征明显，要特别注意娃娃家、医院等游戏区的创设，相同的材料数量要充足。中班幼儿活泼好动，对规则感兴趣，主动性和积极性增强，要投放丰富多样的建构、美工、音乐等操作材料。大班幼儿随着身体动作能力和语言表达能力的增强，活动范围扩大了，求知欲、自控力、合作能力较强，抽象逻辑思维也开始发展，应在区域中更多地针对社会、文化、语言、科学探索、自主等能力培养提供相应的材料。

此外，幼儿园区域活动与教育活动是相关联的，材料投放需要针对阶段性教育目标，随着教育活动的改变不断进行调整。例如，教学活动中学了“比较大小”，在同时间的益智区就可以提供各种可操作的图片、工具，让幼儿直接接触并感知“大小”的概念。

3. 区域活动规则明确、标志清晰

区域活动规则包括区域活动的基本规则和各个区域的具体规则，目的是保证全部幼儿能够顺利地参与区域活动，获得自由、自主的发展。

区域活动的基本规则是适用于每个区域的规则，包括选区和进区规则、活动规则、整理规则等。选区、进区规则包括时间和人数两种因素。一般每次区域活动时间控制在40～60分钟，由幼儿园和班级教师自行决定。由于幼儿园区域空间大小不同，每次活动可容纳的实际人数也有差异，由教师根据本班实际情况来确定。目前很多幼儿园都采用值日生自选表格的方式来确定选区和进区规则，例如，凭胸卡和小组的颜色来安排。

区域活动的规则主要包括取放材料规则、操作和活动规则、人际互动规则和整理区域规则。具体内容一般强调进区前有序，活动中轻拿轻放、按要求操作、不干扰他人，活动后按时结束并自觉整理、物归原位等。

此外，班级设置的各个区域，由于其功能性质不同，也应有相应的活动规则。活动室不同区域活动规则如表 9-2 所示。

表 9-2 活动区域活动规则

区域	活动规则
角色区	1.不争抢角色，不争抢玩具； 2.按照扮演的角色要求，遵守相应规则。
建构区	1.按照需要选取材料，不争抢； 2.不乱扔，不乱建； 3.不破坏别人的建构作品。
表演区	1.共同选定表演内容、分配角色； 2.控制音量，不干扰别人。
美工区	1.各种材料分类收放，避免弄混； 2.正确使用各种工具，注意安全； 3.注意保持卫生，及时清理。
生活区	1.分类取放，不乱丢、乱放操作材料； 2.注意安全，不把颗粒小的操作材料往耳朵、鼻孔里塞。
益智区	1.按照材料的操作规则进行操作； 2.分类整理材料，无遗失，确保材料完整。
语言区	1.一人一本，看完再换，不争抢； 2.读完放回原处； 3.安静阅读，不大声喧哗，不干扰别人； 4.爱惜图书，一页一页地翻书，不撕书，不在书上乱涂乱画。

区域规则的表述要契合幼儿的理解能力，语言表述简短明了，规则重点突出。最好能够配以幼儿喜爱的、鲜艳醒目的图标，达到一目了然的效果。

4. 区域设置富有弹性和兼容性

区域设置的弹性是指区域可以依据幼儿园教育内容进行撤并或扩容，这是区域的动态可变性。虽然工具类材料可不必有太大变化，但是活动区域材料的投放需要根据幼儿的能力、兴趣、经验加以改变。即使是同一项内容，也应具有层次性，以适应不同水平幼儿的学习能力、兴趣需要及个体差异。例如，同样是串珠，小班投放的珠子应该大些，穿珠子的线也应该粗些。随着幼儿年龄的增长，珠子和线应逐渐变小、变细。此外，当一个教育主题即将结束时，可以视幼儿的实际需要和学习情况，更新为更高的要求或新的目标，并随即调整材料的投放，作为幼儿后续学习的认知基础。

区域设置的兼容性是指在有限的空间中实现区域功能的共享与整合。例如，塑料和木质材料是目前幼儿园最常用的建构材料，积塑区主要提供塑料制品，积木区则提供木质材料。但在功能上，二者都是拼搭构建，如将二者整合为建构区，既节约室内空间，也整合了不同材质的操作材料，保证了材料的数量，满足幼儿使用。

5. 区域设置要保证幼儿的安全

幼儿园区域环境创设在追求科学、合理、优化的同时，更不能忽略其安全性。一方面，区域设置和空间环境要保证幼儿安全顺利地展开活动；另一方面，区域投放的操作材料要符合卫生要求，保障幼儿的健康和安全。由于活动需要，个别区域可能会投放一些尖锐的材料，如钉子、锤子、剪刀等特殊工具，以及一些像豆子、珠子等容易引起幼儿误食的小材料，这时教师要教给幼儿这些工具和材料的使用方法和注意事项，保证幼儿在使用过程中不发生误伤误食等事件。

第三节　幼儿园心理环境的创设

幼儿园心理环境是指幼儿园对幼儿发展能产生影响的一切心理因素的总和，主要由教师的观念和行为、幼儿园人际关系和文化氛围等因素构成。幼儿园的心理环境也是我们常说的精神环境，它对幼儿的成长与发展具有重要的意义。

一、幼儿园心理环境创设的意义

（一）有利于幼儿适应幼儿园生活

幼儿踏入幼儿园的第一步，就意味着他们从家庭走向了社会，这对每一个幼儿来说都是一个关键而重要的转折点。这种转折往往是让幼儿感到痛苦和不安的，因此教师要为新入园的幼儿做好全方位的准备，而心理上的准备是最重要的。教师的首要任务是用自己的宽容、理解、爱心和耐心接纳每一个幼儿，帮助他们克服第一次离开家人的忧虑和紧张不安的情绪，使他们尽快适应并喜欢幼儿园的生活。

（二）有利于幼儿适应社会生活

良好的幼儿园心理环境能为幼儿提供同伴之间共同游戏和学习的机会。同时，教师有意识地将幼儿置身于幼儿园的各种人际关系中，通过幼儿易于接受的民主、科学的教育形式和方法，帮助幼儿理解社会行为规范，培养幼儿合群、利他、勇敢、顽强等优秀品质，以适应社会生活。

（三）有利于教师的成长与发展

良好的幼儿园心理环境也为教师营造了一个舒心的工作环境，有利于形成和谐的人际关系，激发教师的工作热情，促进教师的专业成长。

二、幼儿园心理环境创设的要求

幼儿园承担着保育和教育幼儿的双重任务。幼儿园心理环境包括幼儿生活、学习和游戏的全部空间，特别是幼儿的学习、活动及生活的气氛，幼儿园的人际关系及风气等，对幼儿的身心发展起着潜移默化的作用。要创设一个宽松、和谐的心理环境，需从以下几个方面做起。

（一）建立和谐的师幼关系

和谐的师幼关系以互相信任、互相尊重、互相平等为特征。和谐的师幼关系有助于幼儿获得关爱和安全感，有助于幼儿之间建立友好的同伴关系，有助于教师的专业成长和发展。总之，和谐的师幼关系能让幼儿感到安全、温暖、宽松、愉快，对促进幼儿的身心发展十分有益。建构和谐的师幼关系具体要做到以下几点。

1. 教师要树立正确的教育观和儿童观

教师要树立适合新时期幼儿成长的新型教育观。教师教育观念的变化会带来教育行为的变化。教师要尊重幼儿的主体地位，真诚地接纳每一个幼儿，设身处地地体验并理解幼儿的所作所为，以真诚、友爱和关怀的态度对待每一名幼儿。不仅要学会赏识幼儿、表扬幼儿，而且要做到善于用情感和语言让幼儿感受到教师的爱，让幼儿愿意与教师分享自己的内心世界。

2. 教师要关注并满足幼儿的需要

教师每天都与幼儿直接接触，每天都会遇到不同的问题，幼儿有时哭闹、有时安静，有时任性、有时退缩，有时彬彬有礼、有时蛮不讲理，这就需要教师认真观察了解，科学地、适时地关注并分析幼儿行为背后的情绪，满足他们的各种需要，这是帮助幼儿形成心理安全感的前提。

3. 教师要以宽容之心对待幼儿

幼儿天性好动，在一个班级集体中，需要建立各类生活和教育常规来管理幼儿。但是，由于幼儿生活经验不足以及自我控制能力较差，仍然会出现许多违规行为。遇到这种情况，作为教师，要了解幼儿这种行为的起因，要真挚地关心幼儿，充分地与幼儿进行沟通，了解幼儿的想法和感受，站在幼儿的角度，以宽容之心看待其思维和行为，公正、客观地对幼儿进行评价，并且以正面激励为主，使幼儿敢想、敢说、敢探索、敢创造。

4. 教师要对所有幼儿一视同仁

班级集体中的幼儿可能来自不同教育背景、习俗和经济阶层的家庭，他们的性格、气质各不相同，在日常生活和游戏中表现出来的认知、情感和社会交往特征也各不相同。教师要深入了解每个幼儿，不带任何偏见地对待每个幼儿。要以真诚、热爱和关怀的态度去对待每一个幼儿，做到一视同仁。一些家庭经济条件较差、能力较弱以及性格敏感的幼儿常常觉得自己在集体中被人瞧不起，缺乏自信心。这样的幼儿更需要教师用更多的关爱去对待。

（二）支持幼儿间的同伴交往

同伴交往是幼儿园班级生活的又一个重心。许多幼儿不善于与同伴友好相处，不会处理同伴间的矛盾，在交往中经常出现攻击性行为，打人、骂人、独占和抢夺玩具等情况经常发生。教师在与幼儿互动的过程中要认识到同伴交往是幼儿成长的必要经历，要创造更多的条件支持幼儿的同伴交往，利用各种活动，为幼儿提供自我服务和为别人服务的机会，让幼儿在与同伴交往的过程中，学会尊重他人、关心他人、帮助他人，掌握分享、合作、等待、轮流等社会交往技能，通过相互学习和影响，逐步改变过于“自我中心”的心理状态，这样幼儿才会逐渐学会从别人的立场和观点考虑问题，乐意关心和帮助别人，增进幼儿间的相互合作，减少冲突或拒绝行为，并较多地参与到教师计划的教育活动中来。

（三）构建良好的成人关系

与幼儿园心理环境相关的成人关系主要体现在教师与家长的关系和教师之间的关系两个方面。

1. 构建良好的家园互动关系

家长作为幼儿的监护人，为幼儿营造的家庭环境、提供给幼儿的教养方式以及家长自身的文化程度和教育能力都对幼儿的身心产生深远影响。许多幼儿在幼儿园中表现出来的不良习惯、行为问题和心理障碍，根源就在家庭中，或者就在家长身上。教师能否与家长形成良好的沟通，关系到教师能否获得幼儿成长中的更多信息，关系到教师能否对幼儿在集体生活中的表现做出客观的判断。因此，教师应与每一位家长建立良好互动关系，针对不同幼儿，采取合理的保教措施，促进每一位幼儿的健康发展。

2. 构建和谐的同事关系

和谐的同事关系主要体现在教师之间的人际互动上。教师之间的交往会影响幼儿园班级的心理氛围。学龄前阶段，模仿是主要的学习方式之一，教师自身良好的心理状态，教师之间和谐的交往行为，都能够为幼儿之间的同伴交往提供榜样。教师之间和睦相处，形成互相关心、团结合作的氛围，也容易影响幼儿，促使他们产生积极、和谐的行为方式。反之，教师之间漠不关心、人情冷淡，那么教师再怎么强调培养幼儿的爱心、同情心，其效果也不会理想。所以，教师之间要互相尊重、真诚相待、友好合作，建立一个团结和睦的集体，做幼儿的楷模。

（四）建立良好的幼儿群体

群体是我们社会生活的基础，我们每一个人都生活在一个群体当中，幼儿也不例外。所以，建立良好的幼儿群体是幼儿园心理环境创设的重要内容，它能促进幼儿个体心理的良性发展。幼儿作为特定的社会成员，从群体意义上讲，首先要归属于幼儿园里的班级集体。为此，教师不仅要掌握幼儿的身心发展规律，还要研究幼儿的群体问题，努力使群体对其中的每个成员的心理和行为产生积极的影响。所以，在教师初建班集体时，应坚持正面教育和集体教育的态度，使幼儿个体的才能在集体中得到充分表现，逐渐使幼儿产生自信和自主感。教师应注意引导、鼓励和帮助幼儿参加各种集体活动，并随时肯定、表扬他们的积极性和良好表现，这会激励他们的主动精神。如果对幼儿的活动过程和结果要求过严，指责过多，评价不公，甚至采取讽刺、挖苦的口吻或不合理的惩罚，必然会挫伤幼儿的心灵，使他们自卑、失去信心，对自己应付周围环境的能力发生怀疑，对自己的行动产生羞怯感，进而影响幼儿的身心健康。

（五）形成良好的幼儿园风气

幼儿园风气，是指园内所有成员在工作、学习、生活和行为方面比较一致的、富有个性特点的、稳定的集中表现。良好的幼儿园风气要靠全体师生共同营造，而风气一旦形成，则对全体成员具有潜移默化的影响作用。所以，所有幼教工作者应高度重视幼儿园的园风建设，使幼儿园成为一个教师和幼儿喜爱的、多色彩的服务育人天地，使生活在其中的教师和幼儿都能得到和谐健康的发展。

经典习题

一、单项选择题

1. 幼儿园环境是指（　　）。
   A. 幼儿园心理环境
   B. 幼儿园物质环境
   C. 幼儿园教育的一切外部条件
   D. 幼儿园影响幼儿身心发展的一切因素
2. 幼儿园环境分为物质环境和（　　）。
   A. 社会环境　　B. 精神环境　　C. 城市环境　　D. 局部环境
3. 教师的教育理念、教育风格、人际关系和情感氛围，属于环境中的（　　）。
   A. 广义环境　　B. 物质环境　　C. 教育环境　　D. 精神环境
4. 幼儿园环境创设主要指（　　）。
   A. 安装塑胶地板
   B. 购买大型玩具

C. 创设合格的物质条件和良好的精神环境

D. 选择较宽敞的户外活动场地

5. 创设幼儿园环境时，应考虑不同地区、不同条件幼儿园的实际情况，因地制宜，因陋就简，这体现了（　　）原则。

A. 开放性　　B. 适宜性　　C. 经济性　　D. 参与性

6. 颜料、蜡笔、橡皮泥、剪刀、纸张应投放到（　　）。

A. 语言区　　B. 美工区　　C. 建构区　　D. 益智区

7. 幼儿园心理环境创设的要求有（　　）。

①创设优美、整洁的物质环境

②创设幼儿园成人之间和谐的精神环境

③建立安全、温暖、互相信任的师幼关系

④建立幼儿间良好的同伴关系

⑤形成良好的幼儿园风气

A. ①②⑤　　B. ②③⑤　　C. ①③④　　D. ①②③④⑤

8. 下列教育中，对幼儿教育质量影响最小的是（　　）。

A. 经费投入　　B. 师幼互动　　C. 教师学历　　D. 高档园舍

9. 某幼儿园中班在“我爱春天”主题活动中投放了春天的各种图片、各种画笔、歌唱春天的各种唱片等材料，这体现了（　　）的要求。

A. 按目标投放材料　　B. 按主题投放材料

C. 投放不同层次的材料　　D. 分期分批投放材料

10. 在幼儿园环境创设中，贯彻幼儿参与性原则的根本保证是（　　）。

A. 教师的引导　　B. 教师要控制学生

C. 教师要树立正确的观念　　D. 创设优美的环境

11. 环境与教育目标相一致的原则是指环境的创设要体现环境的（　　）。

A. 目的性　　B. 优美　　C. 教育性　　D. 多样性

12. 幼儿园环境创设应该（　　）。

A. 儿童化　　B. 现代化　　C. 高档化　　D. 小学化

13. 活动区的主要功能有（　　）。

①为幼儿创设互动的学习环境

②为幼儿提供个别化的学习机会

③为幼儿提供静态和动态相平衡的课程

A. ①②　　B. ②③　　C. ①②③　　D. ①③

14. 下列关于幼儿园图书区活动的说法，错误的是（　　）。

A. 图书区应选择班级里光线相对充足、比较安静的位置

B. 图书区里的图书要定期更换

C. 幼儿在图书区活动的时候，教师不需要给予指导

D. 图书的选择必须符合本班幼儿的智力、语言等发展水平

15.（2017 年上半年真题）幼儿园环境创设中，使用易于识别的生活规则识别图，

其主要目的是（　　）。

A. 美化环境　　　　B. 便于幼儿看图说话

C. 便于幼儿认识各种符号　　　　D. 便于幼儿习得生活技能和行为准则

16. 幼儿园各班活动区域一般要容纳（　　）人同时活动。

A. 2～3　　B. 3～4　　C. 4～5　　D. 5～6

二、论述题

1. 论述积极师幼关系的意义，并联系实际谈谈教师应如何建立积极的师幼关系。

2.（2017 年下半年真题）什么是幼儿园环境？为什么幼儿园教育中要强调创设良好的幼儿园环境？请联系实际说明。

三、材料分析题

1. 阅读下列材料，回答问题。

材料：

有的幼儿园在创设物质环境过程中，购买了大量价格昂贵的成品玩具，追求高档。教师花费大量心血精心布置了五彩缤纷的墙饰，甚至还买来一些名画进行装饰，环境的布置非常明显地体现了幼儿园中教师的特长和喜好。面对这些高档的材料，教师时刻提醒幼儿要注意爱护，甚至很多时候不让幼儿使用这些材料，只是有人来参观时，才拿出来让幼儿操作。这种高档的环境一旦布置好之后，整个学期，甚至整个学年基本不会变动。此外，有的幼儿园小、中、大班环境布置非常雷同，当人置身其中时，如果不看班级标识牌，根本无法判断是小班、中班，还是大班。

问题：

结合有关幼儿园物质环境创设的基本原则，分析以上现象主要违背了哪些原则，并说明理由。

2. 阅读下列材料，回答问题。

材料：

幼儿园大（1）班开展识字比赛，教师为此创设了班级墙面环境（如下图）。

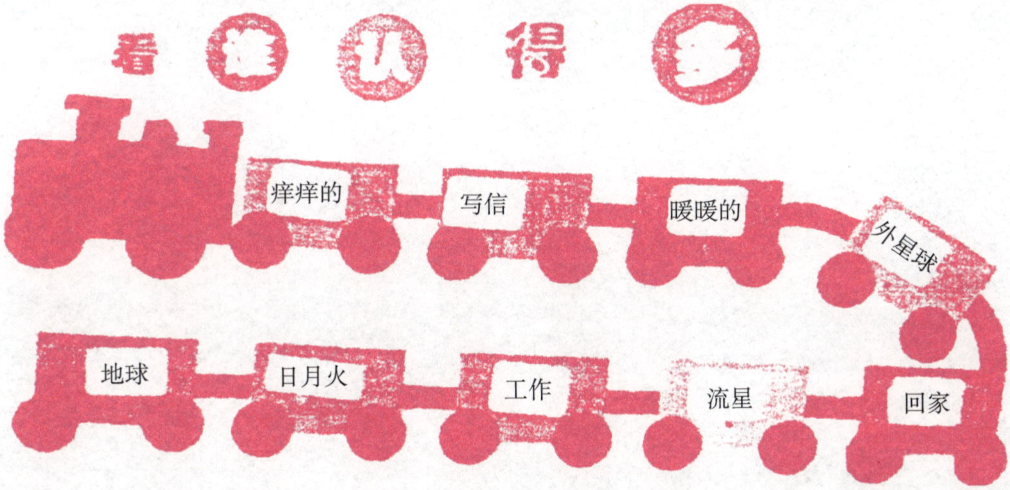

问题：

请根据幼儿园环境创设的基本原则，对材料中的识字比赛环境创设进行解析。

3. 阅读下列材料，回答问题。

材料：

某幼儿园的区域活动创设很有特色，每个班里都有 7～8 个区域供幼儿开展分组探索活动，有智力活动区、科学活动区、动手操作区、表演区、音乐活动区、语言区等，内容非常丰富。但仔细看才发现：语言区里幼儿用来排图讲述的图片已经积了一层灰，而且排得过于整齐；智力活动区里的几幅塑封好的拼图根本无人问津。原因是这些材料太难了，该班幼儿不感兴趣。

问题：

试从幼儿园环境创设的角度评析该幼儿园室内活动区域创设中存在的问题，并提出建议。

学习资料包

第十章　幼儿园教育活动评价

【考纲要求】

- 考查方式：在近年的教师资格考试中以单项选择题为主。
- 考查内容：了解幼儿园教育活动评价的内容和原则，掌握幼儿园教育活动评价的方法和类型，能够利用评价手段发现教育活动中出现的问题，并提出改进建议。

【思政园地】

思政目标：

（1）挖掘教师职业的科学理念，最大程度地发挥评价的激励和调节功能。

（2）牢固树立“质性评价”的理念和开放的意识，知行合一，明白“仁”的含义，推进文化自信自强。

【知识结构】

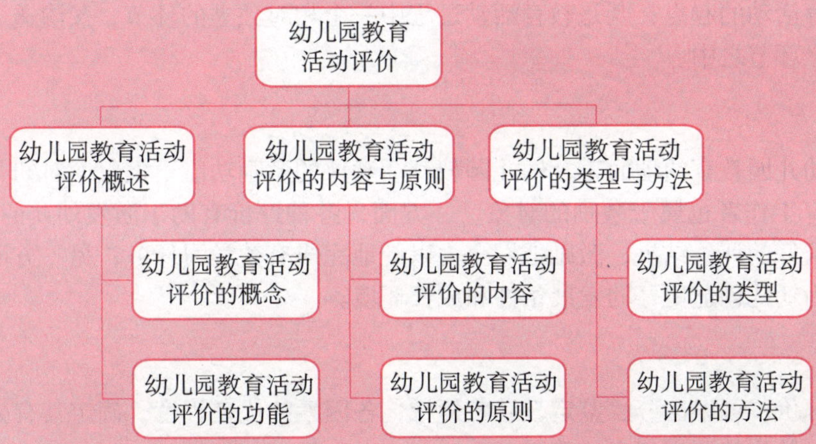

第一节　幼儿园教育活动评价概述

一、幼儿园教育活动评价的概念

幼儿园教育活动评价是指根据一定的评价标准，运用切实可行的评价手段，通过一定的技术和方法，系统地收集信息、资料，并进行分析、整理，从而对幼儿园教育活动进行全面考察和价值判断的过程。

二、幼儿园教育活动评价的功能

（一）诊断功能

教育活动评价通过对收集到的信息与资料进行整理、分析，了解与发现教育活动过程评价要素，如教育方案、课程计划、教师工作、教学方法、幼儿学习活动等的现状及存在的问题，并以此为依据，对活动的设计及实施进行调整和改进，从而提高教育活动的质量。

（二）导向功能

幼儿园教育活动评价是以国家和社会的价值需要为准绳，根据一定的幼儿教育价值标准，对幼儿园各项教育活动进行评价。因此，评价的过程和结果可以让教师清楚应该在哪些方面进行努力、朝哪个方向努力，在制订下一步活动计划时能做到心中有数，重点突出。教育活动评价指导着教师教育活动的开展与提升，它既是教育活动的终点，又是新的教育活动的起点；既是教育活动过程中一个相对独立的环节，又渗透于教育活动过程的各个环节之中。

（三）激励功能

对于幼儿园教育活动而言，幼儿园教育活动评的激励功能不仅仅面对幼儿，教师以及其他教育工作者也属于激励的对象。一方面，各种评价有助于激发幼儿的成就动机，使他们追求好的评价结果，激励他们全力以赴地完成有关学习任务；另一方面，也可以激励教师为幼儿创造更好的发展条件和成长环境。

（四）鉴定功能

通过评价，可以区分、鉴定教育各领域、各因素的优良程度，确定其有无价值或价值的大小，并为其评定相应的等级。

第二节 幼儿园教育活动评价的内容与原则

一、幼儿园教育活动评价的内容

（一）对幼儿园教育活动的评价

对幼儿园教育活动的评价主要包括对活动目标、活动内容、活动方法、活动环境创设等方面的综合评价。从这个角度说，对幼儿园教育活动的评价也就是对教师在活动设计、组织与实施等各方面的评价。

1. 对教育活动目标的评价

（1）适宜性评价。

评价目标的适宜性，一方面要看教育活动目标是否符合幼儿的年龄特点和本班幼儿的实际发展水平，既要考虑幼儿的整体发展水平和普遍性，又要照顾每个幼儿的不同发展水平和差异性。另一方面，要看教育活动目标是否关注幼儿的生活实际和生活经验。

（2）可操作性评价。

目标的可操作性是指教育活动的目标应当是具体的、明确的，具有可实施性、可操作性。评价者也可方便地进行观察、鉴定和评价。

（3）整合性评价。

从一个具体的教育活动来说，其目标总是会特别针对某个方面或某个学科领域。从幼儿发展的整体性理念来说，每一个教育活动的目标都应当是一个能够促进幼儿全面、和谐发展的体系。所以，教育活动目标的整合性，表现在一个领域的目标可以在多个领域活动中体现，而一个领域的活动可以体现多个领域的发展要求。总之，目标的制定应放在一个更广泛、更全面的背景下，既要体现和落实某个领域的重点目标，也要考虑和体现与活动内容相关的其他显性或隐性的目标，如在情感、社会性、认知、个性等方面的目标。所以，目标的整合性评价意义就在于此。

（4）统一性评价。

教育活动的效果是要通过幼儿在活动中的表现和活动后获得的发展来体现的，教师所期望的目标就是幼儿的发展变化。这些发展变化反映在幼儿外在的行为方式上。为了使教师在教育活动中更多地关注“幼儿的学”和“幼儿的发展变化”，教育活动的目标的制订和评价都应统一到从幼儿角度出发，以幼儿为主体。

2. 对教育活动内容的评价

《纲要》明确指出，教育活动内容的选择应同时体现以下原则：第一，既符合幼儿现有的水平，又有一定的挑战性；第二，既符合幼儿的现实需要，又有利于其长远发展；第三，贴近幼儿的生活来选择幼儿感兴趣的事物和问题，有助于拓展幼儿的经验和视野。依据这样的基本原则，对幼儿园教育活动内容的评价可从以下几方面入手：

（1）适宜性评价。

幼儿园教育活动是幼儿的活动。幼儿的特点、心理发展水平决定了幼儿园教育活动内容不同于其他任何教育阶段。因此，幼儿园教育活动的内容应该是适宜幼儿并且能够促进幼儿发展的。概括起来就是“既适合幼儿的现有水平，又有一定的挑战性”。

（2）针对性评价。

教育内容具有针对性是指能够从不同的教育活动内容（或学科领域）特点出发，既突出内容的专门化、个别化，也体现内容的综合化。即评价教师能否把握住各领域幼儿的关键经验以及应该获得的基本经验，同时对幼儿已有的经验进行整合，使教育活动内容更体现出针对性，促进幼儿在“最近发展区”的水平上实现提升。

（3）兴趣性评价。

兴趣性评价是基于幼儿学习成效的一种考虑。幼儿要学习的内容很多，有些内容他们感兴趣，在学习过程中就会兴致勃勃，不知疲倦；相反，对不感兴趣的内容，则会注意力不集中，无精打采，无所事事。兴趣的高低直接影响活动内容的学习效果，因此，在选择活动内容时，就要从幼儿感兴趣的事物中挖掘富含教育价值的内容。

（4）生活性评价。

在选择活动内容时，如果脱离幼儿的生活场景，远离他们的生活经验，幼儿的学习就会事倍功半。因此，尽可能从幼儿的生活中寻找符合目标的内容，不舍近求远、不一味求新求奇。在生活中挖掘活动内容，让幼儿亲身感受，自然学习。通过生活化的活动内容，帮助幼儿整理、提升经验，促进幼儿进一步发展。

（5）开放性评价。

在幼儿园教育“回归自然”“回归生活”的大背景下，活动内容不再只是强调知识的数量和深度，而是强调学习内容的广度和相互联系性，强调将学习内容与幼儿的多方面经验结合在一起，使新知识、新概念的形成建立在幼儿现实生活的基础上，强调活动内容的开放性，强调将幼儿现实生活中的内容演绎为教育活动内容，从而引发幼儿愉快地、主动地、创造性地、有效地学习。

3. 对教育活动方法的评价

对教育活动方法的评价主要表现在教育活动方法的有效性、适宜性两个方面。

（1）有效性评价。

评价教师的教育活动方法是否有效可以从以下几个方面着手：

1）幼儿经验的提升。对幼儿来说，经验作为一种从个体发出的感性认识活动，不仅仅指认知经验，也包括情感、技能、合作交往、学习方式等方面的经验。因此，在集体教育活动中，教师在选择和运用谈话、情景体验、发现、讨论等教学方法时，就应当结合恰当的教育时机，帮助幼儿梳理、整合、提升与拓展经验。

2）提问策略的把握。提问是教师在集体教育活动中通常采用的策略之一。提问要尊重幼儿的年龄特点和认知规律。教师提问的有效性主要表现在以下方面：

首先，提问的目的性、艺术性。教师的提问，一方面要能激起幼儿回答问题的兴趣和热情；另一方面，要与特定的教学情景相结合，能引发幼儿进一步的思考，在充满情趣、贴近生活、推动思维迁移的状态下，使教育活动内容层层深入。

其次，提问的灵活性、多样性。选择恰当有效的时机实施提问，视实际情况采用不同形式的提问。比如，展示式提问——有明确的答案，是对知识核心的提问，但缺少启发性、思考性；开放式提问——没有明确的答案，属于更高认识水平的提问，可以引发幼儿讨论、激起幼儿想象；启发式提问——在问题情景中引起幼儿进行比较、分析、推理；换位式提问——引起幼儿假设，学着用换位方式去体验角色的行为、心理等。

最后，是否将“疑”字引入教学过程。教师是否通过引疑、设疑、质疑、求疑、解疑、留疑等一系列过程，启发幼儿积极思维，并在教育活动过程中允许幼儿以适合自己的方式、方法、速度学习。教师是否能支持幼儿特有的想象和“与众不同”，及时发现和挖掘蕴藏在幼儿身上的潜能，通过双向、多向提问，形成学习过程中师幼互动的良性循环。

（2）适宜性评价。

评价教育活动方法的适宜性要抓住两点：第一要看教师在教学方法的选择与运用上与教育目标、教育内容、幼儿年龄特点的相宜程度；第二要看教师在采用适宜的教学方法的同时，能否将教学内容转化为幼儿感受、体验、探究的学习过程，能否推动幼儿知识的自主建构。

4. 对教育活动环境创设的评价

环境是幼儿园教育活动的客体因素，是师幼共同依存和作用的对象。教师的观念和行为不仅是构成环境的重要因素，而且是影响环境质量的决定因素。因此，教育活动环境的创设是幼儿园教育活动评价中一项不可缺少的内容。

（1）针对性评价。

对环境创设的针对性有两方面的要求：一方面，在创设教育活动环境时，应使环境创设的目标与教育活动的目标相一致。在教育活动中，如果单纯为了追求美观而布置环境，为了营造热闹的气氛而创设环境，就会使环境的教育性大大降低，不能起到服务于教育目的的作用。另一方面，教育活动环境创设应与幼儿的身心发展特点相适应。

（2）开放性评价。

随着社会的进步和人类文明的发展，现代幼儿的思维方式与以往有了很大的改变。现在的幼儿已不再满足于“看假景”“做假戏”，而是更看重动态的、自然的“假戏真做”的真实效果。大自然、社会就是最好的、最动态的情景，具有感染幼儿心灵的力量。因此，教师在创设教育活动环境时，不要把目光局限于活动室、静态玩具材料，要走出活动室，把教育环境设在活动室外，甚至幼儿园外。例如，在“认识货币”主题活动中，相对于在活动室里创设的“小商店”游戏里“买东西”，大班幼儿更喜欢在教师的带领下到社区的超市里去购物，在真正的看价格、付钱、找钱过程中体验货币的交换关系，学会使用货币。

（二）对幼儿的评价

1. 对幼儿学习的评价

对于幼儿园教育活动的评价，在相当长的一段时间里是对教师“教”的评价为主，体现出一种“以教为主”“以教评学”的评价态势。事实上，作为教育活动的主体，幼儿才是最需要关注的。因此，评价必须从过多地关注教师如何“教”转变到重点关注幼儿如何“学”，同时关注幼儿在学习活动中多方面潜能的发展，体现“以学为主”“以学评教”。

对教育活动的评价，重点在于对幼儿学习有效性的评价，包括以下内容：

（1）幼儿对教育活动的参与度。主要评价在教育活动过程中幼儿的注意力集中程度，在学习探索以及表达表现活动中的积极性、自主性、能动性程度等。

（2）幼儿的情感态度。主要评价幼儿在教育活动过程中的情绪状态，包括在活动中表现出来的学习态度、情感语言、动作等。

（3）幼儿的学习方式。主要评价教育活动过程中幼儿所表现出来的学习风格以及采用的倾向性学习方式和策略，包括其学习方式的多样性、个别性、独特性程度和表现。

（4）幼儿在教育活动中的互动程度。主要涉及教育活动过程中幼儿与他人（幼儿或教师）互动交流状况的评价，包括活动中与他人合作交流与互动的次数、形式以及有效性等方面。

（5）幼儿在教育活动中的能力。主要评价教育活动过程中幼儿在能力发展水平上的表现和反应，包括活动中的语言表达能力，敢于提问、经验迁移、分析判断等思维发展能力，动手操作能力以及创造性表达能力等。

（6）幼儿的学习习惯。主要评价教育活动过程中幼儿对学习、探索活动的坚持性，克服困难的勇气和毅力，善于倾听、接纳他人意见以及与他人友好合作、交流协商的品质等方面。

2. 对幼儿发展的评价

在对幼儿的评价中，幼儿的发展水平是一项重要的评价指标。对幼儿发展的评价，在幼儿园实现培养目标方面有明显的导向作用。同时，评价方案中的指标体系有明确的指标项目和评价标准，涉及不同的智能领域，对幼儿园教育活动有明显的导向作用。在实际操作中，将幼儿的发展性指标加以整理，与《纲要》中的幼儿能力发展评估项目和内容相结合，形成一份较完整的幼儿能力发展水平评估表（见表 10-1）。这样的评估表是给每位幼儿准备的，也可用于对若干次教育活动和一日生活的其他活动加以记录和做出总结性评价。

表 10-1　幼儿能力发展水平评估表

智能项目	评估项目	内　容	达成情况	记录时间	备注
肢体运动智能	运动能力	走、爬动作协调			
		能重复自己和模仿他人			
		有运动意识，能充分活动自己的身体			
		能根据节奏的变化进行各项运动			
		动作灵敏，有一定的平衡能力及耐力			

续表

智能项目	评估项目	内 容	达成情况	记录时间	备注
语言智能	倾听阅读	能听懂普通话，安静地听简短的故事			
		能听懂教师说话的意思，乐意接触幼儿艺术作品			
		能倾听别人讲话，喜欢阅读			
		有良好的阅读习惯			
		关心常见的符号、标志和文字			
	语言表达	乐意开口说话，表达自己的需要			
		能用普通话表达自己的意思			
		能清楚表达自己的意思并回答问题			
		能围绕一个话题与人交流，进行讨论和对话			
		能在集体或公众场合大胆地表达意见			
空间智能	技能展示	喜欢拼图、迷宫、棋艺等游戏			
		理解生活中的距离、时间、空间等概念			
		喜欢画画，对色彩敏感			
		能对玩具、材料、声音等产生联想			
		会大胆地画画、制作、构造			
		乐意模仿声音、音乐动作			
		能大胆和同伴一起表演唱歌、舞蹈等			
		能在音乐活动中自然地表达自己的情感			
		初步具有音乐表现能力			
人际智能	适应集体	愿意上幼儿园			
		能情绪愉快地参加幼儿园的各类活动			
		能遵守幼儿园集体生活中的规则，并能控制自己的行为			
		在集体活动中会与人商量，提出规则，共同遵守			
		在各类场合表现大方，不怕陌生人			
	交往合作	在集体活动中愿意与同伴一起玩			
		愿意与同伴共同使用材料与玩具			
		理解他人的行为，学会协商			
		能与同伴分工合作完成任务			
		会吸取、充实和运用别人的想法和主意			

续表

智能项目	评估项目	内　容	达成情况	记录时间	备注
	关爱情感	喜欢教师，亲近同伴			
		能初步理解别人的想法与情感			
		当别人不愉快时能学着安慰别人			
		能用适当方式表达自己关心他人的情感			
		有同情心，当别人需要时能提供帮助			
内省智能	认识自己	知道自己的名字，会应答，能辨别自己和他人的东西			
		会自我保护，遇到意外能寻求帮助			
		能表现自己的情感、经验和成功			
		对自己的行为、语言有初步的评价能力			
	自理能力	在成人的指导下会进餐、盥洗、入睡等			
		能根据自己的需要如厕、喝水			
		会穿、脱衣服，使用筷子			
		会整理自己的物品并放在规定的位置			
		能独立完成日常生活中力所能及的事情			
数理逻辑智能	数形时空	能察觉生活中物品的大小、多少、形状、颜色			
		尝试对物品进行比较、对应、分类、排序等			
		初步理解数量、重量、空间、距离等概念			
		认识数字，会用简单的方法进行估算、测量			
		在生活游戏中，能感受数量关系，会进行一定的比较和推理			
自然观察智能	基本常识	能认识与识别与生活密切相关的人和物			
		知道周围环境中常见的人和物体的显著特征			
		了解人与动物、自然现象、社会环境之间的简单关系			
		有收集和了解周围主要文化景观和社会信息的兴趣和初步能力			
		对不同地域、民族的风俗文化有初步的了解			
	探索操作	对周围事物好奇，喜欢摆弄物品			
		能观察、照顾自然角，对其变化敏感			
		在游戏中会创造性地运用材料			
		能运用各种工具和材料进行制作和小实验			
		能尝试接触和运用多种媒体			

二、幼儿园教育活动评价的原则

（一）尊重性原则

所谓尊重性原则，是指在教育活动评价的实施中充分体现对被评价者的尊重，无论是对幼儿的评价还是对教师的评价都坚持客观、公正的态度，同时以激励、发展与正面肯定为主，帮助幼儿或教师发扬长处、弥补不足。对教育活动中教师行为的评估和鉴定，更要体现尊重和鼓励的原则，因为评价的目的不是甄别和选拔。评价者应善于发现、充分肯定教师在教育活动中的成功和创新之处。也可以让被评价者（教师）一起参与评价，激发教师主动进行教育活动后的自我反思，加强对教育活动的调整和再探究。因此，教育活动评价应该建立评价者和被评价者之间的平等关系，使教育活动评价更好地体现客观性、公正性，达到促进教育活动改革和提高活动质量的作用。

（二）全面性原则

为了更好地发挥评价在促进幼儿发展、促进教师专业能力提高和改进教学质量上的功能，评价者在实施评价中应当遵循全面性原则。全面性原则表现在两层含义上：

（1）全面评价幼儿的发展水平。即评价的内容反映幼儿的整体发展水平，而不仅仅是认知发展层面上的能力水平。包括幼儿的自我意识、群体意识、环境意识及基本素质和能力的发展。防止评价内容只关注教学或课程的片面化倾向，使评价的视角更全面和多向，同时关注对幼儿学习兴趣、态度、情感、交往、学习风格、学习习惯、自理能力、适应集体、遵守规则等多方面的考察和评价。

（2）评价时收集的信息应全面和多样。即评价者可以通过观察、记录、测验、访谈等多种方式对幼儿和教师进行评价，同时也应当把家长评价、幼儿自评作为获得评价信息的途径。只有这样，才能使评价工作更科学、更准确。如对某一教育活动效果的评价，不能只听某个领导或某个专家的意见，还要听取同行的意见，听取广大家长的意见，更要考察所评班幼儿的发展水平，收集方方面面的信息，进行分析和归纳，最后做出恰当的评价。

（三）科学性原则

教育活动评价的科学性原则要求评价者不能单凭主观经验或直观感觉来评定和判断教学质量或幼儿发展能力与水平，而必须采用科学合理的评价方法、手段和工具来展开评价。

（四）个别性原则

幼儿作为一个发展个体，全面性和个别性是其发展的两个不同方面。作为教育者，既要全面关心幼儿群体的发展，也要关注幼儿作为独立个体的发展。因此，对于评价来说，既要关注幼儿的全面和谐发展，也要关注幼儿某一方面的突出表现和潜在能力，为其个性化发展留有空间。教育活动评价中的个别化原则是指评价者从幼儿的不同潜能和个性出发制定评价手段和方式。如以“幼儿成长档案记录”的形式，既能记录、评价幼儿的现有能力水平，又能了解幼儿的成长过程和发展方向。此外，个别性原则还指教师遵从幼儿的个别差异，在一定情境范围内，针对不同的幼儿做不同的观察和记录，体现评价的弹性化、个性化。

（五）情境性原则

由于教育活动是在特定的环境与背景下由不同的个体参与而发生的活动过程，所以，对教育活动的评价就不可能脱离其特定的情境性。脱离具体和特定情境对活动中的各项内容和要素的评价往往是标签式的、等级式的，且有失偏颇的简单评价。把握和提倡评价中的情境性原则，关注幼儿的学习过程而非学习结果，强调评价的过程性、现场性和即时性。

第三节　幼儿园教育活动评价的类型与方法

随着教育评价理论的不断丰富和发展，人们从不同的观点和视角出发对评价的类型和方法展开了讨论。既有标准化的测验，也有自我评估；既有局部性的诊断，也有终结性的评定。每一种评价类型和模式都是与恰当的目标选择、期望获得的结果等限制性条件相联系的。换言之，每一种评价类型和方法都有其适用的条件和前提。

一、幼儿园教育活动评价的类型

（一）根据评价功能分类

根据评价的功能进行分类，可将幼儿园教育活动评价分为诊断性评价、形成性评价和终结性评价。

1. 诊断性评价

诊断性评价是指在教育活动开始之前进行的预测性评价或“事实评价”。其目的在于了解幼儿的基本情况，包括对幼儿的智力、技能、行为、能力、个性、情感、态度等进行诊断，做出判断，为有效制订教育活动计划或解决某些实际问题提供依据。这类评价一般在教育活动开展前或在学期初进行。比如，教师会对新入园的幼儿进行“摸底测试”，以了解本班幼儿的整体发展情况和每个幼儿的发展特点，这种“摸底测试”，就属于诊断性评价。

2. 形成性评价

形成性评价是指对正在进行的教育活动做出的价值判断，也称过程性评价。它是一种在教育活动实施过程中不断进行的动态评价，目的在于及时了解教育活动过程中的情况、问题，以便及时获取反馈信息，从而对工作过程进行调控，缩小工作过程与目标之间的差距。形成性评价一般以反馈调控和改进完善为主要目的。比如，幼儿园引进一种新的课程模式，为了及时发现课程实施中的问题和积累经验，每隔一段时间就对教师实施新课程的情况和幼儿的学习情况进行一次评价，以便总结经验，发现问题，评估新课程模式的适用性，进而不断完善该新课程模式，这种评价就属于形成性评价。

3. 终结性评价

终结性评价是在完成某个阶段教育活动之后进行的，目的在于全面了解该阶段教育的结果，对教育活动的目标达成情况做出测定、划分等级，或者预测其未来发展的可能性，为以后制订教育活动计划、设计方案提供客观依据。如幼儿园举行教师技能考核后进行等级评定，教师在学期中或学期末对本班幼儿的语言、动作、观察等方面的发展水平进行分析测定等，就属于终结性评价。

（二）根据评价主体分类

根据评价主体进行分类，可将幼儿园教育活动评价分为自我评价与他人评价。

1. 自我评价

自我评价也称内部评价，是被评价者通过自我认识和分析，对照某种标准，对自己组织的活动做出判断。广义的自我评价包括教师对自己工作的总结和部门负责人对本部门工作所做的自我检查。狭义的自我评价特指那些严格按照与他人评价相同的标准所进行的自我判断。

2. 他人评价

他人评价也称外部评价，是指由被评价者之外的人或组织对被评价者进行的评价。与自我评价相比，他人评价要更客观一些。各级教育行政部门的视察指导评价、专家和同行的评价、幼儿园管理者对员工或幼儿的评价等，都属于他人评价。

（三）根据评价参照体系分类

根据评价的不同参照体系进行分类，可将幼儿园教育活动评价分为相对评价、绝对评价、个体差异评价。

1. 相对评价

相对评价是在被评价对象的群体中建立基准（通常以该群体的平均水平作为基准），然后把该群体中的各个对象逐一与基准进行比较，以判断该群体中每一位成员的相对位置。如将某班幼儿动作发展平均水平作为基准，可以对每个幼儿的动作发展水平在该班所处的位置进行评价。相对评价的标准来源于某群体，也只适用于该群体。群体的整体状况决定每个成员的水平。

2. 绝对评价

绝对评价是在评价对象的集合之外确定一个标准，评价时将对象与这个客观标准进行比较，从而做出价值判断。如某幼儿园对教师的教育活动进行评价，从教育目的、教育内容、教学方法等方面进行分项等级评价，将标准分为几个等级选项，如“好、较好、一般、差”等。评价人根据被评价人的实际工作表现，对每个项目的完成情况进行评价。幼儿园实际工作中，经常运用绝对评价。如卫生保健所对幼儿生长发育的评价就属于绝对评价，它要求把每一位被评价幼儿的生长发育情况与客观指标相比较。

3. 个体差异评价

个体差异评价是把被评价个体的过去和现在相比较，或将个体的有关各个侧面相互比较。如幼儿园评价某幼儿在某次语言教育活动前的发展水平和活动后的发展水平，将该幼儿在倾听、表达、词汇、阅读等方面的表现做前后比较，以确定该幼儿进步与否。这种评价充分照顾到了个体间的差异，在评价中不会对被评价者造成压力。但是，这种评价由于既不与客观标准进行比较，也不与其他被评价者做比较，不利于被评价者认识自身的差距和不足。

（四）根据评价对象分类

根据评价对象的不同，可以把幼儿园教育活动评价分为个体评价和群体评价。

1. 个体评价

个体评价是指对参与教育活动的幼儿个体的评价。评价的内容包括活动兴趣、参与态度、学习方式、互动与社会化程度、学习能力与习惯等方面。个体评价的目的是更好地描述个体、了解个体、帮助个体，进而促进个体的探索和学习。

2. 群体评价

群体评价是指对教育活动中参与活动的幼儿整体的评价。这种评价可以使用在比较正式或量化的评价中，也可以运用在教师作为评价者实施的定性评价中。前者的目的是判别和鉴定教育活动中幼儿整体学习能力、认知水平、情感态度、交往合作等方面的目标达成程度；后者的目的是给教师提供群体倾向的相关信息，通过对呈现出的群体特点的分析，促进教师对活动的反思和改进。

（五）根据评价分析方法分类

根据评价的不同分析方法，通常可以把幼儿园教育活动评价分为定性评价和定量评价。

1. 定性评价

定性评价是用尽可能切合实际的语言、文字来描述被评价对象的性质。定性评价是对活动过程和结果从质的方面进行分析评价，是通过对现象进行质的深层次的分析做出评价。如对教师的教学责任心的评价，就要从质的角度去考察和评价。

2. 定量评价

定量评价是评价体系中包含相应的计量体系，以数量显示对象的性质或功能，或反映其中的数量关系。定量评价是对活动过程和结果从量的方面进行分析，通过数量化的说明，对所评价的现象做出解释。如对幼儿智力发展的评价，就需要用数量化的智力商数来表示。体现在教育活动中，表现为上级行政部门、幼儿园管理层根据一定的目的和计划开展与实施的评价，常见的有各个层次的教学活动评优等。

定量评价是定性评价的基础，定性评价是定量评价的出发点和结果。所以，在教育活动评价中，要将定量分析和定性分析结合起来，取长补短，使评价更全面、更科学。

二、幼儿园教育活动评价的方法

无论是对教育活动目标的评价，还是对教育活动内容、教育活动环境和材料的评价，都离不开信息的收集。收集信息是做好教育活动评价的重要一环。评价方法就是收集和处理评价信息的方法。下面介绍几种主要的评价方法。

（一）观察法

观察法是幼儿园教育活动评价中最基本的方法，是评价者在自然条件下对评价对象进行有目的、有计划的直接感知、记录，继而分析、解释这些现象和事实发生的原因或发展趋势，从而获得结论的一种评价方法。观察法一般包括叙述性观察法和取样观察法。

1. 叙述性观察法

叙述性观察法主要有日记法、轶事记录法两种。

（1）日记法，是指在对同一个评价对象长期反复地观察中，以日记的形式对评价对象的行为表现进行描述。评价幼儿和教师都可采用日记法。教师可以在幼儿入园后就开始记录，记录的内容包括能反映幼儿发展情况的一切言行、情绪、活动特点、背景、家长的态度及幼儿的反应等，也可以只侧重某一方面进行记录。日记法也可以反映教师的工作内容、质量等。在采用日记法进行记录时，评价者可采用书面文字记录，也可以用录音、录像等方式进行记录。

（2）轶事记录法，是指观察者将自己认为有价值的、有意义的行为反应，以及可表现个性的行为事件记录下来，供分析研究的一种观察记录。观察记录的内容可以是典型的行为表现，也可以是异常的行为表现；可以是表现幼儿个性的行为事件，也可以是反映幼儿身心发展某一方面的行为事件。轶事记录法不受观察时间、地点的限制，凭借文字描述就可记录幼儿的特定动作、行为或事件。此法运用起来简单方便，可以帮助我们具体了解和评价幼儿的发展水平和个性特点，任何一个留心幼儿表现的教师都可以进行轶事记录。

2. 取样观察法

取样观察法是一种比较严格、较为系统的观察记录方法，以行为为样本，适用于幼儿群体。取样观察法主要包括时间取样法和事件取样法。

（1）时间取样法，是指以一定的时间间隔为取样标准来观察预选行为是否出现及出现次数的观察方法。运用时间取样法观察、评价幼儿或教师时要注意：事先应编制好观察记录表，记录表格要留有空白，便于记录预先未曾想到的其他重要信息，以及随时产生的想法和评价等。

（2）事件取样法，是以预先选取的行为或事件作为观察样本，对某些特定行为或完整事件进行观察的方法。评价者事先应明确观察的目的，选择要观察的行为，确立观察的时间、地点，确立记录的项目，并设计出方便使用的记录表格。

（二）问卷调查法

问卷调查法是由评价者根据评价目的，向被评价者发放问卷，要求被评价者以书面形式提供有关情况的一种收集信息的方法。问卷调查法简便易行，节省费用，能在较短时间内收集到许多被评价者的资料信息，而且便于统计。目前问卷调查法主要用于对家长和教师的调查，或者采用一问一答的形式记录幼儿的信息。

问卷的设计直接影响调查结果的质量。在设计问卷时要做到：

（1）主题鲜明。问卷中设置的问题应与调查目的直接相关，避免出现与主题无关、模棱两可、意义含糊、涉及个人隐私的问题等。

（2）通俗易懂。问题要清楚，避免使用模糊的语言、专业性很强的术语，避免使用含有贬义的词句，文字语气应尊重被评价者。

（3）题目简短。问卷题目应简短，一题一问；问题排列应有一定的逻辑顺序，符合被评价者的思维习惯；先易后难，先简后繁，先具体再抽象；相同主题、形式的问题放在一起。

（4）控制问卷长度。回答问卷的时间不宜超过 30 分钟，问题数量一般不要超过 50 个。

（三）谈话法

谈话法是指评价者通过与教师、幼儿面对面的交谈收集信息的方法。它可以分为直接问答的谈话、选择答案的谈话、自由回答的谈话、自然的谈话等。直接问答的谈话即一问一答式的谈话，评价者把准备好的问题一一提出来，提完一个，让被评价者回答一个。这种方法通常用于评价幼儿的自我意识。选择答案的谈话即评价者提出问题并提供两个及以上答案供被评价者选择。自由回答的谈话即围绕一个或几个问题进行问答，直到了解清楚问题为止，如教师对幼儿的态度、责任心等方面的评价可以使用这种方法。在游戏和生活活动中，与幼儿的谈话一般采用自然的谈话方式，注重多提一些开放性的问题，诱导幼儿说出自己对活动的真实想法、感受、体验，以确定教师对活动的组织行为是否有效。

（四）测验法

测验法是针对评价对象，运用教育测量的理论和方法，编制或选择科学的测试量表，施测于评价对象，以获取评价信息的一种方法。

选用测试量表开展评价要注意以下问题：首先，要对量表进行鉴别分析，看是否科学、适用，是否符合本地、本园实情。其次，要认真研究测试量表，领会测试方案和评价量表的指导要求及操作办法。最后，在运用量表对幼儿进行发展评价时，对测量方案中不适合实际情况的内容要进行必要的修改。当然，这种修改不是随意的，要符合教育学、心理学的原理和规律。

（五）幼儿成长档案评价法

1. 幼儿成长档案评价的含义

幼儿成长档案评价是对幼儿成长过程的档案式记录，通过幼儿作品及相关资料的收集、整理，记录幼儿在各类活动中表现出的个性、兴趣、态度、能力等。它是对幼儿发展中的真情实景及发展轨迹的真实记载，是体现幼儿发展“动态评价”的最佳形式之一，是幼儿园教育评价中最为著名和最为常用的质性评价方法。

2. 幼儿成长档案评价的特点

（1）反映幼儿成长的“动画片”。

幼儿成长档案是一种动态性的评价方式，犹如动画片，生动形象地展现着幼儿的语言、动作、情感、交往、认知方面的发展轨迹，“动态”地反映幼儿在各领域的发展、成长状况，为教师了解、掌握、评价幼儿的发展水平，提供全面、丰富而生动的参考信息和评价依据，保证评价的客观性、全面性。幼儿成长档案还能反映并评价幼儿的内省智能、语言智能、交往智能等，尤其是内省智能。这是因为档案为每个个体提供了自我认识和自我评价的机会与条件，并从中获得内省智能的发展。如：××小朋友在向客人、老师介绍自己的成长档案上的各种“文献材料”时，充满自豪地说：“这是我刚开始的画，后来我画得更加像了（指着画面上的妈妈和孩子）。”“以前我睡觉要妈妈陪着，现在我会自己做很多事情了。”由此可见，观看或展示自己档案中的“足迹”，能够令幼儿回忆起快乐的时光，体验、享受其中的乐趣，感受自己的成长，有助于幼儿树立自信心，产生成就感，有助于幼儿良好个性的形成。

（2）组织教育活动的“资源库”。

在幼儿园，教师常会不定期地展出幼儿活动的作品（或作业）。当幼儿有新作品或者教师想更换原有的展品时，有些教师会让幼儿把自己的作品带回家。但时间一长，不是损坏就是被扔弃。如果把这些作品放入幼儿各自的档案中，就可能成为日后新的教育活动的重要素材，成为教师进一步生成活动的重要“资源库”。如教师将幼儿成长档案中的绘画作品作为素材，生成“我长大了”的主题谈话活动：教师与幼儿一起欣赏、比较、分析幼儿前后绘画作品，“看看你以前的画和现在的画有什么不一样。”（让幼儿体验自己成长的快乐）“如果现在再来画，你会不会有新的想法？”（激起幼儿再次创作的愿望）“把自己的画和别人的画比比看，有什么不一样？还可以怎么画？”（培养幼儿的比较、分析能力）在此，幼儿成长档案里的材料是教师可以利用的重要资源，它们比教师的范例更生动和有说服力。

（3）架设家园合作的“信息桥”。

由于对幼儿进行直接评价的方式具有一定的不可靠性，评价应当有多种依据来源，尤其是来自父母、教师的报告。因此，幼儿成长档案评价犹如家园合作中的一座桥梁，它可以使家长在分享评价结果中了解自己的孩子在幼儿园学习、游戏、运动等活动状况，了解和关心幼儿园教师的教学工作，并以此为参照对幼儿进行合作性、针对性的指导。同时，也可以使家长积极地参与幼儿成长档案的制作，使教师随时随地获得家长对幼儿的期望，了解幼儿的家庭生活内容，使家园合作的信息得到扩展和丰富。这样的联系沟通是幼儿、教师、家长之间的多边活动，是充分利用和整合多种教育资源的过程，为家园合作开辟了新的广阔空间。

3. 幼儿成长档案评价的基本内容

幼儿正处在全面生长与发展的关键阶段。幼儿成长档案所收集的内容，既可以覆盖幼儿的身体、动作、认知、言语、情感、个性及能力等多个发展领域，也可以特别着重某一领域的发展（强项或弱项）。它的具体形式是灵活而丰富的，能充分体现个体需要和差异。一般来说，它包括以下基本内容：

（1）幼儿生长发育方面。

这部分材料主要反映幼儿身体各方面的生长发育状况。如身高、体重、视力、牙齿、动作等方面的指数。其来源主要是幼儿园对幼儿进行的定期或不定期的身体健康状况测查，以及上一级幼儿卫生健康主管部门对幼儿进行的健康状况抽查的数据。

（2）幼儿认知活动方面。

幼儿认知活动方面的材料来源比较丰富，主要记录和反映的是幼儿在集体、小组或个别的探究性学习活动中的语言、想象、观察、思维等方面的发展状况。可以通过幼儿的语言讲述、同伴交谈、问题对答等原始记录，来分析和评价幼儿在教育活动中和其他日常活动中的认知表现。

（3）幼儿动手能力方面。

在教师组织的各类活动中，幼儿动手参与操作的活动是最常见的，因此，幼儿成长档案中的这部分材料是最容易收集的。教师可以把幼儿不同时间、不同内容、不同方式的操作活动（如插塑、积塑、小型积木等建构类操作，自制玩具等创意性操作，集体活动中的探索性操作等）的作品，通过拍照或文字描述等方式有选择地收集归入幼儿成长档案中。

（4）幼儿艺术活动方面。

这方面的资料比较具体、直观。可以将幼儿在美工活动中的作品，如绘画、纸工、泥工等创造性表现作品拍摄为照片，加以收集和呈现；还可以将幼儿在歌唱、韵律动作表现、文学戏剧表演等活动中的表现和创造以声像的形式记录，以反映和评价幼儿在艺术方面的兴趣、态度和创造性表现。

4. 幼儿成长档案评价的记录方式

幼儿成长档案评价的记录方式一般有以下几种：

（1）幼儿作品记录。

幼儿的作品是表现幼儿的成就与努力过程的最佳载体，是一种具体、直观的评价记录方式。幼儿的作品既可以是幼儿的原始作品，如用纸笔方式呈现的绘画作品，书写的算术练习等，也可以是幼儿对自己作品的口述记录。原始作品具体、直观、形象；口述记录既呈现了幼儿语言表达能力，也反映了幼儿对自己作品的情感、想法，呈现出幼儿的认知水平。这种记录方式能帮助教师和家长更好地走进幼儿的心灵世界、认知世界，把握其最近发展区。

（2）文字记录。

文字记录是档案记录的常用形式，包括教师与幼儿的交流记录及观察记录。交流主要是教师与一个或多个幼儿在主题活动以及日常生活中，就某个问题进行的探讨。教师可以用文字记下幼儿的想法和需求等信息，了解幼儿的个别需求，并且在条件合适的情况下给予幼儿反馈。观察是实施幼儿发展性评价的主要手段。教师可以通过观察，系统地记录幼儿在教育活动中的表现，从中分析发现幼儿的成长需要；或者对观察到的幼儿比较复杂的行为或情境进行记录，可以在文字记录中配上照片，以增添真实性、生动性、可读性。

（3）声像资料记录。

声像资料是一种生动有效的记录形式，主要是指照片、音频和视频等。这种记录方式能呈现幼儿成长与发展中的许多丰富有趣的信息，也能够极大地调动家长参与教育活动的积极性。一份由自己孩子复述故事、大声朗读与歌唱、独白表述的音频或视频，能使家长身临其境地看到或听到幼儿的生动表现。教师在为幼儿参与各类活动进行照相或摄像时，也需要辅之以简要的文字，记载所拍的日期、内容、场所及一些需要特别说明的事项。

总之，幼儿成长档案评价的记录方式是丰富多样的，虽然以观察为主的评价记录方式是主要的，但其往往容易受时间、空间的限制及观察者的主观影响。因此，还需要结合一些类似访谈、问卷调查及测验等方式，以提高档案评价的信度和效度。

5. 幼儿成长档案的建构步骤

（1）创建档案。

从幼儿入园，教师就有针对性地建立幼儿的成长档案，努力使成长档案成为教师与幼儿的互动平台。对于中、大班幼儿，教师可以与幼儿讨论有关“档案”的问题，从而激发他们的兴趣，征求幼儿对建立自己个人档案的意见和想法，使他们对制作档案过程中使用的材料、样式和整个程序有初步的了解，然后与幼儿一起动手创建档案。

（2）充实档案。

在档案构建过程中，教师应让幼儿自愿选择他们喜欢的作品，鼓励幼儿对自己的档案进行整理、修饰，使成长档案的创建过程成为幼儿自由展示和个性化表达的过程。教师在构建成长档案的过程中，不仅仅是欣赏者，还应该是加工者、整理者。也就是说，教师要适当地对幼儿的作品进行技术处理，比如为幼儿的作品书写评语，将幼儿的手工作品、舞蹈、游戏、动作、小实验等拍成照片或标上日期，对幼儿的表达、歌唱等进行录音、录像等，然后把这些作品、照片等资料放入幼儿的成长档案中。

（3）保存档案。

当前多数幼儿园都采用相册或文件夹（盒）来存放幼儿的成长档案，每个成长档案上都贴有幼儿的姓名标签。幼儿的档案资料应放置在幼儿易于接近的、安全的地方，方便幼儿随时翻阅，随时添加新的作品。这些档案也应该向家长开放，便于家长及时了解孩子的在园情况。

6. 幼儿成长档案评价的指导要点

（1）不同类型，为我所用。

幼儿成长档案在实践中的运用是灵活多样的。根据不同的目的和作用，可以将幼儿成长档案分成以下几种类型：

1）全面型与领域型：记录幼儿各方面发展或某一方面发展的事例，展示幼儿的个性特点。

2）记录型与纪念型：记录幼儿发展与成长中一些特别值得留念的事，汇成美好的回忆与纪念。

3）思考型与交流型：记录并分析幼儿成长中的典型事例，探讨幼儿的个别化教育和发展问题。

各幼儿园在选择和考虑幼儿成长档案的类型时，应当视各年龄班、各幼儿发展的不同基础和水平，采取适宜、适时、适效的原则。

（2）不同样式，追求实效。

教师在设计与运用幼儿成长档案评价的过程中，在注重形式多样的基础上，体现档案的实用有效性。首先，要将幼儿成长档案区别于传统的家园联系册。其次，对于档案的呈现样式，可以从幼儿作为成长档案主体的角度加以表现。如上海市音乐幼儿园曹丛岭老师为幼儿成长档案设计了七个专栏：“我为自己的成长亮分”“童言无忌”“我的故事”“我的朋友”“我的足迹”“我的创作”“我的成功”，旨在帮助幼儿从了解记录的内容到关注记录的内容，再到主动参与记录，最终成为记录的主人。

经典习题

一、单项选择题

1. 幼儿园教育工作评价应当（　　）。

A. 以行政人员评价为主，专家等参与评价为辅

B. 以园长自评为主，教师等参与评价为辅

C. 以教师自评为主，园长等参与评价为辅

D. 以家长评价为主，幼儿等参与评价为辅

2. 教师用奖励小红花的方式激励幼儿，体现了评价的（　　）。

A. 导向功能　　B. 激励功能　　C. 诊断功能　　D. 鉴定功能

3. 教学开始前摸清幼儿的现有水平及个别差异，以便安排教学，属于（　　）。

A. 自我评价　　B. 诊断性评价　　C. 形成性评价　　D. 终结性评价

4. 对某一教育活动效果的评价，不能只听某个领导或某个专家的意见，还要听取同行的意见，听取广大家长的意见，更要考察所评班幼儿的发展水平，收集方方面面的信息进行分析和归纳，最后做出恰当的评价，这体现了评价的（　　）原则。

A. 一致性　　B. 全面性　　C. 尊重性　　D. 科学性

5. 在课程系统运作发展过程中收集课程各个要素的相关材料，加以科学分析判断，以此调整和改进课程方案，使正在运行中的课程更为完善的一种评价方式是（　　）。

A. 自我评价　　B. 诊断性评价　　C. 形成性评价　　D. 终结性评价

6. 围绕着一个或几个问题进行问答，直到了解问题为止，这样的谈话是（　　）。

A. 选择答案的谈话　　B. 自由回答的谈话

C. 直接问答的谈话　　D. 自然的谈话

7. 直接问答的谈话主要用来评价（　　）。

A. 幼儿的自我意识　　B. 教师对孩子的态度、责任心
C. 幼儿的正确知识　　D. 幼儿的最佳思考和努力

8. 教师根据幼儿的图画来评价幼儿的发展，这种方法属于（　　）。
A. 观察法　　B. 作品分析法
C. 档案评价法　　D. 测验法

9. 下列不属于幼儿园教育活动评价功能的是（　　）。
A. 诊断功能　　B. 鉴定功能　　C. 导向功能　　D. 阻碍功能

10. 在实施幼儿成长档案评价之前，教师需要完成的工作不包括（　　）。
A. 避免幼儿的家长接触到这些资料
B. 为每一个幼儿准备一个放置照片、记录轶事和作品的工具、文件夹、塑料箱或纸盒子等
C. 准备好观察及记录的工具，如照相机、录音机、录像机等设备及其他量表
D. 在教室里选定一个放置这些文件夹和作品的地方，便于随时让幼儿和家长观看

11. 作为必须遵守的基本要求，幼儿园教育评价原则不仅具有理论参考价值，而且更具有实践指导意义，其基本原则包括（　　）。
A. 科学性原则、全面性原则、尊重性原则、个别性原则、情境性原则
B. 科学性原则、全面性原则、创新性原则、个别性原则、情境性原则
C. 科学性原则、全面性原则、知识性原则、个别性原则、情境性原则
D. 科学性原则、全面性原则、尊重性原则、发展性原则、情境性原则

12（　　）是指除评价对象自身以外的人或组织对该评价对象所进行的评价。
A. 自我评价　　B. 他人评价　　C. 形成性评价　　D. 终结性评价

13. 幼儿园教育评价中，评价者收集信息最为重要、最为常见的一种方法是（　　）。
A. 观察法　　B. 谈话法　　C. 问卷法　　D. 测验法

14. 为了了解大班幼儿游戏活动的心理特点，每周观察 2 次，每次 1 小时，连续观察 1 个月，然后对记录的材料加以整理和分析。此种观察方法属于（　　）。
A. 日记法　　B. 时间取样法　　C. 事件取样法　　D. 轶事记录法

15. 幼儿园教育评价中，最为著名和最为常用的质性评价方法是（　　）。
A. 临床法　　B. 观察法　　C. 谈话法　　D. 档案评价法

16. 对幼儿发展的评估，其目的是（　　）。
A. 筛选、排队　　B. 教师反思性成长
C. 提高保教质量　　D. 了解幼儿的发展需要

17.（2018 年下半年真题）教育过程中，教师评价幼儿适宜的做法是（　　）。
A. 用统一的标准评价幼儿　　B. 根据一次测评结果评价幼儿
C. 用标准化测评工具评价幼儿　　D. 根据日常观察所获信息评价幼儿

18.（2019 年下半年真题）在教学过程中，王老师随时观察和评价幼儿的行为表现，并以此为依据调整指导策略。王老师采用的评价方式是（　　）。
A. 诊断性评价　　B. 标准化评价

C. 终结性评价　　　　　　　　　　　D. 形成性评价

二、材料分析题

阅读下列材料，回答问题。

材料：

在中班“小蝌蚪找妈妈”的语言活动中，老师说：“今天，老师请来了一位客人，我们看看它是谁。”并拿出一缸小蝌蚪开始了这次活动。（以下“T”代表老师，“C”代表幼儿）

T：它是谁？

C：小蝌蚪。（全班齐声回答）

T：它在干吗？

C：在游（泳）。（全班齐声回答）

T：在哪里？

C：在水里。（全班齐声回答）

T：它是怎样游的？

C1：用尾巴。

C2：摆尾巴。（幼儿边回答边做动作表示）

（老师带着幼儿一起跟着音乐做“蝌蚪摆尾”的动作）

T：小蝌蚪在水里游来游去在干吗？

（幼儿在下面七嘴八舌地回答着）

T：在找妈妈，是吗？它的妈妈是谁？

C：青蛙。（全班齐声回答）

T：那今天老师就讲一个《小蝌蚪找妈妈》的故事给你们听，好不好？可能有的小朋友以前听过这个故事，不过也请你们认真听好不好？

C：好。（全班齐声回答，并表示出一定的兴趣，眼睛盯着老师）

（老师把故事完整地讲述了一遍，并在黑板上演示故事中相应的动物图片）

T：今天我们讲的故事叫什么名字？

C：“小蝌蚪找妈妈。”（全班齐声回答）

T：故事里讲了一个什么事情？我换种问法，看谁会回答。

C3：……（幼儿单个回答）

T：为什么金鱼不是小蝌蚪的妈妈？

C4：……（幼儿单个回答）

T：为什么螃蟹不是小蝌蚪的妈妈？

C5：……（幼儿单个回答）

T：为什么乌龟不是小蝌蚪的妈妈？

C6：……（幼儿单个回答）

T：我们来总结一下，小蝌蚪的妈妈有大大的眼睛、宽宽的嘴巴、白白的大肚子、四条腿，还披着一件绿衣裳。

T：小蝌蚪的妈妈是青蛙，对吗？那为什么小蝌蚪和它妈妈长得不像啊？

（幼儿在下面议论）

T：那小蝌蚪是怎样变成青蛙的？（略停顿）小朋友们是不是不知道啊？那我们回家问问爸爸、妈妈，或者看看书，然后来告诉老师。

（一个幼儿举手要回答，老师便请他来说）

C7：小蝌蚪先是长出两条后腿，再长出两条前腿，最后收起尾巴。

T：好。其他的小朋友家里如果也有小蝌蚪的话，就回家观察一下，看看小蝌蚪是不是这样变成青蛙的，也可以和爸爸、妈妈讨论一下。

问题：

试用幼儿园教育活动评价的相关知识评价该教师的提问。

学习资料包

参考文献

[1] 教育部基础教育司 . 幼儿园教育指导纲要（试行）解读 . 南京：江苏教育出版社，2002.

[2] 李季湄，冯晓霞 .3～6 岁儿童学习与发展指南解读 . 北京：人民教育出版社，2016.

[3] 朱家雄 . 幼儿园课程 . 上海：华东师范大学出版社，2003.

[4] 虞永平 . 学前课程的多视角透视 . 南京：江苏教育出版社，2006.

[5] 刘占兰 . 学前儿童科学教育 . 北京：北京师范大学出版社，2009.

[6] 陈雅芳 . 学前儿童健康教育与活动指导 . 北京：教育科学出版社，2012.

[7] 童贞 . 幼儿园教育活动设计与实践 . 武汉：武汉大学出版社，2016.

[8] 王文桥，申利丽，申健强 . 幼儿园教育活动设计与实践 . 成都：西南交通大学出版社，2012.

[9] 吴慧鸣 . 幼儿教育教学活动设计案例精选 . 北京：北京大学出版社，2012.

[10] 黄瑾 . 幼儿园教育活动设计与指导 . 上海：华东师范大学出版社，2014.

[11] 彭海蕾 . 学前儿童社会教育与活动指导 . 北京：教育科学出版社，2012.

[12] 甄丽娜 . 幼儿园教育活动设计与指导 . 北京：北京师范大学出版社，2016.

[13] 倪志明 . 幼儿园教育活动设计与指导 . 上海：华东师范大学出版社，2015.

[14] 丁海东 . 保教知识与能力（幼儿园）. 北京：北京大学出版社，2014.

[15] 丁海东 . 保教知识与能力（幼儿园）练习册 . 北京：北京大学出版社，2014.

[16] 杨旭，杨白 . 幼儿园教育活动设计与指导 . 上海：复旦大学出版社，2014.

[17] 唐广勇，李勤敏，刘红花 . 幼儿园语言教育活动设计与指导 . 长沙：湖南大学出版社，2014.

[18] 贾素宁，李广兴，马金祥 . 学前儿童语言教育与活动指导 . 长沙：湖南师范大学出版社，2016.

[19] 徐晶 . 幼儿教育活动精彩案例解读 . 北京：首都师范大学出版社，2008.

[20] 陈晓芳 . 幼儿科学活动设计与指导 . 北京：北京师范大学出版社，2013.

[21] 王栋材，彭越 . 幼儿园教育活动设计与指导 . 长沙：湖南大学出版社，2014.

[22] 国家教师资格统一考试规划教材编写组 . 保教知识与能力（幼儿园）. 北京：人民出版社，2016.

[23] 教师资格考试命题研究组，教师资格考试命题研究中心组 . 保教知识与能力（幼儿园）. 北京：光明日报出版社，2012.

[24] 唐淑，孔起英 . 国外幼儿园课程 . 南京：南京师范大学出版社，2009.

[25] 李跃儿 . 幼儿园那些事 . 南宁：广西科学技术出版社，2012.

[26] 王维，王维娅，孙岩 . 学前教育理论与实践教程 . 北京：北京大学出版社，2015.

[27] 赵洪，于桂萍 . 幼儿园教育活动设计与指导 . 北京：北京理工大学出版社，2019.

[28] 杨旭，杨白 . 幼儿园教育活动设计与指导 · 综合版 .2 版 . 上海：复旦大学出版社，2019.

[29] 朱家雄 . 幼儿园教育活动设计与实施 .2 版 . 北京：高等教育出版社，2019.

[30] 邓霁岚 . 幼儿园教育活动设计与实施 . 武汉：武汉大学出版社，2018.

[31] 周丛笑 . 幼儿园教育活动设计与指导 . 北京：北京理工大学出版社，2017.

图书在版编目（CIP）数据

幼儿园教育活动设计与指导 / 赵红梅，李莉主编
．--2 版．-- 北京：中国人民大学出版社，2021.4
实践应用型学前教育专业规划教材
ISBN 978-7-300-29233-5

Ⅰ.①幼… Ⅱ.①赵… ②李… Ⅲ.①幼儿园－教学
活动－教学设计－幼儿师范学校－教材 Ⅳ.①G612

中国版本图书馆 CIP 数据核字（2021）第 060956 号

实践应用型学前教育专业规划教材

幼儿园教育活动设计与指导（第二版）

主　编　赵红梅　李　莉

副主编　刘　娟

You'eryuan Jiaoyu Huodong Sheji yu Zhidao

出版发行	中国人民大学出版社		
社　址	北京中关村大街31号	**邮政编码**	100080
电　话	010-62511242（总编室）		010-62511770（质管部）
	010-82501766（邮购部）		010-62514148（门市部）
	010-62515195（发行公司）		010-62515275（盗版举报）
网　址	http://www.crup.com.cn		
经　销	新华书店		
印　刷	北京七色印务有限公司	**版　次**	2017 年 8 月第 1 版
开　本	787 mm × 1092 mm　1/16		2021 年 4 月第 2 版
印　张	15.75	**印　次**	2024 年 5 月第 3 次印刷
字　数	356 000	**定　价**	39.00 元
